W0264726

Kirgistan

Zu den Gipfeln von Tien-Schan und Pamir

Thomas Scholl

Trescher Verlag

3., erweiterte und aktualisierte Auflage 2009

Trescher Verlag
Reinhardtstr. 9
10117 Berlin
www.trescher-verlag.de

ISBN 978-3-89794-139-7

Herausgegeben von Bernd Schwenkros und
Detlev von Oppeln

Reihenentwurf: Bernd Chill
Gesamtgestaltung: Bernd Chill
Satz und Bildbearbeitung: Ulla Nickl
Lektorat: Sabine Fach
Karten: Johann Maria Just, Martin Kapp,
Bernd Schwenkros, Gerald Sorg

Das Werk einschließlich seiner Teile ist urheberrechtlich geschützt. Jede Verwertung ist ohne Zustimmung des Verlages unzulässig. Dies gilt insbesondere für den Aushang, Vervielfältigungen, Übersetzungen, Nachahmungen, Mikroverfilmung und die Einspeicherung und Verarbeitung in elektronischen Systemen.
Alle Angaben in diesem Buch wurden sorgfältig recherchiert und überprüft, trotzdem kann für die Richtigkeit keine Gewähr übernommen werden. Hinweise und Informationen unserer Leserinnen und Leser nimmt der Verlag gerne entgegen. Bitte schreiben oder mailen Sie unter obiger Adresse.

Gedruckt auf chlorfrei gebleichtem Papier

Printed in Germany

Anhang 240

Essays

Vorwort

Der Tien-Schan ist der Mittelpunkt eines Gebirgsgürtels, der sich von der Ägäis bis zum Pazifik über Asien legt. Er ist das mächtigste Bergmassiv in den mittleren Breiten des Kontinents. Die westliche Hälfte dieses Gebirges wird von Kirgistan eingenommen - dem Land der Kirgisen. Auf der Weltkarte hängt Kirgistan in den Weiten Asiens als Klecks am Rand der ehemaligen UdSSR, doch hat es einen der schönsten Flecken des verblichenen Riesenreiches abbekommen.

Kirgistan wird erst allmählich im Ausland als Reiseziel bekannt, denn es ist entlegen und unwegsam. Als unabhängiger Staat existiert es erst seit 1991, als die Sowjetunion zerbröckelte. Zu deren Zeiten waren nur wenige leicht zugängliche Orte für Touristen aus der UdSSR und solche aus kommunistischen ›Bruderländern‹ erschlossen, denn Kirgistan hatte einen 800 Kilometer langen Anteil an der heiklen Grenze zu China. Dort hatten Sowjetbürger, geschweige denn Ausländer nichts zu suchen. Die Bergsteiger wiederum interessierten sich nur für die höchsten, prestigeträchtigsten Berge. So blieben die abgelegenen Hochsteppen eine Domäne der Hirten, den Nachkommen nomadisierender Reitervölker.

Kirgistan und die umliegenden Länder werden meist in den losen Begriff ›Mittelasien‹ einbezogen. Auch die aus dem Englischen übernommene Bezeichnung ›Zentralasien‹ wird häufig verwendet. Es ist geographisch nicht korrekt, diese Region Asiens so zu nennen, denn der von allen Küsten entfernteste Punkt des Kontinents liegt in Tuwa - einer kleinen Teilrepublik Rußlands zwischen der Mongolei und Sibirien. Doch gilt das hier beschriebene Gebiet zutreffend als ein Brennpunkt des Erdteils, in dem die Kulturen der Nomaden und Seßhaften, der Moslems und Buddhisten und die vieler anderer aufeinandertrafen - im Krieg und im Frieden. Die kulturelle Vielfalt der Völker war immer groß. Da sie alle ihre Identität bewahren konnten, ist Mittelasien aber kein Schmelztiegel, auch wenn man die Utopie, den Sowjetmenschen zu schaffen, hier wie anderswo mit rücksichtsloser Brutalität verwirklichen wollte.

Eines allerdings ist bei allen Völkern der ehemaligen Sowjetunion gleich: die Gastfreundschaft. Ob man an einem russischen Küchentisch sitzt, der kaum die versammelten Köstlichkeiten tragen kann, oder auf den Filzteppichen einer Jurte vor einem dampfenden Kessel mit Nudeln und Pferdefleisch hockt, umringt von kulleräugigen Steppkes, Gebirgscowboys und zerfurchten Greisen mit schütteren Bärten - stets wird dem Gast eine Ehre erwiesen, die selbst den nüchternsten Globetrotter zutiefst rührt.

Zu Recht wird Kirgistan bei Reisenden zunehmend populär. In den letzten Jahren hat das Land einiges getan, was Gäste zur Begegnung mit seinen toleranten, aufgeschlossenen Menschen und dem Kennenlernen ihrer Traditionen einlädt und das Erleben der grandiosen, vielfältigen Natur erleichtert. Die Besucher Kirgistans erwartet kein perfektionistischer, dafür aber stets individueller und herzlicher Empfang.

Am Fluß Këkëmeren hinter Suusamir

Hinweise zur Benutzung

Im ersten Teil des Buches finden sich ausführliche **Informationen zur Geschichte und Kultur** Kirgistans.
Der zweite Teil beschreibt das Land in verschiedenen **Touren**. Zu größeren Städten gibt es Stadtpläne und Infokästen mit Hinweisen zu Übernachtung, Verpflegung, Souvenirs und anderem. Die Übersichtskarten dienen einer ersten Orientierung und ersetzen kein detailliertes Kartenmaterial (s. S. 240), vor allem, wenn man auf eigene Faust reisen möchte. Unbedingt sind die Sicherheitshinweise zu beachten, dies gilt vor allem für das kirgisisch-tadschikische Grenzgebiet.
Ein kleiner **Sprachführer Kirgisisch/Russisch** soll helfen, eine elementare Verständigung zu ermöglichen.
In den **Reisetips A bis Z** gibt es wichtige Tips zur Reiseplanung und -vorbereitung sowie zahlreiche Adressen von Veranstaltern und Organisationen, die bei der Durchführung einer Reise nach Kirgistan hilfreich sein könnten.
Im Anhang machen **Literatur- und Internethinweise** weitere Informationen zugänglich.
Viele Landkarten basieren auf sowjetischem Material oder werden von russischen Verlagen herausgegeben. Manchmal wird auch die englische Variante benutzt, so daß es teilweise mehrere Schreibweisen für ein und denselben Ort gibt. In diesem Buch wurden überwiegend die russischen Ortsnamen verwendet und in Klammern (soweit vorhanden) der kirgisische Name angegeben. In Fällen, in denen sich der kirgisische Name durchgesetzt hat, wurde dieser verwendet. Dieser Prozeß ist noch nicht abgeschlossen, weswegen es oft mehrere Varianten gibt. Auf S. 210 findet sich ein **russisch-kirgisisches Register** der wichtigsten geographischen Namen. In dieser Liste stehen auch wichtige usbekischen Eigennamen.
Das Kirgisische nutzt ebenso wie das Russische das kyrillische Alphabet, für das es aber unterschiedliche gebräuchliche Übertragungen gibt. Das Buch folgt der wissenschaftlichen Transliteration (mit Ausnahme der Hauptstadt Bischkek sowie einigen allgemein bekannten Eigennamen), da diese keinen Zweifel über die Schreibweise des Originals aufkommen läßt.
Alle Angaben basieren auf aktuellen Recherchen. Die Zeit ist aber bekanntlich schnellebig, deswegen sind Autor und Verlag für Hinweise jeglicher Art dankbar.

Zeichenlegende

Informationen

Flugplatz

Busverbindungen

Hotels, Pensionen

Restaurants

Theater, Kino- und Konzerthäuser

Einkaufsmöglichkeiten

Häufig auf Karten vorkommende Bezeichnungen

köčösü (köč.)	(көчөсү)	Straße
prospektisi (pr.)	(проспектиси)	große Straße
ayant	(аянт)	Platz
kul/köl	(кул/көл)	See
alatoo	(алатоо)	Gebirgszug
suu	(суу)	Wasser, Fluß

Das Wichtigste in Kürze

Einreise

Man benötigt ein Visum, das rechtzeitig (mind. 2 Wochen) bei der jeweiligen kirgisischen Botschaft beantragt werden muß. Wenn man im Grenzgebiet reisen möchte, benötigt man auch ein Visum für die Nachbarländer und ggf. ein kirgisisches Mehrfachvisum.

Geld

Euro und Dollar kann man in Bischkek und anderen größeren Orten in Banken und Wechselstuben gegen Som tauschen. Schwarztausch ist illegal. Wechselkurs Mitte 2008: 1 Euro – 52 Som; 1 US-Dollar 34 Som. An Geldautomaten in Bischkek und Oš kann man mit Kredit- und EC-Karte abheben.
Notfallnummer für Kartensperren aller Art: 00 49/11 61 16.

Verständigung

Wenn man auf eigene Faust reist, wird man es mit Grundkenntnissen des Russischen erheblich leichter haben, denn außerhalb der großen Hotels oder der Reiseveranstalter spricht kaum ein Kirgise Englisch oder Deutsch.

Öffentliche Verkehrsmittel

Die billigste Möglichkeit, über Land zu reisen, ist der Bus. Regelmäßige Verbindungen gibt es zwischen allen größeren Orten.
Teurer, aber dafür schneller sind die ebenfalls auf festen Routen fahrenden Minibusse. Für einen kleinen Zuschlag setzt der Fahrer Passagiere auch etwas abseits der Strecke ab. Für eine Gruppe könnte es sich sogar rechnen, einen solchen Bus komplett anzumieten. Autovermietungen stellen ihre Fahrzeuge nur mit Fahrer zur Verfügung.

Unterkunft

Außer den großen Hotels in der Hauptstadt sowie am Nordufer des Issyk-Kul entsprechen die Unterkunftsmöglichkeiten nicht internationalem Standard. Dafür gibt es zahlreiche Möglichkeiten, auch in sehr ländlichen Gegenden, ein Dach über dem Kopf zu finden.
Eine wichtige Institution in diesem Zusammenhang ist **CBT (Community Based Tourism)** mit einer Zentrale in Bischkek und vielen örtlichen Niederlassungen. Die CBT-Büros organisieren neben Unterkunft bei einheimischen Familien auch komplette Programme (Reiten, Trekking, Ausflüge). Zentrale: CBT, Gorkij koč. 58, Bischkek. Auf der Website gibt es Informationen zu allen Angeboten: www.cbtkyrgyzstan.kg.

Klima und Reisezeit

Kirgistan ist ein Hochgebirgsland, entsprechend extrem sind die Wetterverhältnisse. Warme Kleidung, Sonnenschutz und feste Schuhe sind unabdingbar. Am Issyk-Kul herrscht allerdings nahezu maritimes Klima. Die beste Reisezeit ist von Juni bis September.

Sicherheit

Bei Beachtung der überall gültigen Regeln ist Kirgistan ein sicheres Land. Vorsicht ist auf Basaren und Busbahnhöfen vor Taschendieben geboten. Nach Einbruch der Dunkelheit sollte man nicht alleine unterwegs sein. Wertsachen sollte man ohnehin zu Hause lassen. Während eines Kirgistan-Aufenthaltes muß man sich von westeuropäischen Vorstellungen von Pünktlichkeit und Zuverlässigkeit verabschieden und mit großzügigem Zeitrahmen planen.

Ausführliche Hinweise in den Reisetips von A bis Z ab S. 212.

Kirgistan lockt mit grandiosen Landschaften und bereitet Besuchern, die auf Komfort verzichten können, einen herzlichen Empfang.

Land und Leute

Geographie

Kirgistan liegt zwischen 39° und 43° nördlicher Breite. Auf Europa übertragen entspricht dies Spanien von Toledo bis zur Biskaya.

Der Tien-Schan nimmt zwei Drittel des Landes ein, es wird von 90 Bergketten durchzogen. Zwischen dem niedrigsten Punkt in der Wüste im Südwesten und den Gipfeln im ewigen Eis an der Grenze zu China besteht ein Höhenunterschied von über 7000 Metern. Zwischen seinen westlichen Ausläufern, die sich in die Wüste Kyzylkum vortasten, und dem an die Wüste Gobi angrenzenden Osten erstreckt sich der Tien-Schan über 2500 Kilometer. Damit ist er doppelt so lang wie die Alpen. Im Norden fällt er zur Kasachensteppe ab, und im Südwesten greifen seine ausfächernden Ketten in die noch gewaltigeren des Pamir. Östlich davon öffnet sich die Weite der Taklamakan-Wüste. In seinem Zentrum türmt sich der Tien-Schan zu einem gewaltigen Gebirgsknoten mit dem nördlichsten Siebentausender und dem zweitgrößten Gebirgssee der Welt.

Viele Völker zogen über Jahrtausende an diesem Gebirge vorbei, wenige hindurch. Der Strom einer wechselvollen Geschichte trug sie fort in die Vergangenheit. Spuren haben sie hinterlassen, doch wir wissen nicht, wie sie die Berge nannten. Bis heute erhalten hat sich der poetische Name, den ihnen die Chinesen gaben: Tien-Schan bedeutet ›Himmelsberge‹.

Geologie

Gewaltige Kräfte formten die Landschaften Kirgistans und komprimierten auf kleinem Gebiet vielfältige geologische Formen. Ihre Entstehungsgeschichte begann tausende von Kilometern südlich mit dem Anprall der Indischen Platte vor vielen Millionen Jahren. An dieser ›Schweißnaht‹ wurde der Himalaya in die Höhe gedrückt, und die Kraft reichte noch in hunderten von Kilometern Entfernung aus, mehrere Siebentausender himmelwärts zu treiben - den nördlichsten der Welt in Kirgistan.

Im Tien-Schan wurde die Erdkruste zunächst in breiter Front von Süden her so gestaucht, daß die Bergketten in west-östlicher Richtung verlaufen. Dann setzte ein Schub ein, der etwa im rechten Winkel hierzu weitere, kürzere Bergketten auffaltete. Im Osten liegen sie dicht gebündelt aneinander, nach Westen fächern sie immer weiter auf, bis sich das Gebirge in einen nördlichen und einen südlichen Arm spaltet. Diese legen sich um das Ferganabecken, neben der Senke des Issyk-Kul-Sees die einzige größere Niederung im Tien-Schan. Die Bergrücken werden von Hochsteppen und Trogtälern getrennt. Die längsten liegen im zentralen Tien-Schan, sind über 100 Kilometer lang und verlaufen wie die parallelen Bergketten entlang der Breitengrade. Trogtäler entlang der Längengrade sind mit drei bis 35 Kilometern bedeutend kürzer.

In der Mitte des Gebirges laufen die Bergketten zu einem Knoten mit hohen Gipfeln (Khan-Tengri, Pik Pobedy/Žengiš Čokusu) zusammen. Hier trafen die sich auftürmenden Massen auf mächtige Austritte alter kristalliner und metamorpher Gesteine. Dies führte zu einem vermischten geologischen Aufbau. Der Tien-Schan

Endmoränen in einem Tal im Kungej-Alatau

ist aus Schiefern, Sandsteinen, Kalkstein, Marmor, Gneisen und Graniten aufgebaut. Die Gesteine stammen aus den geologischen Epochen des Präkambriums, Paläozoikums und Mesozoikums.

Das Territorium Kirgistans gehört zum ural-mongolischen Faltengebirgsgürtel. Von Nordwesten nach Südosten verläuft quer durch das ganze Land der 350 Kilometer lange Talas-Fergana-Bruch. Die Berge entlang seiner Achse erreichen ihren höchsten Punkt mit dem 4940 Meter hohen Uč-Sejt im äußersten Südosten des Ferganabeckens. Westlich des Bruchs herrschen Meeresablagerungen aus dem Paläogen vor. Im Osten überwiegen Granit-Intrusionen (Durchdringung anderer Gesteinsarten durch Magma), die während des Paläozoikums gefaltet wurden. Geologisch - wie auch bei seiner Vegetation - ist der Tien-Schan in klar trennbare Höhenzonen aufgeteilt.

Im Tien-Schan trifft man durch Kälte erzeugte Reliefformen häufig an, und zwar allgemein über 3000 Metern, unter für langjährige Vereisung günstigen Umständen schon ab 2700 Metern. Die Fläche langjährig gefrorener Böden, sogenannter Permafrost, beträgt 67 000 Quadratkilometer.

Die Anhebung des Tien-Schan setzt sich bis heute fort. Die Kräfte im Erdinneren haben die Gestaltung der Berge nicht dem Widerstreit zwischen Eis und Sonne überlassen. Immer wieder erinnern Beben aus der Tiefe an die Macht, welche vor Jahrmillionen diese Gebirge formte und weiter formt: Kirgistan liegt in einer Zone erhöhter seismischer Aktivität mit potentiellen Erdbebenstärken von 8 im Norden und 9 im Süden. Am Neujahrstag 2008 zerstörte ein Erdbeben in der Oš-Region hunderte von Häusern und machte viele Menschen obdachlos.

Flüsse und Seen

Ohne die Berge, die atmosphärische Feuchtigkeit ausfiltern, könnten in den Weiten Mittelasiens keine Flüsse und Seen entstehen. Deren Hauptquelle ist Tauwasser aus Schneefeldern und Gletschern – es stellt bis zu 80 Prozent der Gesamtmenge des Wassers mancher Flüsse. 40 bis 50 Gletscher pro Fluß sind keine Seltenheit.

Auf seine Gewässer bezogen zerfällt Kirgistan in zwei Gebiete: Entstehungs- und Abflußzone. Die höherliegenden Bereiche zählen zur Entstehungszone. Sie nimmt aufgrund der allgemeinen Erhebung 87 Prozent der Landesfläche ein. Hier herrschen wegen der Höhenunterschiede starke Gefälle. Auf das Gebiet, in dem die Gewässer abfließen und sich zerstreuen, entfallen die restlichen 13 Prozent der Fläche Kirgistans. Die Flüsse fließen durch steile Schluchten und fächern dann in der Ebene aus. Ihre Ablagerungen aus fein zermahlenem Gestein und Pflanzenteilen sind die Grundlage für fruchtbaren Boden. An solchen Orten haben sich daher vielfach Oasen in den Wüsten und Steppen am Fuße der Berge angesiedelt. Erst in der Neuzeit ließ sich das technische und hydroenergetische Potential der größten Flüsse anzapfen; man schätzt es auf 142 Milliarden Kilowattstunden jährlich. Davon werden momentan 8 bis 10 Prozent genutzt.

Die wichtigsten Flüsse

Im Zentrum des Landes entspringt die wichtigste Wasserader Kirgistans: der Naryn. Sein Einzugsgebiet bedeckt über ein Viertel der Landesfläche. 535 Kilometer unterhalb seiner Quelle mündet er im usbekischen Teil des Ferganabeckens östlich von Namangan in den Syr-Darja.

Der Syr-Darja war schon in der Antike ein bekannter und wichtiger Grenzfluß. Die Griechen, die unter Alexander dem Großen weite Teile Asiens eroberten, nannten den Fluß Jaxartes. Er begrenzt im Norden den Landstrich, den die Griechen ›Transoxanien‹ nannten – das Land jenseits des Oxus, womit der Amu-Darja gemeint war. Die Araber übernahmen diesen Begriff, sie nannten das Land ›Mawarannahr‹: Land zwischen den Flüssen. Der Syr-Darja berührt Kirgistan selbst nicht. Doch sein Stromgebiet nimmt über die Hälfte Kirgistans ein, denn außer dem mächtigen Naryn gehen noch viele kleinere Flüsse in ihm auf. Fast aus jeder Schlucht rund um die Fergana-Senke kommt ein Bach oder Fluß, und alle vereinigen sich im Syr-Darja. Schon hier, in einem der am dichtesten besiedelten Gebiete der ehemaligen Sowjetunion, wird viel Wasser für Obstplantagen und Baumwollfelder abgezweigt. Nach diesem ersten Aderlaß sammelt sich der Syr-Darja im großen Kairakum-Reservoir in Nordtadschikistan – an dessen Ufern der tadschikische Regisseur Bahtijar Hodunajzarov den Film ›Luna Papa‹ mit Moritz Bleibtreu drehte – und macht sich weiter auf die Reise durch Kasachstan. Wieder und wieder muß er Wegezoll zahlen: Viel Wasser fließt auf die Felder der ehe-

Das Wasser im Hochgebirge ist glasklar

maligen ›Baumwollkolonie Moskaus‹ und kaum etwas wieder zurück in den Fluß. Was von einem der mächtigsten Ströme Mittelasiens übriggeblieben ist, wenn er die endlosen Äcker in der Wüste hinter sich läßt und im Aralsee mündet, ist nur noch ein mit Salzen und Chemikalien verschmutztes Rinnsal. Ebenso ergeht es dem Amu-Darja, der unter anderem vom kirgisischen Fluß Kyzyl-Suu nahe der Grenze zu Tadschikistan gespeist wird und die Grenze zwischen Usbekistan und Turkmenistan entlangfließt. Der Aralsee hat sich inzwischen in zwei Seen aufgeteilt - einen nördlichen in Kasachstan, der sich möglicherweise stabilisiert, und einen südlichen in Usbekistan, der weiter schrumpft, sich voraussichtlich erneut teilen wird und irgendwann einer vergifteten Wüste weichen wird.

Dem Wasser der kirgisischen Flüsse Čuj und Talas ist ein ähnliches Los beschieden wie den großen Strömen, jedoch nicht von Menschenhand. Sie fließen in nördlicher Richtung nach Kasachstan - der Čuj in die Hungersteppe, der Talas in die Wüste Mujun-kum. Dort, weit von den Bergen und ohne weitere Zuflüsse, versickern sie im Sand.

Seen

1923 Seen bedecken eine Gesamtfläche von 6836 Quadratkilometern, das entspricht 3,4 Prozent der Fläche Kirgistans; etwa neun Zehntel davon entfallen auf einen einzigen See - den Issyk-Kul. Fast alle liegen im Hochgebirge, und nur 16 sind größer als ein Quadratkilometer.

Es gibt vier Gruppen von Seen:

- tektonische, die durch Verschiebungen in der Erdkruste, also durch das Aufstellen von Platten und das Öffnen von Spalten entstanden. Hierzu gehören die drei größten Seen Issyk-Kul, Song-Kul und Čatyr-Kul.
- in der mittleren Gebirgszone liegen durch Bergrutsche zugeschüttete Flußtäler, wie zum Beispiel der Sary-Čelek.

Der Gletschersee Džassyl-Kul am östlichen Ende des Čong-Kemin-Tales

- von Gletschern aus dem Fels gehobelte; sie sind klein und in einer Höhe von 2500 bis 4000 Metern verbreitet.
- hydrogene, erzeugt von unterirdischem Wasser. Sie sind typisch für Syrten und Permafrostboden, wo an die Oberfläche drängendes oder schmelzendes Wasser nicht ablaufen kann.

Zudem wurden Flüsse zu insgesamt 34 Reservoirs angestaut. Der Toktogul-Stausee am Fluß Naryn ist sogar das zweitgrößte Gewässer Kirgistans. Die erzeugte hydroelektrische Energie wird zum Teil in Nachbarländer exportiert. Die Rückhaltung der Flüsse regulierte früher die saisonal stark schwankende Wassermenge und ermöglichte eine gleichmäßigere Bewässerung des Anbaulandes. Seit dem Ende der Sowjetunion gibt es allerdings deswegen Streitigkeiten mit Usbekistan, auf dessen Gebiet der kirgisische Hauptfluß Naryn in den Syr-Darja mündet.

Klima

Das Klima in Kirgistan ist gut verträglich, aber wechselhaft. Der überwiegende Teil Kirgistans liegt in gemäßigten, der Süden in subtropischen Breiten. Die Lage im Inneren Eurasiens, die große Entfernung von den Ozeanen und die Wüsten ringsum bedingen ein kontinentales, trockenes Klima mit klar ausgeprägten Jahreszeiten. Durch die starke Zergliederung, die extremen Höhenunterschiede und die Wassermasse des Issyk-Kul gibt es jedoch unterschiedliche Zonen von stark kontinental bis fast maritim. Auf das Klima in den Wüsten wirken die hohen Berge wiederum mildernd, auch fördern sie Wolkenbildung und Niederschläge. Doch meistens scheint die Sonne: Das Hochtal des oberen Naryn zum Beispiel liegt mit 2965 Sonnenstunden im Jahr fast an der Spitze in Mittelasien.

Die Temperaturen umfassen solche Extreme von Hitze und Frost, daß mittlere Werte über das Klima wenig aussagen. Die Schwankungen der mittleren Temperaturen übers Jahr betragen bis zu 40 °C. Das durchschnittliche Minimum ist im Januar erreicht, das Maximum im Juli. Die größten Unterschiede innerhalb eines Tages von bis zu 23 °C mißt man im September. In die niedrigen Täler von Čuj und Talas bläst der Wüstenwind und treibt die Temperaturen im Sommer auf bis zu 44 °C. In den Bergen sinkt die Temperatur alle 300 Höhenmeter um 2 °C.

Am kältesten ist es im Winter nicht etwa auf den höchsten Gipfeln, sondern am Grund der Hochgebirgstäler, in deren Senken sich Kaltluft hält. Der Schnee reflektiert die Sonnenstrahlen, und ständig fließt Kälte aus der freien Atmosphäre nach. Der ›Kältepol‹ Kirgistans liegt im Hochtal Ak-Saj an der Grenze zu China - dort wurden einmal 53,6 °C Frost gemessen.

Die Zeit mit durchschnittlichen Tagestemperaturen über dem Gefrierpunkt ist als Vegetationsperiode für die Weiden und einige Kulturpflanzen bedeutsam. Im Hochgebirge zählt man etwa 130 solcher Tage im Jahr, in den Niederungen 250 bis 310 Tage. Der Übergang findet am frühesten, nämlich Mitte Februar, im tief und geschützt liegenden Ferganabecken statt, über 2500 Meter erst Mitte Mai. Nur 40 bis 60 Tage im Hochgebirge und 170 bis 190 Tage in niedrigen Lagen steigt das Tagesmittel über 10 °C. In diese Zeit fällt die Wachstumsperiode von Baumwolle, Trauben und Zuckerrüben.

Hochalpine Vegetation

In den mittleren und oberen Schichten der Troposphäre fließen Luftmassen von Westen ein. Im Winter wechselt der Einfluß subtropischer Luft aus Afghanistan und dem Iran mit dem Einfluß arktischer Kaltluft. Im Frühling bringen Mittelmeerzyklone instabiles Wetter mit vielen Niederschlägen. Durch das Einströmen von Eismeerluft kann es noch im Frühjahr zu Frösten kommen. Das Wetter im Sommer wird von subtropischer trockener Luft bestimmt. Niederschläge fallen vorwiegend im Hochgebirge, wo sich mächtige Konvektionsströmungen entwickeln und die Luft durch Verdunstung aus Gletschern und Schneefeldern befeuchtet wird. Gegen Ende des Sommers verstärken sich Regen und Wind.

Anders als das übrige Mittelasien erhält Kirgistan dank seiner allgemeinen Erhebung und Zergliederung ausreichend Feuchtigkeit. Seine Berge stellen sich

Yak-Herde im Zailiskij Alatau in Nordkirgistan

den Wolken entgegen, die über das ausgedörrte Land ringsum hinwegsegeln. An den Hängen, die Barrieren für vorherrschende Luftströmungen sind und die Luftfeuchtigkeit herausfiltern, fallen bedeutende Niederschläge. Die größten Mengen von 1500 bis 2000 Millimeter pro Jahr gehen im Südwesten der Fergana-Kette und im nördlichen Kirgiskij-Alatau nieder. Dort fällt Ende Oktober auch der erste Schnee im Land.

Auf dem Weg ins Gebirge verlieren die Luftmassen ihre Feuchtigkeit. Am trockensten ist es im westlichen Teil der großen Senke des Issyk-Kul. Dort sind die jahreszeitlichen Unterschiede am ausgeprägtesten: 100 bis 120 Millimeter Niederschlag im Sommer stehen nur 2 bis 15 Millimeter im Winter gegenüber.

Stark auf das Klima wirkt sich die Schneedecke aus. Die größte Mächtigkeit erreicht sie mit 150 Zentimetern an den Hängen um das Ferganatal. Sie reflektiert die Sonne, bewahrt jedoch gleichzeitig den Boden vor stärkerer Durchfrierung. Die Grenze des ewigen Schnees liegt im Nordwesten zwischen 3600 und 3800, im Osten zwischen 4200 und 4600 Metern.

Felsformation im Alaj-Tal

Im inneren Tien-Schan liegen neben Tälern mit relativ mächtiger Schneedecke solche, wo nur wenig Schnee fällt. Sie werden als Winterweiden genutzt. Nach dem Winter bricht die Schneedecke zuerst in den Niederungen der Flüsse Čuj und Talas nach einer Liegezeit von 50 Tagen auf. Hohe Lagen bleiben bis zu 215 Tage im Jahr unter der weißen Decke.

Die Lawinen, die im Hochgebirge von den Bergflanken herabstürzen, verdichten sich zu Eisströmen, die sich durch die Schluchten und Täler wälzen. Fast 6600 Gletscher bedecken gut 8000 Quadratkilometer, das sind gut vier Prozent des Landes. In ihnen sind schätzungsweise 650 Milliarden Kubikmeter Wasser gebunden, durch den Kreislauf von Tauen, Verdunsten und Niederschlag eine sich ständig erneuernde Ressource für Wasserversorgung und Erzeugung hydroelektrischer Energie. Ihr Schmelzwasser enthält wenig Mineralien und eignet sich gut zur Bewässerung und Aufbereitung als Trinkwasser. Die Hälfte der Gletscher spendet ihr Wasser dem Syr-Darja, einer der großen Lebensadern Mittelasiens, dessen Einzugsgebiet fast völlig in Kirgistan liegt. Ein Viertel des

Stromgebiets des Flusses Sary-Džas, der nach China fließt, ist von Eis und Firn bedeckt. Hier, im zentralen Tien-Schan, liegen die größten Gletscher: Jenilček, Kajyndy, Mušketova und Semënova.

Nur die größten Eisströme nähern sich der Baumgrenze, die bei 2800 Metern verläuft. Die Fergana-Kette erhält zwar überdurchschnittlich viel Niederschläge, ist aber nicht ausreichend hoch, als daß sich ausgedehnte Gletscher bilden könnten.

Umweltschutz

Kirgistan ist trotz seiner herrlichen Landschaft kein Naturparadies. Es trägt am Erbe der sowjetischen Kollektivierung - der zwangsweisen Zusammenfassung von Gütern, Viehbestand und Arbeitskraft der Kleinbauern zu mechanisierten landwirtschaftlichen Großbetrieben - und der Tonnenideologie, die auf die Forcierung von Erträgen gemäß staatlicher Planvorgaben abzielte, ohne Rücksicht auf die Umwelt und natürliche Voraussetzungen oder althergebrachte Anbaumethoden, unter Ausbeutung und Vergeudung von Ressourcen.

Schutzgebiete

Indessen richtete bereits die Sowjetregierung Naturschutzgebiete ein. Deren Gesamtfläche wurde in den Jahren seit der Unabhängigkeit Kirgistans fast verdreifacht und beträgt inzwischen 761300 Hektar, das sind etwa 4 Prozent des Landes. Es gibt 2 UNESCO Biosphären-Schutzgebiete, 6 Naturschutzgebiete (Russisch: zapovednik), 8 Nationalparks und 67 Naturparks (Russisch: zakaznik).

In den Naturschutzgebieten ist die Natur unter besonders strengen Schutz gestellt. 1948 wurde als erster ›zapovednik‹ der See Issyk-Kul einschließlich eines zwei Kilometer breiten Uferstreifens unter Naturschutz gestellt. Leider ist das natürliche Gleichgewicht im See dadurch gestört, daß die Armenische Forelle ausgesetzt wurde, die sich stärker vermehrt, als man sie fischen kann. Außerdem wird der Issyk-Kul touristisch genutzt.

Blauer Enzian

Sandsteinformationen am Südufer des Issyk-Kul

Aufgrund der Initiative des Biologieprofessors und ehemaligen DDR-Umweltministers Dr. Michael Succow, bis 2003 Vizepräsident des NABU, kam 1998 ein großer Teil Ostkirgistans, in etwa die gleiche Fläche wie die Schweiz, unter den strengen Schutz eines Biosphärenreservats der UNESCO. Charakteristisch für das Konzept der Biosphärenreservate ist die Einbindung der ansässigen Menschen und die unabdingbare Nutzung der Kulturlandschaft. Biosphärenreservate sind in vier Zonen aufgeteilt: In der Kernzone ist jegliche wirtschaftliche Tätigkeit streng untersagt - zum Schutz der Biodiversität und zur Sicherung genetischer Ressourcen. Die Pufferzone darf extensiv und saisonal genutzt werden, Ziel ist die Erhaltung über Jahrhunderte gewachsener Kulturlandschaften mit ihrer traditionellen Nutzung. Für eine Nutzung zur weitergehenden wirtschaftlichen Entwicklung steht die Entwicklungszone zur Verfügung - natürlich auch hier im Einklang mit ökologischen Erfordernissen. Stark geschädigte Gebiete fallen unter die Sanierungszone. Nach Regeneration werden sie einer der anderen drei Zonen zugeordnet.

Die wirtschaftlichen Probleme des Landes machen es indes schwierig, die Nutzung von Flächen als Wirtschaftsland einzuschränken. Succow hielt dem entgegen, daß vor allem die noch immer getreu sowjetischer Tradition konzentrierte Massentierhaltung schädlich sei, weil sie Überweidung und Erosion fördere. Kleine Herden könnten auch im Naturschutzgebiet ausreichend umweltfreundlich gehalten werden. Auch die Energieversorgung soll umweltfreundlicher werden. Elektrizität wird bereits seit Sowjetzeiten überwiegend in großen Wasserkraftwerken erzeugt. Die hierfür erforderlichen Stauseen greifen allerdings erheblich in die Umwelt ein. Schonender ist der Einsatz von Kleinst-Wassergeneratoren, wie sie bereits erfolgreich in einigen Dörfern und sogar Jurtensiedlungen betrieben werden. Außerdem zielen Kleinprojekte verschiedener Geber darauf ab, die produzierte Energie effektiver zu nutzen, zum Beispiel durch den Bau besser isolierter Häuser oder mit Warmwasseraufbereitungsanlagen in Pensionaten am Issyk-Kul.

Alle Schutzgebiete sind bedroht durch Umweltverschmutzung, Wilderei und illegalen Holzeinschlag - und leiden unter chronischem Mangel an Personal, Ausstattung und Finanzen.

Ein mittlerweile bedeutender Akteur auf dem Gebiet des Umweltschutzes ist die Tourismusvereinigung ›CBT Kyrgyzstan‹. Sie fördert das Umweltbewußtsein der örtlichen Bevölkerung durch Fortbildung und veranstaltet auch gemeinschaftliche Müllsammlungen, zum Beispiel am Song-Kul-See.

Umweltprobleme

1930 bedeckte Wald etwa 1,2 Millionen Hektar Kirgistans. Vor allem in den Jahren des Zweiten Weltkrieges wurde Raubbau getrieben, bis Kriegsende war nur noch die Hälfte der Waldfläche erhalten. Den meisten Kirgisen lag als Volk von Reitern und Viehzüchtern nicht viel am Wald. Ihre Herden verbissen die jungen Triebe. Die Wälder sind überaltert, da seit dem Krieg nur kranke Bäume gefällt werden durften. Die Forstmethoden sind primitiv und nicht schonend, Holz wird mit schwerem Gerät gerückt, das die dünne Humusdecke aufreißt. Der Zustand des Waldes begünstigt Erosion, Erdrutsche und Lawinen. Die ungeregelte Nutzung uralter natürlicher Wälder bedroht Tier- und Pflanzenarten und deren einmalige Lebensgemeinschaften. Mögliche Verluste sind auch durch Aufforstung nicht rückgängig zu machen.

Unter anderem durch die starke Überweidung sind die Berghänge erodiert. Schuld daran waren die sowjetischen Planvorgaben, aufgrund derer sich von 1941 bis 1991 die Zahl der Schafe vervierfachte. Die vielen Schafe und Ziegen sind durch intensive Nutzung der Weideflächen zu Futterkonkurrenten ihrer wildlebenden Verwandten geworden. Auch der Schneeleopard leidet darunter - für ihn gibt es weniger Jagdwild, und wenn er Tiere der Hirten reißt, lauern ihm diese bald mit dem Gewehr auf. Leider sind Jäger aus dem Westen bereit, viel Geld für eine seltene Trophäe von einem bedrohten Tier zu zahlen, und nicht jeder Kirgise kann der Verlockung widerstehen, auf einen Schlag mehrere tausend Dollar für eine Jagdbegleitung einzustreichen.

Für die Mitnahme von Trophäen legal bejagbarer Arten müssen Jagdtouristen hohe Beträge an die Staatskasse entrichten. Das Geld sollte vorschriftsgemäß zum Schutz der Wildtierpopulationen aufgewendet werden, aber in Kirgistan ist davon noch nicht viel zu merken. Ausländische Ratgeber verweisen auf Projekte, die bereits in anderen Ländern die Wilderei wirksam eingedämmt haben: Wenn für Trophäenjagd gezahltes Geld zum Nutzen der Bevölkerung im Jagdgebiet verwendet wird, indem Arbeitsplätze für Wildhüter geschaffen und Straßen gebaut werden, sinkt der Anreiz, daß sich die Menschen durch Wilderei selbst versorgen.

Die Landwirtschaft belastet die Umwelt mit Chemikalien, die üppig eingesetzt werden; unter anderem werden Schädlinge mit dem vielerorts längst verbotenen DDT bekämpft. In der Bevölkerung sind in den entsprechenden Gebieten Krankheiten verbreitet, die durch Wasserverschmutzung und die steigende Bodenversalzung aufgrund primitiver Bewässerungsmethoden hervorgerufen werden.

Besonders belastend für die Umwelt ist der Baumwollanbau. In der Sowjetunion wurden in ganz Mittelasien riesige Plantagen angelegt; vor allem die bis heute unvermindert weiterbetriebene Baumwollerzeugung mit primitiven, verschwenderischen Bewässerungsmethoden aus der Stalinzeit in Usbekistan und Turkmenistan hat zur Austrocknung des Aralsees geführt, denn die Baumwollpflanze ist extrem durstig. Auch erfordert sie massiven Chemieeinsatz in Form von Dünger, Unkraut- und Schädlingsvernichtungsmitteln. In Südkirgistan wurde 2004 erstmals organisch angebaute Baumwolle produziert. Gefördert wird das Projekt durch das Schweizer Staatsministerium für Wirtschaft, den Entwicklungsfonds ›Helvetas‹ und den niederländischen ›Hivos‹-Fonds. Gute Erfahrungen damit wurden bereits in Mali, Tansania und Indien gemacht. Nach einer Übergangsphase wurde die Baumwolle 2006 als aus ökologischem Anbau zertifiziert, so daß die Bauern den vollen Preis dafür verlangen können – der Verkaufspreis liegt etwa 20 Prozent über dem von konventionell angebauter Baumwolle. Die Beibehaltung des ökologischen Anbaus wird fünfmal jährlich überprüft. Ein Drittel der Bauern mußte deshalb bereits im ersten Jahr wieder ausscheiden. Künftig will man von der Baumwolle zu anderen, weniger wasservergeudenden Feldfrüchten übergehen.

Umweltfreundlicher Brennstoff aus Kuhfladen

Kirgistan hat also seinen Anteil an der sowjetischen Erblast von Umweltsünden. Die schlimmste wurde in Mailuu-Suu begangen, 50 Kilometer nördlich der usbekischen Stadt Andižan im Ferganabecken. Dort wurden von 1946 bis 1968 etwa 10 000 Tonnen Uranerz extrahiert und verarbeitet, unter anderem für den Bau der ersten sowjetischen Atombombe. Fast zwei Millionen Kubikmeter radioaktiver Müll sind im Verwaltungsbezirk Mailuu-Suu vergraben. Kürzlich veröffentlichte Unterlagen bezeichnen 28 Deponien. Mindestens eine davon wird als gefährlich eingestuft, da sie unweit des Flusses liegt, der Mailuu-Suu mit

Trinkwasser versorgt: in einem von Erdbeben und Bergrutschen bedrohten Gebiet eine Zeitbombe, von der drei Millionen Menschen betroffen werden könnten. Die Krebsrate ist hier doppelt so hoch wie im Rest Kirgistans.

Glücklicherweise bemüht sich die Regierung seit der Unabhängigkeit um eine Lösung des Problems und macht die Öffentlichkeit darauf aufmerksam. Auch sucht sie die Mitarbeit internationaler Organisationen, zum Beispiel des UNHCR (Flüchtlingskommissariat der Vereinten Nationen), um die strahlenden Müllkippen zu beseitigen und die Bewohner ökologischer Krisenzonen umzusiedeln. Während der Perestrojka wurde 1988 eine Ökologie-Partei gegründet. Doch erst seit dem Ende der Sowjetunion braucht Umweltbewußtsein nicht mehr den Konflikt mit Parteirichtlinien und Planwirtschaft zu fürchten.

Gebirgssteppe mit Lilienschweifen

Daß die Goldförderung im Hochgebirge ebenfalls Gefahren für die Umwelt birgt, illustriert ein Vorfall vom Mai 1998: Ein mit der hochgiftigen Chemikalie Natriumzyanid beladener Lastwagen stürzte auf dem Weg zu den Kum-Tor-Minen in einen Fluß, der in den See Issyk-Kul mündet. Fast 200 Menschen, die von dem vergifteten Wasser getrunken hatten, mußten im Krankenhaus behandelt werden. Der Film des deutschen Regisseurs Frank Müller ›Wo der Himmel die Erde berührt‹ hat diese Gefahr zum Thema, wie auch den Konflikt zwischen den traditionellen Lebensgrundlagen der Kirgisen und einem kurzfristigen Fortschritts- und Gewinnstreben, das darauf keine Rücksicht nimmt. Der berühmte kirgisische Schriftsteller Tschingis Aitmatow (1928–2008) hat die Losung ›Schnee oder Gold‹ geprägt, denn im Schürfgebiet verschwinden auch Gletscher, die einen Teil der Zuflüsse des heiligen Sees der Kirgisen speisen. Aitmatow war auch Vorsitzender der Gottfried-Merzbacher-Umweltstiftung, die für den Schutz der Gletscher eintritt.

Pflanzen- und Tierwelt

Wegen des besonderen Zusammenwirkens von Höhenzonierung, Klima und Bodenverhältnissen findet sich im westlichen Tien-Schan eine außergewöhnliche Vielfalt an Lebensformen und -gemeinschaften von Flora und Fauna. Hier wachsen etliche Urformen von Kulturpflanzen wild. Von Kirgistans mehr als 8000 erfaßten Pflanzen- und Tierarten sind 208 endemisch. Viele Arten sind hier und in anderen Teilen der Welt gefährdet.

Etliche Zugvogelarten schätzen den westlichen Tien-Schan als Brutplatz. Auch treffen hier die östlichen bzw. westlichen Grenzen der Verbreitungsgebiete zahlreicher Arten aufeinander.

Edelweiß gibt es überall im Gebirge

In der Sowjetunion gab es ein ›Rotes Buch‹, eine Liste gefährdeter Tiere und Pflanzen. Auch für die einzelnen Republiken gab es jeweils Rote Bücher. In dem für Kirgistan aus dem Jahre 1985 waren 15 Prozent der Säugetiere und zehn Prozent der Vögel als vom Aussterben bedroht genannt. Der Mensch ist auch in Kirgistan in den Lebensraum wilder Tiere eingedrungen. Die Urbarmachung des Landes und die in den Steppen dazu notwendige Bewässerung verändern die Existenzgrundlagen der an Trockenzonen angepaßten Tiere. So hat die Zahl der Reptilien hat in den letzten Jahren stark abgenommen.

Vegetationszonen

Aufgrund der großen Höhenunterschiede ist die Vegetation in folgende Zonen unterteilt: Wüste, Steppe, Grasland, Buschland und Wald. Auf etwa 1500 Metern Höhe findet man trockene Bergsteppen mit Wermut und Federgräsern, mit zunehmender Höhe Wiesensteppen, subalpine und alpine Wiesen mit Trollblumen und Knöterich. Ab 3800 Metern beginnt die Hochgebirgstundra mit Polsterpflanzen und Mooren. Die Baumgrenze liegt bei 2800 Metern.

Wald bedeckt nur spärliche vier Prozent der Landesfläche. Er bevorzugt Schluchten, Flußauen und Schattenhänge. 316 000 Hektar bestehen aus Wacholderbäumen (kirgisisch Arča). Auf 608 500 Hektar wachsen im Vorgebirge östlich des Ferganabeckens Nußbäume – die größten Wälder dieser Art auf der Erde. Dort werden jedes Jahr bis zu 1500 Tonnen Walnüsse geerntet. Die VW-Stiftung finanziert seit 2003 die Erforschung der Walnußwälder. Endemische Wildobstwälder im westlichen Tien-Schan sind die Heimat kultivierter Obstarten wie Kirsche, Pflaume, Apfel, Birne, Aprikose, Walnuß und Pistazie.

In den Wäldern ernten die Bauern Äpfel, Birnen, Kirschen, wilde Mirabellen und Beeren. Auf insgesamt 26 000 Hektar der Ferganasenke und im Čatkal-Tal wachsen Pistazien. Obst- und Nußwälder findet man im Ferganatal noch in ihrer Urform.

An nördlich ausgerichteten Gebirgshängen kommen Tannen vor. Diese Wälder mit einer Gesamtfläche von 24 000 Hektar sind im Süden Kirgistans selten. Weiter gibt es Fichten, darunter die nur hier vorkommende Semënov-Fichte, Ahorn, Pappeln, Birken und Ulmen.

Tiere

In Kirgistan hat man etwa 2200 Arten von Arthropoden (Insekten und Spinnentiere) gezählt und fast 500 Arten von Wirbeltieren: 49 Fisch-, 3 Amphibien-, 25 Reptilien-, 335 Vogel- und 83 Säugetierarten. Von den Säugetieren sind für Kirgistan charakteristisch: Maralhirsch, Marco-Polo-Schaf, Sibirischer Steinbock, Isabell-Braunbär, Menzbier-Murmeltier, Schneeleopard, Wolf, Mittelasiatischer Otter und Turkestanischer Luchs. Die drei letztgenannten Tiere sind als vom Aussterben bedroht im Roten Buch eingetragen. Der Bestand an Schneeleoparden wird auf 260 bis 700 Tiere geschätzt. Der Naturschutzbund Deutschland (NABU) startete 1999 zusammen mit der kirgisischen Regierung ein Schutzprogramm für

Erdhörnchen auf einer Hochweide

Ein ›Berkutči‹ mit seinem Adler

Schneeleoparden. Zunächst wurde eine Anti-Wilderer-Einheit ins Leben gerufen, die Fallenstellern und Wilderern das Handwerk legt. Sie heißt ›Gruppa Bars‹ (Russisch: Schneeleopard). Seit 2002 versorgt ein Rehabilitationszentrum bei der Ortschaft Ananevo am Issyk-Kul-See kranke, verletzte oder beschlagnahmte Schneeleoparden in einem weitläufigen Freigehege - dem einzigen dieser Art in Mittelasien (www.nabu.kg/rehazentrum.htm). Der NABU hat dem Schutz der seltenen Großkatze eine Homepage gewidmet: www.schneeleopard.de. Eine aus den Händen von Wilderern gerettete Schneeleopardin hatte der NABU im Jahr 2000 in den Naturpark Lüneburger Heide ausgeflogen und in das Europäische Erhaltungszuchtprogramm der Zoologischen Gärten (EEP) aufgenommen. Sie wurde nach der berühmtesten Romanfigur Tschingis Aitmatows auf den Namen Dshamilja getauft und lebt mittlerweile im Zoo Zürich, der langjährige Erfahrung in der Zucht dieser Großkatze hat. Dort hat Dshamilja bereits mehrfach für Nachwuchs gesorgt.

Der König der Vögel über dem Tien-Schan ist der Berkut - der Adler. Die Kirgisen und Kasachen richten ihn seit langem zur Jagd auf Pelztiere ab. Gerne schmücken sich die ›Berkutči‹ mit Mützen und Jacken aus den Pelzen der Beute ihres Raubvogels, der bis zu zwölf Kilogramm schwer wird und ein Alter von 30 Jahren erreichen kann.

Kirgistan auf einen Blick

Offizieller Name: Kirgisische Republik (Kyrgyz Republikasy)
Amtssprachen: Kirgisisch, Russisch
Währung: 1 Kirgistan-Som – 100 Tyin
Nationalfeiertag: 31. August
Fläche: 198 500 Quadratkilometer (knapp fünfmal größer als die Schweiz)
Größte Ausdehnung: Nord-Süd 435 Kilometer, West-Ost 900 Kilometer
Mittlere Höhe über dem Meeresspiegel: 2750 Meter
Bevölkerung: 5,6 Millionen (2006)
Mittlere Bevölkerungsdichte: 24 Personen/Quadratkilometer
Verhältnis Land-/Stadtbevölkerung: 64/36 %
Bevölkerungswachstum: 1,5 % pro Jahr
Durchschnittliche Lebenserwartung: 67 Jahre (Männer 63 Jahre, Frauen 73 Jahre)
Analphabetenrate: 3 %
Bevölkerungsanteil unter 15 Jahren: 37,5 %
Säuglingsterblichkeit: 5,3 %
Bruttosozialprodukt pro Kopf: 462 US-Dollar (2005)
Anteil der Einwohner unter der Armutsgrenze: ca. 52 %
Wichtigste Handelspartner: Deutschland, Rußland, Usbekistan, Kasachstan, VR China
Nationalitäten: Kirgisen 68 %, Usbeken 14 %, Russen 10 %; Deutsche, Tataren, Koreaner, Uighuren, Dunganen und andere jeweils ca. 1 %
Religionen: Moslems 80 %, Russisch-Orthodoxe 10 %; andere (Juden, Christen) jew. ca. 2 %

Hirtenfamilie im Sommerlager

Wirtschaft

Die abgeschlossene geographische Lage, das Erbe jahrzehntelanger sozialistischer Planwirtschaft und eine unzureichende Infrastruktur im Land wie in der weiteren Umgebung sind die grundlegenden Probleme der kirgisischen Wirtschaft. Kirgistan gilt aber in der Region als führend bei den Wirtschaftsreformen und nimmt bereitwillig ausländische Investitionen und politische Unterstützung an.

Nomadenmädchen im Tal des Čong-Ak-Suu

Traditionelle Wirtschaftsformen

Seit alters waren die Bergtäler Weiden für Schaf- und Pferdeherden. Die Viehzucht gab den Nomaden alles, was sie zum Leben brauchten: Nahrung, Kleidung, Obdach und Transportmittel. Örtliche Handwerker verarbeiteten die Produkte der Viehzucht und stellten Gegenstände für den Bedarf des Nomadenlebens wie Zaumzeug und Jurten her. In der unzugänglichen Bergwelt mit der Höhenzonierung ihrer Vegetation zogen die Nomaden nicht auf ausgedehnten Flächen umher, sondern bewegten sich in einem begrenzten Gebiet je nach Jahreszeit auf höher oder tiefer gelegene Weiden. Die Viehzucht der Steppen- und Gebirgsnomaden war wichtig für die seßhaften Bewohner Mittelasiens, auf deren Basaren Vieh und tierische Erzeugnisse verkauft wurden. Großherdenbesitzer besaßen auch den meisten Weidegrund. Familien mit wenigen Tieren konnten den Lebensunterhalt nicht selbst bestreiten. Armut zwang sie oft, seßhaft zu werden und einem anderem Broterwerb nachzugehen. Sie gingen in Anstellung bei reichen Herdenbesitzern und konnten als Entlohnung Erzeugnisse der Tiere behalten, mußten aber die Vergrößerung der Herden garantieren. Der Stammesadel besaß oft keine eigenen Herden und lebte dann von den Abgaben seiner Lehensleute.

Als Rußland in der zweiten Hälfte des 19. Jahrhunderts seinen Herrschaftsbereich nach Mittelasien ausdehnte, vergaben die zaristischen Behörden das ›herrenlose‹ Weideland der nichtseßhaften Hirten zur Kolonisierung an aus Rußland und der Ukraine eingewanderte Bauern. Die alteingesessenen Bewohner wurden bei der Landvergabe stark benachteiligt, ihnen wurde jedoch die Fortführung der überkommenen Lebensweise gestattet.

Kollektivierung und Planwirtschaft

Das änderte sich, nachdem sich im ehemaligen Zarenreich die Regierung der Sowjets etabliert hatte. Sie setzte in der Überzeugung, Landwirtschaft sei höher entwickelt als das Wanderhirtentum, die in Moskau festgelegte neue Wirtschaftsordnung auch in den neugebildeten Republiken Mittelasiens durch. Zunächst wurden 1921–22 fast eine halbe Million Hektar bewässertes Staatsland an Bauern vergeben. 1926/27 konfiszierte der Staat dann über eine Viertelmillion Hektar Weide- und Ackerland von den ›Bays‹ – den Stammesführern – zur Umverteilung. Der erste Fünfjahresplan (1928–1932) sah vor, die Landwirtschaft zu kollektivieren. Zunächst wurde das Eigentum der Herden- und Gutsbesitzer beschlagnahmt und an arme Haushalte umverteilt. Das Ziel war indessen nicht die bessere Versorgung minderbemittelter Hirtenfamilien. Wichtiger war den Sowjets, die Bays zu entmachten und dem Nomadenleben der umherziehenden Bauern ein Ende zu setzen, um sie besser kontrollieren zu können. Sie faßten Land und Viehbestände in volkseigenen landwirtschaftlichen Großbetrieben zusammen und legten auf ehemaligem Weideland riesige Äcker für Feldfrüchte und Baumwolle an. Weil sich die Weidewirtschaft so schnell nicht umstellen ließ, verhungerten die Tiere in der Anfangszeit der Kollektivierung in großer Zahl. Viele Hirten schlachteten ihr Vieh zudem lieber massenhaft ab, als es in die Hände der Staatsmacht fallen zu lassen. Dies zog nicht nur drakonische Strafen wegen Sabotage nach sich, es führte die Landbevölkerung, die auf diese Weise ihre Lebensgrundlage zerstörte, auch in noch tiefere Abhängigkeit gegenüber den neuen Machthabern.

Unter der Sowjetmacht wurden traditionelle Wirtschaftszweige verstaatlicht und kollektiviert und in den Republiken Mittelasiens neue Industrien angesiedelt. Das Zentrum Moskau organisierte die Verteilung von Rohstoffen und Erzeugnisse zwischen den einzelnen Republiken und legte die dafür geltenden Preise fest.

Die Kommunikations- und Transportverbindungen basierten auf den alten Kolonialrouten durch das Zarenreich. Die verarbeitende Industrie in den einzelnen Sowjetrepubliken wurde deshalb vor allem an der Peripherie, der Mittelasien

Ziegenfleisch wird an der Luft getrocknet

angehörte, nicht ausreichend diversifiziert. Am 21. Dezember 1991 fand im Zuge des Auseinanderbrechens der Sowjetunion ein Treffen in Almaty statt, auf dem die Erklärung herausgegeben wurde, daß die Republiken souverän und unabhängig seien und die volle Eigenkontrolle über ihre Ressourcen hätten. Damit fielen aber auch die Organisationen weg, die bis dahin den Austausch zwischen den Teilrepubliken sowie die Preise reguliert und Subventionen verteilt hatten. Seitdem müssen die neuen Staaten ihre Produkte auf dem Weltmarkt anbieten und dort wie auch voneinander zu Weltmarktpreisen einkaufen. Gleichzeitig war eine Umstellung der Produktion nötig, die vielfach für den militärisch-industriellen Komplex bestimmt war und deren Erzeugnisse nun niemand mehr brauchte.

Wirtschaft heute

1989 bis 1995 sank das Bruttoinlandsprodukt Kirgistans um 61 Prozent - bei einem durchschnittlichen Einbruch in der Region um 40 Prozent. Offenbar trafen der Niedergang der staatlichen Wirtschaft und das Wegbrechen der überkommenen Handelsverbindungen das Land besonders hart. In den Folgejahren setzte sich die Abwärtsbewegung fort: Das BIP betrug 1994 pro Kopf 1800 US-Dollar (zum Vergleich: USA 25 000 US-Dollar), sank aber auf 220 US-Dollar im Jahr 1999. Zwischendurch ging es aufwärts: das Jahr 2002 brachte ein Wirtschaftswachstum von vier Prozent. 2005 jedoch, im Jahr des Regierungsumsturzes, sank die Wachstumsrate auf 1,4 Prozent. 2006 erholte sie sich wieder und stieg auf 3,2 Prozent. Die meisten Großbetriebe ehemals wichtiger Industriezweige stehen wegen Materialknappheit und Absatzproblemen still und werden auch vielfach kaum wiederzubeleben sein, zumal in der Zwischenzeit China die Märkte Kirgistans mit seinen Waren erobert hat. Ein Drittel des BIP wird vom Privatsektor erwirtschaftet. Kreditinstitute verleihen Startkapital wegen des hohen Ausfallrisikos nur gegen hohe Zinsen (bis zu 30 Prozent). Dies erschwert vielen Kirgisen eine Unternehmensgründung. Auch gingen etliche hoffnungsvoll gegründete Geldinstitute bankrott, so daß möglicherweise vorhandene Ersparnisse nicht ausreichend als Kapital am Markt sind.

Galoschenverkäuferin auf dem Markt

Leider besitzt der größte Teil gerade der ländlichen Einwohner kaum unternehmerische Fähigkeiten und nur sehr geringe finanzielle Mittel. Gerade hier setzt das Ende der 90er Jahre gegründete ›Community Based Tourism‹-Programm (CBT) an. Sein Ziel ist, der Landbevölkerung unmittelbare Einnahmequellen zu erschließen, ihr neue Verdienstmöglichkeiten aufzuzeigen - und das Reiseziel Kirgistan für Ausländer attraktiver zu machen.

Die Bevölkerung mißtraut noch immer der Privatisierung staatlicher Betriebe, weil diese häufig mit undurchsichtigen Machenschaften einhergeht. Außerdem zieht die Umwandlung staatseigener Versorger in nach Marktgesetzen arbeitende Unternehmen stets einen drastischen Preisanstieg für die Verbraucher nach sich. Die Regierung hat jedoch oft keine andere Wahl, weil ihr das Kapital fehlt, die alten Betriebe zu unterhalten und zu investieren.

Transportwege

Eine Besonderheit der Region ist, daß kein Land direkte Verbindung zu den Weltmeeren hat. Im Westen liegt das Kaspische Meer, dahinter der Kaukasus, dessen Länder ähnliche politische und wirtschaftliche Probleme haben wie die zentralasiatischen Staaten. Im Süden liegt Afghanistan, im Osten die unterentwickelte chinesische Provinz Sinkiang. Gegen Investitionen in die kürzeste Route nach Westen über den Iran sind die Vereinigten Staaten. Technik und Infrastruktur sind unterentwickelt und überaltert. Der Gütertransport nach und in Mittelasien findet

Kirgisische ›Nebenstrecke‹

wegen des dünnen Eisenbahnnetzes und mangels schiffbarer Flüsse fast nur per LKW statt - in Kirgistan werden knapp neun Zehntel des Frachtaufkommens auf der Straße befördert. Auch haben die Länder bislang zu keiner regionalen Integration gefunden, welche die Grenzen durchlässiger für Waren und Dienstleistungen machen würde. Dies verteuert und verlängert den Transport, was Betrieben wie Verbrauchern zusätzliche Kosten aufbürdet. Weil Kirgistan weder als Transitland noch als Lieferant viel zu bieten hat, ist seine Position bei Verhandlungen über regionale Zusammenarbeit defensiv. Solche Gespräche führen die beteiligten Länder nach wie vor zu sehr im Bewußtsein, Konkurrenten statt Partner zu sein.

Gerade der Blick auf lockende ausländische Investitionen verführt die Regierungen der zentralasiatischen Staaten, die Kooperation mit den jeweiligen Nachbarn zugunsten überregionaler Beziehungen zu vernachlässigen.

1994 gründete Kirgistan eine Freihandelszone mit Usbekistan und Kasachstan. Während sich Usbekistan wegen der Verschlechterung des politischen Klimas faktisch wieder abgeschottet hat, ist das wirtschaftlich aufstrebende Kasachstan mittlerweile der drittgrößte Abnehmer kirgisischer Exporte und zweitgrößter Importeur nach Kirgistan. Kirgistan trat im Oktober 1998 als erste ehemalige Sowjetrepublik der Welthandelsorganisation (WTO) bei.

Bodenschätze

Die Ausbeutung der Bodenschätze ist ein Schwerpunkt der kirgisischen Wirtschaft, doch erschweren die schroffe Landschaft, das Klima und die ständige Erdbebengefahr die Erschließung. Die Vorkommen umfassen Gold, Kohle, Öl, Gas, Quecksilber, Antimon (Kirgistan war hierfür der größte Produzent in der UdSSR), Zinn, Wolfram, Bauxit und Blei, außerdem Granit, Marmor, Kalkstein und Mineralwasserquellen. Unter den GUS-Staaten, die Gold produzieren, steht Kirgistan an dritter Stelle. Erschlossene Lagerstätten befinden sich am Paß Kum-Tor südlich des Issyk-Kul-Sees, bei Džerui im Talastal und bei Kazarman im Gebirge östlich des Ferganabeckens. Das Goldvorkommen von Kum-Tor wurde 1978 entdeckt und wird auf 818 Tonnen geschätzt. Das Edelmetall kommt großenteils in Mischerzen vor, die technisch schwierig zu extrahieren sind. Mit einer jährlichen Erzeugung von 12 Kilogramm pro Bergmann während des Höhepunktes der Fördertätigkeit Anfang des Jahrzehnts nahm die Kum-Tor-Mine den weltweit vierten Platz ein. Als die Mine 1997 den vollen Betrieb aufnahm, konnte Kirgistan sein Außenhandelsdefizit mit einem Schlag um mehr als zwei Drittel verringern. In den vergangenen zwei Jahren wurde die Produktion jedoch trotz des steigenden Goldpreises reduziert. Auf den Betrieb entfallen 90 Prozent der kirgisischen Goldförderung, 30 Prozent der Industrieproduktion und ein Drittel des Wertes der Ausfuhren - und das mit nur 1650 Beschäftigten, die 10 bis 14 Prozent des Bruttoinlandsprodukts erwirtschaften. Ein Unfall in der Mine ließ entsprechend den gesamten Industrieausstoß Kirgistans gleich um 15 Prozent zurückgehen. Auf lange Sicht bedeutet die Übergewichtung eines einzigen profitablen Wirtschaftszweigs wenig Gutes für die Volkswirtschaft Kirgistans. Die Einkünfte konzentrieren sich in wenigen Händen und mindern den Druck auf die Regierung, das Land und seine Wirtschaft auf allen Ebenen zu reformieren und differenziert zu entwickeln.

Nach dem kanadischen Betreiber der Kum-Tor-Mine ist der deutsche Tabakkonzern Reemtsma der zweitgrößte ausländische Investor.

Obwohl die Kohlevorkommen mit etwa 35 Milliarden Tonnen halb so groß wie die Chinas sind, führt Kirgistan Kohle für seine Fernheiz- und Elektrizitätswerke ein - hauptsächlich vom nördlichen Nachbarn Kasachstan, während die größten eigenen Vorräte im Ferganabecken im Süden liegen. Von dort kann die Förderung wegen des Abbaus von Bahnlinien aber nicht abtransportiert werden. Besonders

Viele Betriebe in Kirgistan bieten einen solchen Anblick

negativ wirkt sich hier aus, daß Kirgistans durch Gebirgszüge in einen Nord- und einen Südteil getrennt wird. Von den vierzehn staatlichen Kohleminen wurden zu Beginn der 90er Jahre nur vier als überlebensfähig eingeschätzt. Waren 1992 noch 2,37 Millionen Tonnen gefördert worden, waren es 2001 nur noch 0,47 Millionen Tonnen. Was viele verarmte Menschen illegal und unter Lebensgefahr aus den Stollen bankrotter Bergwerke graben, kann nur geschätzt werden. Die in Zentralkirgistan liegenden fünf Kohleminen - eine davon war staatlich - vereinigte nach dem Regierungswechsel ein Privatmann mit zweifelhaften Mitteln unter seiner Leitung. Der bald ›Kohlekönig‹ genannte Unternehmer zahlte fortan Steuern nach Gutdünken und lieferte die Kohle aus, wie es ihm paßte. Die Regierung ließ sich indessen erst durch Demonstrationen gegen diese Klüngelwirtschaft dazu bewegen, den Rohstoffmagnaten zu verhaften.

Von seinen 6 Milliarden Kubikmetern Erdgas fördert Kirgistan jährlich nur 30 Millionen. Der Löwenanteil des Bedarfs von 700 Millionen Kubikmetern muß aus Usbekistan importiert werden, bei dem sich die Schulden pro Kopf der kirgisischen Bevölkerung inzwischen auf 800 US-Dollar belaufen. Mittlerweile interessiert sich der russische Energiekonzern Gazprom für die Gasvorkommen - angesichts der vergleichsweise geringen Größe der Vorräte gewiss nicht nur wirtschaftlich motiviert.

Energiegewinnung

Die hydroelektrische Stromerzeugung ist der drittwichtigste Wirtschaftszweig, da Strom sich ins Ausland verkaufen läßt. Sie birgt aber wegen der damit verbundenen Bewirtschaftung der für ganz Mittelasien lebensnotwendigen Wasservorräte auch Konfliktstoff mit den Nachbarstaaten. Der Toktogul-Stausee - das zweitgrößte

Gewässer des Tien-Schan - war nämlich nicht nur als Stromlieferant für Kirgistan, sondern auch als Reservoir für die ganzjährige Bewässerung in Usbekistan und Kasachstan vorgesehen.

Wegen der schwachen Infrastruktur fällt fast ein Fünftel des erzeugten Stroms durch Leitungsverluste aus. Der Strompreis deckt die Erzeugungs- und Bereitstellungskosten von vornherein nicht, und wegen illegalen Abzapfens, der Zahlungsunfähigkeit vieler Abnehmer und des Verschenkens an privilegierte Verbraucher erreichen die Einnahmen nur 40 Prozent des Soll.

Kirgistan verbraucht den meisten Strom im Winter. Die Bevölkerung heizt zunehmend mit Elektroöfen, denn die Nachbarn Usbekistan und Kasachstan stellen gelegentlich ihre Gaslieferungen ein, weil die kirgisischen Schulden inzwischen sehr hoch sind. Die Stromerzeugung auf hydroelektrischem Weg hat aber zur Folge, daß hierzu aus den Stauseen abgelassenes Wasser in einer Jahreszeit zu den Nachbarländern fließt, während der kein Ackerbau betrieben wird, und die Äcker überschwemmt. Während der Wachstumszeit wiederum fehlt dieses Wasser, da es für den Winter zurückgehalten wird. Ähnliche Probleme mit China sind bislang nicht entstanden, weil Kirgistan das Geld zum Bau neuer Stauwerke im

Paßstraßen sind oft in keinem guten Zustand

Grenzgebiet fehlt. Pläne sehen die Aufstauung der Flüsse Sary-Džas und Kokžaal zu einem Reservoir im Gebirge südlich des Issyk-Kul-Sees vor; wegen des starken Gefälles könnten drei Staustufen mit einer geschätzten Leistung von 465 Megawatt gebaut werden. Das Wasser würde in den Issyk-Kul fließen, könnte dessen Niveau stabilisieren und zusätzliche Anbauflächen entlang dem steppenartigen Südufer erschließen. Fehlen würde das Wasser allerdings dem Aksu, einem Hauptzufluß des Tarim, der Lebensader etlicher Oasen auf chinesischem Gebiet.

Land und Leute

Außenhandel

Einer der wichtigsten Handelspartner war Deutschland, solange die Goldförderung hauptsächlich dorthin exportiert wurde. Unter den EU-Staaten nimmt es weiterhin die erste Stelle ein, für das Gold ist mittlerweile die Schweiz der Hauptabnehmer.

Die wichtigsten Wirtschaftspartner sind Rußland, Kasachstan und zunehmend China.

Kirgistans Auslandsverschuldung liegt bei über 100 Prozent des Bruttoinlandsprodukts, eine Folge des Beitritts Kirgistans zur Welthandelsorganisation, womit der Binnenmarkt stärker unter den Druck des Weltmarkts geriet, gegen den die zentralasiatischen Nachbarn ihre Märkte abschotten. Kirgistan gilt formell als überwiegend wirtschaftlich frei (unter 157 Ländern belegt es gemeinsam mit Thailand Platz 71).

Die Weltbank und der IWF wollten Kirgistan 2006 in ihre Entschuldungsinitiative einbeziehen, welche die Halbierung der Auslandsschulden vorgesehenen hatte. Befürwortet hatten die Initiative Premierminister Kulov und als einziger weiterer hochrangiger Politiker der Finanzminister - als letzte Chance Kirgistans, seine Schulden irgendwann abzahlen zu können. Präsident Bakiev lehnte jedoch die Initiative ab, nachdem Kulov die Regierung verlassen hatte. Er stellte es so dar, daß er die Wirtschaft seines Landes nicht durch Annahme des Schuldenerlasses völlig in die Hände internationaler Finanzinstitute geben wollte. Ein eigener Lösungsplan der Regierung im Umfang von zwei Milliarden US-Dollar - um diese Summe geht es - scheint jedoch bei der wirtschaftlichen Misere Kirgistans unrealistisch.

Die öffentliche Hand investiert zusehends weniger. Kirgistan bemüht sich, verstärkt Privatinvestitionen aus Rußland und China anzuziehen. Diese fließen wie aus dem übrigen Ausland jedoch zögerlich, gehemmt durch fehlende stringente Gesetzgebung und Rechtssicherheit, durch unvorhersehbare politische Einflußnahmen auf das Wirtschaftsgeschehen, durch Korruption und ein unattraktives Steuersystem.

Zusätzliche Unsicherheiten für Investoren bedeuten die Forderungen der Anlieger mancher Objekte. Gerade die lukrativen Bergwerke erzeugen nämlich Umweltbelastungen, welche die im Umkreis wohnenden Menschen nicht hinnehmen wollen - oder für die sie eine Entschädigung durch Teilhabe am Gewinn verlangen. Da der Staat bisher keine Regulierungsmechanismen eingerichtet hat, halten sich die Dorfgemeinschaften direkt an den Verursacher und bekräftigen ihre Forderungen auch schon einmal mit Straßenblockaden. Wenig ermunternd wirkte auch, daß in der unruhigen Zeit nach dem Regierungswechsel 2005 große Betriebe wie das Bischkeker Hotel Ak-Keme, die Mobiltelefongesellschaft Bitel und der größte Markt des Landes in Kara-Suu ihren Besitzern mit krimineller Energie abgenommen wurden. Premierminister Kulov sah sich schon recht bald zu einer offiziellen Erklärung veranlaßt, in der er die zunehmende Verquickung von Amtsinhabern mit der organisierten Kriminalität anprangerte. Ernüchternd ist auch eine Studie, die bei der Beurteilung des Wettbewerbsklimas Kirgistan den vorletzten Platz unter 117 Ländern zuweist. Der Korruptions-Wahrnehmungsindex der Organisation ›Transparency International‹ von stufte Kirgistan auf Rang 150 von 180 bewerteten Staaten ein (gleichrangig mit zum Beispiel Sierra Leone und Zimbabwe, aber auch dem wirtschaftlich viel besser dastehenden Nachbarn Kasachstan).

Landwirtschaft

Wie zu Sowjetzeiten erbringen Privatanbauer 60 Prozent der gesamten Agrarproduktion. Die Landwirtschaft ist mit einem Drittel des Bruttosozialprodukts der Hauptwirtschaftszweig Kirgistans geblieben. Die Hälfte des Landes wird landwirtschaftlich genutzt, nur sieben Prozent der Fläche sind allerdings für Ackerbau geeignet. Der Eigenbedarf an Lebensmitteln ist deshalb nicht gedeckt. Nur die Getreideernte ist mittlerweile ausreichend. Der Baumwollanbau kann wegen klimatischer Bedingungen nicht gesteigert werden und ist wegen des hohen Wasserverbrauchs und Chemieeinsatzes umweltschädlich. Bedeutsam sind die Erzeugung von Fleisch und Tierprodukten (auch Honig), Tabak-, Obst- und Gemüseanbau.

Landwirtschaft wird vielerorts mit einfachen Mitteln betrieben

Nach Auflösung der Staatsgüter kehren die Bauern zur Haltung kleiner Herden zurück, und der Staat begünstigt den Agrarsektor durch Privatisierung und Landvergabe. Drei Viertel des Acker- und Weidelandes wurde an die Bevölkerung vergeben, das verbleibende Viertel den ländlichen Gemeindeverwaltungen zur Verpachtung. Daß die hier überdurchschnittlich vertretenen Kirgisen am stärksten von der Neuverteilung ehemaligen Volkseigentums profitieren, ruft bei Angehörigen der nicht-kirgisischen Bevölkerung, die meist in anderen Wirtschaftszweigen beschäftigt sind, Unmut hervor. Nach dem Regierungswechsel organisierten sich regelrechte Landnahmegesellschaften, deren Mitglieder Bau- und Ackerland einfach besetzten - sie verstanden dies als Belohnung für ihr Mitwirken beim Umsturz. Für die Bauern, deren Anbauland besetzt wurde, führte dies natürlich zu Einbußen bei der Ernte.

Die Bauern verfügen kaum über Kapital, das sie investieren könnten. Nach anfänglichem Mißtrauen gegenüber einer Kollektivwirtschaft ähnelnden Zusammenschlüssen gründen einige Genossenschaften, die allerdings hoch besteuert werden. Auch hier wirkt sich die schlechte Infrastruktur aus, unter anderem das Fehlen einer verarbeitenden Industrie. Dies wie der Protektionismus der Nachbarländer zum Schutz der eigenen Bauern gegen Importe erschwert kirgisischen Landwirten die Erwirtschaftung von Profiten.

Von den ehemaligen Sowjetrepubliken lebt nur in Tadschikistan ein größerer Anteil der Bevölkerung außerhalb der städtischen Siedlungsgebiete. Nach der offiziellen Statistik vergrößert sich dieser Anteil weiter, es gibt aber Hinweise darauf, daß dies nicht stimmt, denn angeblich soll zum Beispiel Bischkek ein Drittel mehr Einwohner haben als dort registriert sind. Beschäftigte sind von der Industrie zu Landwirtschaft, Handel und Dienstleistung abgewandert. Die Landflucht bedingt hohe Arbeitslosigkeit; die offizielle Quote liegt bei vier Prozent, als realistisch gilt nach anderen Meinungen das Fünf- bis Sechsfache. Unter der Anleitung von GTZ und UNHCR wurden örtliche Jobbörsen eingerichtet. Die stärkste Ab- und vor allem Auswanderung findet aus der Čuj-Region und Bischkek statt, da dort der größte Anteil von Angehörigen anderer Nationalitäten lebt.

Tourismus

Der Anteil des Tourismus am kirgisischen Bruttoinlandsprodukt beträgt mit drei bis vier Prozent noch immer weniger als die Hälfte des weltweiten Durchschnitts. Zudem liegt der Schwerpunkt in der Issyk-Kul-Region, wo jährlich schätzungsweise eine Million Erholungssuchende in den großen Freizeitanlagen absteigen.

Landesweit hat sich in den letzten Jahren ein Projekt zur Verbreitung des ›Community Based Tourism‹ (CBT) etabliert. Laut Definition des World Wildlife Fund handelt es sich dabei um eine Form des Tourismus, über den die örtliche Gemeinschaft bedeutende Kontrolle hat, in dessen Entwicklung und Management sie in wesentlichem Maße einbezogen ist, und wo ein Großteil der Erträge in der Gemeinschaft verbleibt. Sein Ziel ist die Förderung eines nachhaltigen Tourismus unter Erhaltung von Traditionen und traditionellen Lebensgrundlagen im Reiseland.

Der zu diesem Zweck landesweit tätige Tourismus-Dachverband ›CBT Kyrgyzstan‹ bildet neben der Verfolgung dieser Ziele seine Mitglieder fort: im Schutz der Umwelt und bewahrenswerter Orte, zur Förderung der Zusammenarbeit in der Dorfgemeinschaft auf dem Gebiet des Tourismus, der Vermarktung von Leistungen, Führung der Geschäfte sowie der Organisation von Kulturfesten. Auch vertritt der Zusammenschluß Interessen seiner Mitglieder gegenüber der Standard-Tourismusindustrie.

Währung

Als erste ehemalige Sowjetrepublik Mittelasiens führte Kirgistan 1993 seine eigene Währung – den Som – ein und koppelte sich so vom rapide an Wert verlierenden sowjetischen Rubel ab. Vorübergehend erzeugte dies Spannungen mit den Nachbarländern, die jedoch bald selbst diesem Beispiel folgten.

Der kirgisische Som ist das Hätschelkind des Internationalen Währungsfonds (IWF): Stützprogramme und der Erlaß von Staatsschulden haben ihn vor den katastrophalen Wertverlusten bewahrt, die die ebenfalls nach und nach eingeführten Währungen der Nachbarländer fast schon am Ausgabetag begannen aufzuzehren. Die Inflation lag 2002 bei 7 Prozent, sank in den folgenden Jahren auf weniger als die Hälfte, stieg aber 2007 wieder auf 6,4 Prozent. Für 2008 befürchten kirgisische Wirtschaftsexperten einen Anstieg auf bis zu 9 Prozent.

Staat und Bevölkerung

Die Bezeichnung des Landes wird, da es für einige Buchstaben des kyrillischen Alphabets im Deutschen keine Entsprechung gibt, unter anderem mit Kirgistan, Kirgisistan, Kirgisien oder Kyrgyzstan wiedergegeben. Etwas verwirrend ist auch, daß die Russen während der Zarenzeit vorübergehend die Kasachen Kirgisen nannten, um sie von den Kosaken zu unterscheiden und die eigentlichen Kirgisen als Kara-Kirgisen, also schwarze Kirgisen bezeichneten.

So vielfältig wie die Schreibweisen sind auch die Versuche, die Herkunft des Namens zu erklären: Kommt er von kirk kys (40 Mädchen), vom turksprachigen kyr gizmek (Wiese plus nomadisieren), oder sind die Kirgisen die Nachkommen von kirk oguz (40 Klane) oder einfach khir oguz (Hochlandstämme)?

Das Ethnonym wurde erstmals 201 vor unserer Zeit in einer Chronik erwähnt, die beschreibt, wie die Kirgisen in der Mongolei von Ogus-Khan, dem Begründer des Hunnenreiches, geschlagen wurden. Mahmud Al-Kashgari, der erste Turkologe und Verfasser eines Wörterbuchs der türkischen Sprache, nannte die Kirgisen als einen der 22 turksprachigen Stämme, ohne allerdings ihr Siedlungsgebiet zu bezeichnen.

In der Geschichte Mittelasiens geschah es häufig, daß zuwandernde Stämme den Namen einer Gegend übernahmen, die zuvor nach einem anderen Volk benannt worden war. Je länger ein Ethnoterminus ein Gebiet bezeichnete, desto weniger stimmte die anfängliche Benennung mit den späteren Bewohnern überein. Dies trifft auch auf die Bezeichnung ›Kirgisen‹ zu, mit der sich im 1. Jahrtausend ein Stammesverband am sibirischen Strom Jenissej benannte.

Für Ethnologen sind die Tien-Schan-Kirgisen nicht identisch mit denen, die seit dem 4. bis 5. Jahrhundert am Jenissej siedelten. Jene trugen nur einen Teil zum heutigen kirgisischen Volk bei. 840 warfen sie das Reich der Uighuren nieder und gründeten ein Khanat, das sich vom Baikalsee bis zum Tien-Schan und vom heutigen Krasnojarsk bis zur Chinesischen Mauer erstreckte. Sie kehrten im 10. Jahrhundert an den Jenissej zurück, hinterließen jedoch Truppen, die von

Studenten vor der Bischkeker Universität

den Kiptschaken assimiliert wurden, aber die Bezeichnung ›Kirgisen‹ erhielten. Der Ursprung der Tien-Schan-Kirgisen, die Anfang des 13. Jahrhunderts im Altaj und östlich davon lebten, ist unter den Kiptschaken und anderen Stämmen zu suchen, die im und östlich des Altaj lebten. Ihre Wanderbewegungen, durch die Mongoleninvasion angestoßen, führten sie von der Nordmongolei in den Ost-Tien-Schan, der zum Schmelztiegel des heutigen kirgisischen Volkes wurde - aus örtlichen türkischen Stämmen und solchen aus Südsibirien und der Mongolei. Eine Massenabwanderung des gesamten Volkes vom Jenissej in den Tien-Schan fand indessen nicht statt. Auch andere Forscher, die dem unbestritten vorhandenen Bestandteil der Jenissej-Kirgisen mehr Bedeutung einräumen, erklären, daß das kirgisische Volk sich aus vielen ethnischen und sprachlichen Elementen zusammenfügte. Das heutige kirgisische Volk begann mit den Nachfolgekämpfen der mongolischen Tschagatai im 15. bis 16. Jahrhundert Form anzunehmen. Anfang des 17. Jahrhunderts war das Volk bereits soweit konsolidiert, daß es in drei Horden unterteilt war: Die große, mittlere und kleine, diese wiederum in Stämme und Sippen.

Minderheiten

Mittelasien hat im Lauf seiner Geschichte vielen Völkern Heimat geboten. Es lag auf dem Weg von Feldzügen und ganzen Völkerwanderungen. Manche zogen weiter oder verschwanden im Laufe der Zeit, andere sind geblieben. Manche kamen freiwillig, andere waren gezwungen, ihre bisherige Heimat zu verlassen und kamen hierher, um sich eine neue zu suchen. Als die Sowjetunion der Region eine im fernen Moskau entworfene Verwaltungsstruktur verordnete, entstanden fünf Republiken, die nach dem im jeweiligen Gebiet am stärksten vertretenen Volk benannt wurden. Ihre Grenzen wurden willkürlich und teilweise absichtlich so gezogen, daß sie traditionelle Siedlungsgebiete der alteingesessenen Völker durchschnitten. Ein Blick auf die Landkarte Mittelasiens (besonders des Ferganabeckens mit seinen ineinandergeschachtelten Grenzen und Enklaven) veranschaulicht dies. Wie alle heutigen Staaten der Region hat deshalb auch Kirgistan viele Bürger, die nicht der Titularnation angehören.

Die ethnische Vielfalt vergrößerte sich in der Neuzeit durch die Zuwanderung von Siedlern und Kosaken Ende des 19. Jahrhunderts und in der Stalinzeit durch die Deportation von Deutschen, Koreanern und Tataren. 1941 ließ Stalin die Wolgadeutschen nach Mittelasien deportieren. So lebten 1949 schon 40 000 Deutsche in Kirgistan. Bis 1979 waren es 101 000, doch schon in den Jahren 1989 bis 1991 wanderten 41 000 Deutsche aus. Heute wird die Zahl der verbliebenen Deutschstämmigen auf knapp unter 20 000 geschätzt. Durch überdurchschnittliches Bevölkerungswachstum unter den Nationalitäten mit islamischer Tradition, die Kinder als ihren größten Reichtum ansehen, blieben die Russen in den zentralasiatischen Republiken in der Minderheit. Die 5,6 Millionen Einwohner Kirgistans gehören zu 80 verschiedenen Völkern und ethnischen Gruppen.

Ab 1925 wurden gemäß Stalins Idee Territorialnationen definiert. Dies geschah auf der Basis von Stämmen, wobei durch Kollektivierung und Seßhaftmachung gerade die Strukturen und Lebensgrundlagen der Stammeskultur zerschlagen wurden. Nationalität war bis dahin in dieser Region eine unbekannte Kategorie gemeinschaftlichen Selbstbewußtseins. Bestimmend war die lokale Identität: nomadische gegenüber seßhafter Lebensweise, Sprache, moslemischer Glaube gegenüber russisch-orthodoxem Christentum.

Die sowjetische Regierung war bestrebt, die staatstragenden ›Nationen‹ im alten Kulturboden des jeweils festgelegten Gebietes zu verwurzeln, indem sie ihre Herkunft von längst untergegangenen Völkern Mittelasiens erklärte. Dabei projizierte man die sozialistische Ideologie des Klassenkampfes in die Vergangenheit, und alte Völker und historische Personen wurden rückblikkend an diesem Maßstab gemessen und als gut oder schlecht hingestellt. Dominante Bevölkerungsgruppen wurden selektiv gefördert und Lokaldialekte wurden bei Bedarf verschmolzen, um eine solche Gruppe zu bilden.

Kirgisisches Mädchen

Oberflächlich erhielt im damaligen Sowjetstaat jedes Volk einen fest umrissenen Siedlungsraum, doch zog man Grenzlinien absichtlich mitten durch die Gebiete verschiedener Ethnien, die dann außer in der Republik, die ihren Namen erhielt, als bedeutende Minderheiten in einer oder mehreren Nachbarrepubliken lebten. Daher rührt eine gewisse Widersprüchlichkeit bei der Identitätsfindung all der von Moskau unabhängig gewordenen Staaten, die als von den Sowjets postulierte, künstliche Nationen entstanden.

Auf die Stabilität der zentralasiatischen Länder wirkt sich deshalb nicht nur aus, was innerhalb ihrer Grenzen passiert. Da alle Grenzen Siedlungsbereiche verschiedener Völker zerschneiden, befürchten die Regierungen jedes Landes, einzelne Volksgruppen könnten Autonomie fordern, sich mit ihren ›Verwandten‹ auf der anderen Seite der Grenze zusammenschließen und die Staatsgrenzen zu sprengen versuchen. Im Juli 1992 zum Beispiel hielt eine gewisse Partei für die Unabhängigkeit Uighurstans in Bischkek eine Konferenz ab. Die Uighuren sind ein mit den Usbeken verwandtes Turkvolk und leben größtenteils in der chinesischen Provinz Sinkiang. Nicht zu befürchten sind solche Bestrebungen von solchen Minderheiten, die sich keinem direkt angrenzenden Land verbunden fühlen: Russen, Ukrainer, Deutschstämmige und Koreaner. Diese wählen eher die Auswanderung.

Kirgisische Kinder

Usbeken

Die Usbeken, ein Turkvolk, wanderten wie ein Teil der Vorfahren der Kirgisen im Mittelalter aus Sibirien nach Mittelasien ein und wurden im Gegensatz zu diesen recht bald seßhaft. Die Usbeken arbeiten traditionell meist als Bauern und Händler und verinnerlichten im Verlauf ihrer Geschichte den Islam stärker als ihre nomadenhaft lebenden Nachbarvölker. Vor der Gründung der Sowjetrepublik Usbekistan unterstanden sie verschiedenen Khanaten und waren unter dem Namen Sarten bekannt. Die Bezeichnung Sarten wurde während der

Zarenzeit für die seßhafte Bevölkerung Mittelasiens verwendet, was um diese Zeit überwiegend Usbeken waren. Heute bewohnen die Usbeken das westlich von Kirgistan liegende, mit 18 Millionen bevölkerungsreichste Land der Region. In Kirgistan bilden sie mit 14 Prozent im landesweiten Gesamtdurchschnitt die größte Minderheit. Im Ferganabecken liegt der Durchschnitt sogar bei 30 Prozent; denn wo die beiden Länder aneinandergrenzen, konzentriert sich der größte Teil der usbekischstämmigen Einwohner. Dort kam es Anfang der 90er Jahre - noch zu Sowjetzeiten - auch zu blutigen Zusammenstößen wegen Streitigkeiten um Acker- und Bauland.

Russen und Ukrainer

Russen stellen zehn Prozent der Gesamtbevölkerung. Die Angehörigen dieses slawischen Volkes leben vorwiegend in Bischkek, an der Nordküste des Issyk-Kul-Sees und im Talas-Tal. Ihre Vorfahren kamen in der zweiten Hälfte des 19. Jahrhunderts als Siedler sowie nach der Machtübernahme durch die Sowjets ab dem zweiten Jahrzehnt des 20. Jahrhunderts. Sie arbeiteten zunächst meist als Bauern und waren in der Sowjetzeit überdurchschnittlich in technischen und akademischen Berufen vertreten. Eine Ausreisewelle vieler qualifizierter Arbeitskräfte in den ersten Jahren der Unabhängigkeit brachte deshalb zusätzliche Schwierigkeiten für die aufgrund der Umwälzungen ohnehin darniederliegende kirgisische Wirtschaft. 1996 war allerdings zu beobachten, daß etwa ein Drittel der Emigrierten aus Rußland zurückgekehrt war, da sie dort nicht Fuß gefaßt hatten. Ein Verfassungszusatz aus demselben Jahr ließ Russisch als Geschäftssprache in Gebieten mit hohem russischen Bevölkerungsanteil zu. Die Entwicklungen nach dem Regierungsumsturz im Frühjahr 2005 ließen allerdings viele Russen erneut Auswanderungspläne schmieden, da sie ein erneutes Erstarken eines kirgisischen Nationalismus befürchteten.

Die Ukrainer sind ebenfalls Slawen und gleichzeitig mit den Russen zugewandert. Nachdem seit dem Ende der Sowjetunion ein Drittel ausgewandert ist, beträgt ihr Anteil an der kirgisischen Bevölkerung 1,5 Prozent.

Tataren

Die Tataren sind ein Turkvolk. Die in Kirgistan lebenden Tataren findet man überwiegend in Bischkek und Oš. Sie kamen ursprünglich während der Kolonisation in der Zarenzeit von der Wolga; 1944 ließ Stalin zusätzlich die Krimtataren nach Mittelasien deportieren. Auch von den Tataren ist seit der Unabhängigkeit etwa ein Drittel emigriert.

Kasachen

Kasachstan ist der zweitgrößte aus der Sowjetunion hervorgegangene Staat und grenzt im Norden an Kirgistan. Kasachen und Kirgisen bezeichnen sich als Brudervölker, und ihre im Nomadentum wurzelnden Kulturen unterscheiden sich nur in Details. Bevor in der UdSSR eine Kasachische Sowjetrepublik gegründet wurde, bezeichnete man die Kasachen als Kirgisen und die heutigen Kirgisen als Kara-Kirgisen, also schwarze Kirgisen. In Nordkirgistan leben ungefähr 50 000 Kasachen. Zur Bekräftigung der guten Beziehungen zwischen den beiden Ländern hatte der ehemalige kirgisische Präsident Akaev seinen Sohn mit einer Tochter des kasachischen Staatsoberhauptes Nazarbaev verheiratet.

Uighuren und Dunganen

Die Uighuren sind ein mit den Usbeken verwandtes Turkvolk und wie diese überwiegend moslemischen Glaubens. Sie waren aus Südsibirien nach Mittelasien zugewandert, allerdings auf die Ostseite des Tien-Schan. In Chinas Westprovinz Sinkiang leben zehn Millionen Uighuren, in Kasachstan 250 000 und in Kirgistan 50 000, also ein Prozent der Bevölkerung. In der Region von Uzgen und Džalal-Abad im Ferganabecken siedeln sie bereits, seit im frühen Mittelalter (10. Jahrhundert) die Dynastie der Karakhaniden über das heutige Kirgistan herrschte. Die im Norden des Landes, hauptsächlich in Bischkek, anzutreffenden Uighuren sind Nachkommen von Flüchtlingen, die seit 1881 China verließen. In letzter Zeit sehen sie sich öfter dem Vorwurf ausgesetzt, separatistische und extremistische Organisationen zu bilden. Kirgistan kommt deshalb gelegentlich Forderungen von China nach, Uighuren auszuliefern, auch um die bilateralen Beziehungen nicht zu belasten. Die Uighuren hatten 1945 in Sinkiang gegen die Zentralmacht revoltiert, die den Aufstand blutig niederschlug. Ähnliche Ereignisse trugen sich Ende der 90er Jahre zu.

Die Dunganen sind Moslems wie die Uighuren und waren wie diese aus Sinkiang nach Kirgistan geflohen. In seinem Heimatland China wird dieses Volk Hui genannt. Sie leben hauptsächlich in Bischkek und am Ostufer des Issyk-Kul. Dort, in der Stadt Karakol, befindet sich eine im chinesischen Stil erbaute dunganische Moschee.

Tadschiken

Die Tadschiken leben in der kleinen gebirgigen Ex-Sowjetrepublik, die an den Südwesten Kirgistans grenzt. Auch in Afghanistan und Usbekistan stellen sie beträchtliche Minderheiten, und die Tadschiken beanspruchen, daß die berühmten usbekischen Städte Buchara und Samarkand eigentlich tadschikisch sind. Die Tadschiken sind das am längsten in Mittelasien ansässige Volk und gehören zur indoeuropäischen Familie. Sie sind mit den Iranern verwandt und sprechen eine dem Fars ähnliche Sprache. 80 Prozent sind sunnitische Moslems. Im Pamir hingegen herrscht der ismailitische Glaube vor. In Kirgistan sind etwa 40 000 Tadschiken ansässig.

Ein Drittel davon ist in den 90er Jahren vor dem Bürgerkrieg aus ihrem Heimatland geflohen. Die alteingesessenen Tadschiken Kirgistans leben überwiegend im Süden des Landes und arbeiten als Bauern. Die Flüchtlinge wurden nach Nordkirgistan umgesiedelt.

Deutsche

Die ersten Deutschstämmigen kamen während der Kolonisation durch das zaristische Rußland im 19. Jahrhundert von der Wolga, wo sich ihre Vorfahren als Einwanderer angesiedelt hatten. Nachdem bereits um 1860 die ersten vereinzelten Deutschen nach Kirgistan gereist waren, trafen 1882 deutsche Umsiedler aus dem Wolgagebiet ein – gerade 14 Familien. Sie waren Mennoniten und aus religiösen Gründen aus Rußland ausgewandert, um der dort neu eingeführten Wehrpflicht zu entgehen. Im Talas-Tal gründeten sie vier Dörfer. Bis zum Auswanderungsverbot durch den Zaren im Jahre 1902 siedelten weitere Deutschstämmige nach Kirgistan um. Sie arbeiteten hauptsächlich als Handwerker und bauten kleine landwirtschaftliche Betriebe auf: Mühlen, Molkereien und Käsereien.

Nach dem Angriff der deutschen Wehrmacht auf die Sowjetunion 1941 ließ Stalin sämtliche Wolgadeutschen nach Mittelasien deportieren.

Die neugewonnene Reisefreiheit nach dem Ende der Sowjetunion nutzten viele Deutschstämmige Mittelasiens zur Übersiedlung in die Heimat ihrer Vorväter. In dem Dorf Bergtal (das Stalin 1927 in ›Rotfront‹ umbenennen ließ) östlich von Bischkek im Čuj-Tal lebt indessen noch die größte Gemeinschaft mit deutschen Wurzeln in Mittelasien. Im Jahr 2001 drehte der deutsche Regisseur Hans-Erich Viet den Dokumentarfilm ›Milch und Honig aus Rotfront‹, der das Leben der in Kirgistan Verbliebenen – meist die ältere Generation – dem der überwiegend jüngeren Auswanderer gegenüberstellt.

Koreaner

Als Japan seine Eroberungsfeldzüge auf dem asiatischen Festland durchführte, wurden die im russischen Fernen Osten lebenden Koreaner auf Befehl Stalins, der befürchtete, sie könnten mit den Japanern kollaborieren, nach Mittelasien deportiert. Heute leben etwa 18 000 Koreaner in Kirgistan. Für den Reisenden ist bemerkenswert, daß sie die örtliche Küche mit Restaurants und auf Basaren angebotenen Speisen bereichern.

Sängerinnen eines Folklore-Ensembles

Die kirgisische Sprache

Die kirgisische Sprache gehört zu den nordöstlichen Turksprachen. Sie entstand im Mittelalter unter fortgesetzter Wechselwirkung mit Altaj-Kiptschak-Sprachen und unter den Einflüssen von Arabisch, Mongolisch, Tatarisch und schließlich seit dem 19. Jahrhundert Russisch.

Die Vorfahren der Kirgisen schrieben mit dem uighurischen Alphabet, das aus syrischen Buchstaben gebildet worden war, die nestorianische Christen aus Persien mitgebracht hatten. Im uighurischen Alphabet schrieb Mahmud Al-Kashgari im 11. Jahrhundert das erste türkische Wörterbuch, ebenso Jusuf Has-Hacib Balasaguni seine Lehrgedichte ›Kutagdu Bilik‹ (Glückverheißendes Wissen). Jene Werke bestätigen die Einheit von zwei Kulturen im Leben der Urahnen der Kirgisen - die Schriftkultur der Seßhaften und die mündliche Überlieferung der Nomaden.

Die neuzeitliche kirgisische Sprache wurde erstmals 1924 - nach Etablierung der Sowjetmacht über Mittelasien - schriftlich in arabischer Schrift festgehalten, die von den schon länger seßhaften Nachbarvölkern bereits seit langem genutzt worden war. Die Sowjetregierung sah jedoch bald eine Gefahr darin, einem erst kürzlich unterjochten Landesteil eine Schrift zu belassen, die ihn von den Russen trennte und eine Gemeinsamkeit mit Moslems außerhalb der Sowjetunion bedeutete. 1929 stellte man deshalb auf ein modifiziertes lateinisches Alphabet um, das auch besser an das turksprachige phonetische System angepaßt war als Arabisch. Zufällig fiel dies zeitlich mit der Einführung des lateinischen Alphabets in der Türkei durch Atatürk zusammen. Dies erregte neue Ängste bei den Führern im fernen Moskau - könnten sich Panturkismus und eine Tendenz weg von Rußland unter den turksprachigen Völkern bilden?

1937 verfügte dann Stalin, daß alle Sprachen der Sowjetvölker mit kyrillischen Buchstaben geschrieben werden müßten, wovon nur Georgisch, Armenisch und Jiddisch ausgenommen blieben. Seit 1940 wird Kirgisisch deshalb in derselben Schrift wie Russisch geschrieben, es werden jedoch Zusatzbuchstaben zur Wiedergabe einiger Laute benötigt - wie auch bei den Sprachen der anderen zentralasiatischen Republiken. Anders als zum Beispiel Usbekistan stellte Kirgisisch nach der Unabhängigkeit nicht auf das lateinische Alphabet um.

Als Grundlage für das Standardkirgisisch wählte man zu Sowjetzeiten die nördliche Variante, die viele Worte aus dem Mongolischen geborgt hat, während die südlichen Dialekte mehr vom Usbekischen wie auch vom Persischen und dem damit eng verwandten Tadschikischen beeinflußt sind. Kirgisisch wird außer in Kirgistan in Westchina, der Westmongolei, in Kasachstan, Tadschikistan, Usbekistan und Afghanistan gesprochen.

Von links nach rechts im Uhrzeigersinn:
Arabisches Alphabet (1924-1927), Lateinisch-Kirgisisches Alphabet (1928),
Lateinisch-Kirgisisches Alphabet (1929-1940), Kyrillisch-Kirgisisches Alphabet (seit 1940)

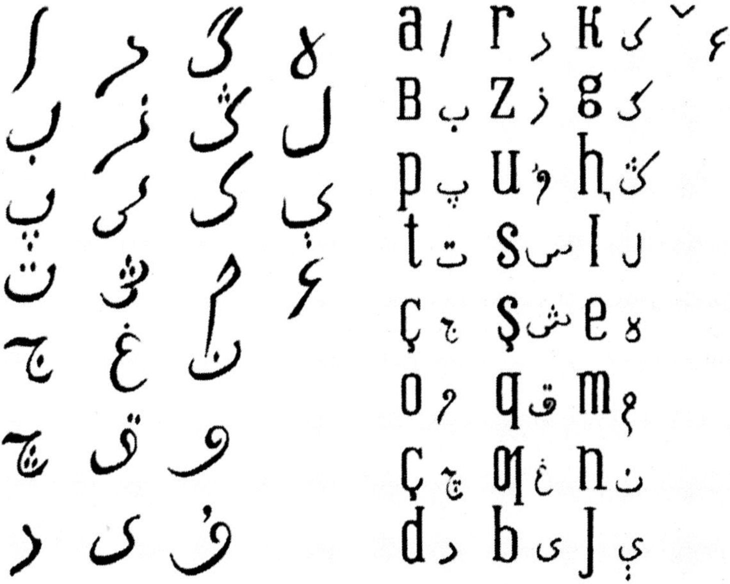

Aa	Ƣƣ	Ңң	Şş	Xx
Bв	Ii	Oo	Tt	Vv
Cc	Jj	Θө	Uu	Hh
Çç	Kк	Pp	Yy	
Dd	Lʟ	Qq	Zz	
Eɛ	Mм	Rr	Ьь	
Gg	Nn	Ss	Ff	

Аа	Зз	Оо	Фф	ь
Бб	Ии	Өө	Хх	Ээ
Вв	Йй	Пп	Цц	Юю
Гг	Кк	Рр	Чч	Яя
Дд	Лл	Сс	Шш	
Ее	Мм	Тт	Щщ	
Ёё	Нн	Уу	ъ	
Жж	ң	Үү	Ыы	

Die Stellung des Russischen

Die russische Sprache, universelles Verständigungsmittel in der Sowjetunion, beherrschten noch 1970 nur 19 Prozent der Kirgisen. Nach einer Reihe von Konferenzen zur Verbesserung des Russischunterrichts änderte sich das, 1989 konnten schon 35 Prozent Russisch. Seit dem Ende der Sowjetunion nimmt diese Zahl wieder ab, doch ist Russisch Lingua franca unter den Angehörigen der verschiedenen Völker geblieben. 1996 beschloß das Parlament, das Russische zur zweiten Amtssprache zu erheben. Damit soll verhindert werden, daß qualifizierte russischsprachige Arbeitskräfte abwandern.

Noch immer ist russischsprachiger Schulunterricht - auch in der Provinz - populär. Das Lehrmaterial in Russisch gilt als besser und die Sprache als Unterstützung beim Erlangen einer guten Ausbildung und Bildung wie auch als

Straßenschild aus sowjetischer Zeit in Karakol (Leninstraße)

Hilfe beim Finden eines Studien- oder Arbeitsplatzes - oft außerhalb Kirgistans. In der zweitgrößten Stadt Oš in Südkirgistan gibt es sogar 28 russischsprachige Kindergärten. Die kirgisische Bildungspolitik erlaubt das Wählen einer der offiziellen Sprachen als Unterrichtssprache, Schüler und Studenten müssen aber Unterricht in der jeweils anderen Sprache nehmen.

Im Februar 2004 hatte das Parlament dem damaligen Präsidenten ein ›Gesetz über die Staatssprache‹ zur Unterzeichnung vorgelegt. Es sieht unter anderem vor, daß ausschließlich Kirgisisch als Verkehrssprache zugelassen sei. Der Gesetzentwurf hatte schon vorher eine heftige Debatte ausgelöst und manchem Russischstämmigen Anlaß gegeben, sich auf die Auswanderung vorzubereiten. Allerdings beherrscht selbst ein Teil der knapp 70 Prozent der Gesamtbevölkerung stellenden Kirgisen die Sprache nicht so gut, um ohne Russisch auskommen zu können. Auch hat die kirgisische Sprache (noch) ein im Vergleich zum Russischen begrenztes Vokabular und ist stark mit Lehnwörtern durchsetzt.

Akaev war gegen das ›spaltende‹ Gesetz gewesen. Die Südkirgisen, obwohl der Regierung generell ferner stehend, würden sich hingegen wünschen, daß Gesetze wie das über die vorherrschende Stellung der Staatssprache in Kraft treten. Dort spricht man nämlich besser Kirgisisch als im russisch beeinflußten Norden des Landes. Bei den im Süden zahlreich lebenden Usbeken wiederum wäre eine solche Regelung äußerst unpopulär. Überdies könnte ein Gesetz, das Kirgisisch die Vormachtstellung einräumt und eine Quotenregelung mit sich bringt, dazu genutzt werden, unabhängige Medien zu knebeln; gerade russische Medien sind nämlich sehr beliebt.

Im Jahr 1897 waren nur drei Prozent der Bevölkerung alphabetisiert. Bis 1959 hatte sich das Verhältnis umgekehrt: 97 Prozent der Einwohner konnten lesen und schreiben. Dieser Stand hat sich bis heute gehalten.

Der kirgisische Staat

Der offizielle Name des Landes lautet ›Kirgisische Republik‹ (Кыргыз Республикасы). Das Land ist in sechs Regionen und den Hauptstadtbezirk gegliedert. Die Staatsform ist die der Präsidialen Republik. Der Präsident wird in freien und geheimen Wahlen gewählt. Er ernennt den Regierungschef, die Minister, Richter und Gouverneure der Landesregionen. Das oberste gesetzgebende Organ ist das Parlament, das aus einer Kammer mit 90 Sitzen besteht. Das Parlament und der Staatspräsident werden alle fünf Jahre gewählt.

Die Verfassung Kirgistans vom Mai 1993 war an westlichen Vorbildern orientiert, vor allem dem deutschen Grundgesetz. Sie verbietet die Gründung religiöser Parteien und sieht ein gewaltenteilendes Regierungssystem mit einer starken Stellung des Staatspräsidenten vor. Durch Volksabstimmungen zur Verfassungsänderung im Februar 1996 und Oktober 1998 wurde die ohnehin starke Stellung des Präsidenten zu Lasten des Parlaments weiter ausgebaut und der Trend zur autoritären Präsidialdemokratie bestätigt.

Der Sitz der kirgisischen Regierng in Bischkek

Politisches System

Das politische System ist pluralistisch und umfaßt eine Vielfalt registrierter Parteien, deren Zahl in den letzten, politisch sehr bewegten Jahren stark schwankte - zwischen gut dreißig bis an die hundert vor den Parlamentswahlen im Dezember 2007. Der letzte Gründungsboom hatte eingesetzt, als die Wahlgesetzgebung dahingehend geändert wurde, daß die 90 Abgeordneten nicht mehr nach Stimmenmehrheit in Wahlbezirken, sondern nach Parteilisten ins Parlament gewählt würden. Viele dieser Parteien sind allerdings offenkundig kurzlebige Zweckbündnisse. Die Mehrzahl vertritt keine politischen Konzepte, sondern die Interessen von Clans oder Personen. Letztlich meinten nur 50 Parteien es ernst genug, daß sie sich zu den Wahlen anmeldeten, 12 von ihnen wurden zugelassen. Ins Parlament haben es aber nur drei Parteien geschafft. Die meisten Sitze hatte die erst zwei Monate zuvor von Staatspräsident Bakiev gegründete Partei ›Ak Žol‹ bekommen.

Auf kommunaler Ebene wurden im Herbst 2004 die sogenannten Dorfräte eingeführt. Die Mitglieder dieser 494 ländlichen Räte werden direkt gewählt. Sie sind zuständig für Landverkauf und Verpachtung und die Sammlung von Steuern und Abgaben. Diese Mittel werden örtlich verwendet, wobei das Parlament in Bischkek das Budget billigt. Alle anderen Steuern fließen an die Zentralregierung. Bei den ersten Wahlen zur Besetzung der Dorfräte im Oktober 2004 war die Beteiligung auf dem Land mit zwei Dritteln entsprechend hoch; in Bischkek machte nur ein Drittel vom Wahlrecht Gebrauch - üblicherweise verhält es sich umgekehrt. Die Opposition war kaum präsent, und die einzige nicht an der Regierung beteiligte Partei, die Sitze erhielt, waren die Kommunisten. Der Einfluß der Räte wird, auch aufgabengemäß, gering bleiben: Die zwölf Oberbürgermeister, zehn Provinzgouverneure und zahlreiche Bezirksvorsteher ernennt der Staatspräsident direkt.

Opposition

In Kirgistan gibt es eine große Zahl von Nichtregierungsorganisationen, die sich auf unterschiedlichsten Gebieten mit Fragen der Gesellschaft, der Politik, des Umweltschutzes und vielem mehr beschäftigen. Fast alle jedoch hängen von ausländischen Geldgebern ab. Auch deshalb stimmen viele Bürger Kirgistans der Regierung zu, die diese Organisationen als einen Hebel darstellt, mit dem das Ausland Einfluß auf die kirgisische Politik nehmen will.

Die sogenannte ›vierte Gewalt im Staat‹, der Journalismus, genießt in Kirgistan nicht die Freiheit und den Schutz, den man von einer erklärt demokratischen Regierung erwarten kann. Viele Journalisten üben Selbstzensur, bevor sie jemandem auf die Füße treten. Die Folgen könnten unangenehm sein: immer wieder haben kritische Recherchen und Berichte dazu geführt, daß die Verantwortlichen bedroht oder sogar überfallen wurden. Auf den größten unabhängigen Fernsehsender Piramida - der als einziger Oppositionellen Sendezeit einräumte - wurde im September 2006 ein Brandanschlag verübt. Das schockierendste Ereignis war im Oktober 2007 die Ermordung eines international bekannten usbekischen Journalisten in Oš auf offener Straße.

Soziale und gesellschaftliche Struktur

In Kirgistan spiegeln sich die wechselhafte Geschichte und Heterogenität Mittelasiens wider: Gegensätze zwischen verschiedenen Ethnien, sozialökonomische und kulturelle Trennlinien, eine regional unterschiedlich verlaufene Kolonisierung, Islamisierung und (sich dem fremden Auge kaum erschließende) Stammesdifferenzierung.

Nach dem Ende des Sozialismus sind sämtliche Lebensbereiche in Umwandlung - der Aufbau eines Rechtsstaats und einer bürgerlichen Gesellschaft gehören dazu. Die wirtschaftlichen Probleme führen dazu, daß etwa die Hälfte der Bevölkerung unterhalb der Armutsgrenze lebt, und aus Sowjetzeiten eingefleischte Vorstellungen und das Wiederaufleben althergebrachter Traditionen lassen diesen Prozeß nicht so reibungslos ablaufen, wie sich das viele Einheimische und Beobachter und Berater aus dem Ausland wünschen. 64 Prozent der Landbevölkerung gelten als arm, aber nur 30 Prozent der Städter. 1995 lebten mehr als 60 Prozent der Bevölkerung in ländlichen Gebieten. Da überdurchschnittlich viele ethnische Kirgisen auf dem Land leben, sind sie von diesem Wohlstandsgefälle besonders betroffen.

Zwischen den Zählungen von 1989 und 1999 nahm die Bevölkerungszahl um fast 12 Prozent zu - trotz der Auswanderung eines Großteils der russisch- und noch mehr der deutschstämmigen Minderheiten. Die höchste Bevölkerungsdichte haben die Gebiete von Oš und Džalal-Abad im Süden Kirgistans.

Einige hunderttausend Kirgisen arbeiten, vielfach auch illegal, in Rußland und unterhalten damit zum Teil ihre im Heimatland gebliebenen Familien. Im Durchschnitt leben 24 Einwohner pro Quadratkilometer in Kirgistan- eine Zahl von rein statistischem Wert in einem solch gebirgszerklüfteten Land.

Frauen

Für die Frauen vor allem der ethnisch kirgisischen Bevölkerung haben die Entwicklungen seit der Unabhängigkeit auch neue Belastungen mit sich gebracht. Das an sich positiv zu bewertende Entstehen einer touristischen Infrastruktur auf dem Land bedeutet häufig eine Doppelbelastung für die Frauen, die nicht nur den Haushalt versorgen müssen, sondern in der Saison - die überdies mit der arbeitsreichsten Zeit in der Landwirtschaft zusammenfällt - auch noch Reisende.

In den letzten Jahren erschienen in der Presse wiederholt Berichte über eine zunehmend grassierende Unsitte, die auf dem Land oft als Folklore und Wiederbelebung alter Traditionen schöngeredet wird: den Brautraub. Heiratswillige Männer entführen eine Frau ihrer Wahl, die dann von der Familie des potentiellen Bräutigams unter Druck gesetzt wird, mit ihm die Ehe einzugehen. Für die Familie des Mannes bedeutet das die Ersparnis des Brautpreises, für die junge Frau oft genug Demütigung, Vergewaltigung und Schläge. Trotzdem nehmen nicht wenige Frauen diese Art der Heiratsanbahnung hin. Zum einen gibt es für sie meist keinen Weg zurück, denn nach der ersten im fremden Haus verbrachten Nacht (und das spricht sich auf dem Dorf schnell herum) gilt die Frau als entehrt, wenn sie den

Mann nicht heiratet - und wird damit künftig wahrscheinlich keinen anderen mehr finden. Zum anderen sind viele kirgisische Männer über viele Monate als Gastarbeiter im Ausland, so daß manch eine Kirgisin die unter Zwang geschlossene Ehe dem Alleinleben vorziehen mag. Mit dem Problem des Frauenüberschusses befaßte sich sogar das Parlament. Interessanterweise war es der Justizminister, der die Frage aufwarf, ob man nicht die Polygamie legalisieren solle - wohlgemerkt: die Rede war nicht von der Einführung, was andeutet, daß die Mehrfachehe bereits (wenn auch ohne gesetzliche Billigung) praktiziert wird. Der Ombudsman unterstützte den Standpunkt des Justizministers, der Staatspräsident stellte sich diesem Ansinnen jedoch entgegen.

Die Akaev-Regierung hatte übrigens noch vier Ministerposten mit Frauen besetzt. Im neugewählten Parlament sind keine weiblichen Abgeordneten vertreten, obwohl Frauen mehr als die Hälfte der Bevölkerung Kirgistans ausmachen und nicht weniger gut (oft sogar besser) ausgebildet sind.

Eine alte Bäuerin

Religion und Tradition

Die Sowjetunion war ein erklärt atheistischer Staat, der neben der kommunistischen Ideologie keine anderen Weltanschauungen duldete. Wohin sich die Macht der Sowjets verbreitete, wurden in der Anfangszeit Kirchen und Moscheen zu Turnhallen, Gefängnissen oder Getreidespeichern umfunktioniert, wenn man sie nicht ganz abriß. Geistliche drangsalierte man, und der Bevölkerung war die Religionsausübung verboten. Glaubensgemeinschaften wurden vom KGB infiltriert. Trotzdem blieb das jahrhundertealte religiöse Erbe ganzer Völker lebendig und erstarkte zunehmend während der Perestrojka, als sich die gesellschaftlichen Widersprüche des mächtigen Staates verdeutlichten. Nachdem er an diesen schließlich zugrundegegangen war, führten sämtliche aus ihm hervorgegangenen Länder nicht nur die Glaubensfreiheit für ihre Bürger ein, die diversen Regierungen adaptierten die jeweils traditionell am tiefsten verwurzelten Religionen zur Stiftung und Festigung der staatlichen Identität und Einheit.

Der Islam

Bereits im 7. Jahrhundert, wenige Jahrzehnte nach seiner Gründung, erreichte der Islam durch die Eroberungen der Araber Mittelasien. Die ihn übernehmenden Nomadenvölker passten ihn der überkommenen Lebensweise und bereits bestehenden Kulten (Schamanismus) an. Besonders bildete sich ein Volksislam sufistischer Prägung heraus, der sich weniger am Buchstaben religiöser Lehren orientiert. Er bringt Naturphänomene, denen man Wunderwirkung zuschreibt, mit dem Leben des Propheten Mohammed oder dem Wirken von Sufi-Scheichen in Verbindung. Zur Religionsausübung gehören Pilgerfahrten zu Mausoleen von Heiligen, Weissagungen und das Tragen von Amuletten, Riten zur Förderung von Fruchtbarkeit und zur Abwendung von Unheil. Abergläubische Vorstellungen vermischen sich mit islamischen Bräuchen. So sieht man zum Beispiel häufig ›heilige‹ Bäume mit daran geknoteten Lappen, die Wünsche und Gebete symbolisieren.

Der im russischen Auftrag reisende Forscher Šokan Valihanov schrieb Mitte des 19. Jahrhunderts: »Der Islam kann in einem Volk ohne Schrifttum und ohne Mullahs keine Wurzeln schlagen. Er ist hier nur eine Umhüllung, die über alte schamanische Glaubensinhalte gelegt wurde.«

Der Islam ist die vorherrschende Religion in Mittelasien geblieben. In Kirgistan bekennen sich neben dem größten Teil der Kirgisen die meisten Usbeken, Kasachen, Tataren, Uighuren und Tadschiken zum moslemischen Glauben. 80 Prozent der Bewohner Kirgistans gehören der sunnitischen Glaubensrichtung an. Am festesten hat der Islam bei den Südkirgisen, das heißt in der Gegend um das Ferganatal, Wurzeln geschlagen, wo die Bevölkerung früher seßhaft wurde, während die im Norden lebenden Kirgisen weniger strenggläubig sind. Gemäß Aufzeichnungen des russischen Generalgouvernats gab es Ende des 19. Jahrhunderts 14 Mekteben (von Moscheen unterhaltene Schulen) im Hauptstadtbezirk und elf am Issyk-Kul, jedoch 169 im Süden des Landes.

Obwohl der Islam die am stärksten vertretene Religion in Kirgistan ist, gilt er nicht als Staatsreligion. Der Staat versteht sich als säkular wie etwa die Türkei. Sämtliche religiösen Organisationen müssen sich behördlich registrieren lassen. Die christlichen Minderheiten Kirgistans sind russisch-orthodoxen oder protestantischen Glaubens.

Die überkommene tolerante Glaubenshaltung der Kirgisen sowie die säkulare Orientierung des Staates gewährleisten der Bevölkerung gesetzlich und praktisch Religionsfreiheit, gegen fundamental-islamische Gruppen geht der Staat aber konsequent vor.

Der moslemische Glaube der Kirgisen räumt dem Mann zwar die Vorrangstellung im gesellschaftlichen Leben ein, doch durch die überlieferten Anforderungen des Nomadenlebens und die weniger strenge Form der Religionsausübung tritt die Frau freier, selbständiger und im gesellschaftlichen Leben präsenter auf als in manch anderem islamischen Land.

In Kirgistan wird eine sehr tolerante Form des Glaubens gepflegt, der vor allem bei Hochzeiten, Begräbnissen, Beschneidungen und Pilgerfahrten zutage tritt, sonst aber eher als Tradition und nationales Identitätsmerkmal denn als

Religion verstanden wird. Alkohol und Schweinefleisch werden offen verkauft und genossen, selbst traditionell gesinnte Kirgisinnen tragen nicht immer Kopftuch, und die weniger traditionell gesinnten zeigen sich auf Bischkeks Straßen in zum Teil sehr gewagter Kleidung.

Der Islam zur Sowjetzeit

Als die Sowjetmacht in den 1920er Jahren die Herrschaft übernahm, betonte die Kommunistische Partei zunächst Gemeinsamkeiten ihrer Ideologie mit dem Islam. Gegen sie organisierten sich jedoch aus Sufibrüderschaften hervorgegangene Rebellen, die in Kirgistan Karakči (Briganten) genannt wurden. Bekannter wurde diese Bewegung unter der Bezeichnung Basmatschen. Obwohl sich die Basmatschen als Verteidiger des Islam verstanden, fanden sich bei ihnen alle zusammen, die auch aus nichtreligiösen Beweggründen gegen die Sowjets kämpfen wollten, weil sie zum Beispiel durch die Kollektivierung der Landwirtschaft starke Nachteile erfuhren. Der prominenteste Basmatschi war Enver Pascha, der ehemalige Kriegsminister des osmanischen Sultans, der von Istanbul über Moskau nach Mittelasien gelangt war und hier seine Idee eines pantürkischen Staats verwirklichen wollte. Er fiel 1922 im Pamir. Ebensowenig verhalf sonstige Hilfe aus dem Ausland, zum Beispiel nach Art des ›Great Game‹ durch Großbritannien, den Basmatschen zum Sieg. Der Sowjetstaat festigte sich zusehends und stellte eine moslemische Miliz auf, der es gelang, die Bewegung niederzuwerfen und Ende der 1920er ihr Wiedererstarken zu verhindern. Besonderen Ruhm erwarb sich dabei übrigens ein Offizier namens Michail Frunze, der im heutigen Bischkek geboren worden war und dem zu Ehren die kirgisische Hauptstadt bis 1991 benannt war.

In den 1930ern änderte sich die Politik gemäß dem atheistischen Weltbild der Kommunisten, Religion galt als überholt. Sufi-Institutionen, Moscheen und Koranschulen wurden geschlossen. Drei der fünf ›Säulen des Islam‹, wie die grundlegenden Lehren dieses Glaubens genannt werden, erklärte der Staat für ungesetzlich: den Hadsch (die Pilgerfahrt nach Mekka, die dem Verbot von Auslandsreisen zuwiderlief), den Fastenmonat Ramadan (der sich negativ auf die Produktivät der Arbeiter und Bauern auswirkte) und das Geben von

Eingang zu einem Mausoleum in Uzgen

Friedhof am Straßenrand

Almosen (Bedürftige gab es offiziell in der Sowjetunion nicht). Neben diesem gegängelten Islam blieb der Volksislam jedoch nach wie vor lebendig und erwies sich als enorm widerstandsfähig gegenüber dem staatlich verordneten Atheismus.

Der Islam nach der Unabhängigkeit

In allen zentralasiatischen Staaten wurde nach der Unabhängigkeit der Islam mit großer Aufmerksamkeit bedacht. Er galt als historischer Bestandteil der Identität und seine Ausübung auch als Bekundung, daß es mit der Gottlosigkeit der sowjetischen Zeit vorbei war. Man nahm Kontakt mit dem moslemischen Ausland auf, das bei der Stärkung der traditionellen Religion mithalf. Moscheen wurden gebaut - inzwischen gibt es in Kirgistan über 1600 -, Koranschulen gegründet, Pilger reisten nach Mekka. Die Staaten betonten, daß sie sich sich als säkular verstehen. Aber es wurde auch schnell deutlich, daß der Islam sich nicht auf Andachten und Traditionen beschränken ließ, sondern eine politische Dimension bekam. Tatsächlich war eine Partei der islamischen Wiedergeburt bereits 1990 auf dem Höhepunkt der Perestrojka in Moskau gegründet worden. In den zentralasiatischen Republiken war sie nie zugelassen, weshalb sie in Tadschikistan in den Untergrund ging und dort den Kern der Vereinigten Tadschikischen Opposition bildete. Als sich diese 1992 bei Wahlen um ihren Anteil an der Regierung betrogen sah, brach ein Bürgerkrieg aus, der erst 1997 beendet werden konnte, als die Staatsmacht einen Kompromiß mit der islamischen Opposition schloß. Sie ist die einzige legale islamische Partei in Mittelasien geblieben. Aufgrund dieser Ereignisse sehen vor allem die Länder mit einer stärker religiös geprägten Bevölkerung als Kirgistan - allen voran Usbekistan - den Islamismus als Bedrohung. Als Brennpunkt wird allgemein das Ferganabecken angesehen, wo Usbekistan, Tadschikistan und Kirgistan an zum Teil unübersichtlichen Grenzen aneinanderstoßen; es gilt als Basis der islamistischen Partei ›Hizb ut-Tahrir‹. Die im Ferganagebiet lebenden Kirgisen sind auch, wie bereits früher, merklich gläubiger als ihre Landsleute im Norden. Gerade weil hier (in der Region um den Koh-i-Garmo) islamistische Extremisten aus Tadschikistan 1999 auf kirgisisches

Territorium vorgedrungen waren und zumal sie bekunden, sämtliche Länder der Region zu einem allislamischen Kalifatsstaat vereinigen zu wollen, läßt Kirgistan keine bekennend islamischen Parteien zu.

Vor allem repressiv eingestellte Regierungen in der Region versuchen, innen- wie außenpolitisch Kapital aus einem Bedrohungsbild zu schlagen, das den Islam in einen Topf mit postsowjetischen Mißständen wirft oder gar von diesen ablenken und den Herrschenden Rechtfertigung für eine harte Hand liefern soll. Die Bevölkerung jedoch sieht die Ursachen für Instabilität und Krisen unverstellter: Es sind Arbeitslosigkeit, sinkender Lebensstandard, Korruption, Willkür - und nicht islamistische Staatsfeinde.

Andere Religionsgemeinschaften

Schamanismus

Der Schamanismus ist ein Erbe aus Sibirien, woher ein Teil der Urahnen des heutigen kirgisischen Volkes stammt, und keine Religion im eigentlichen Sinne. Er geht davon aus, daß allem in der Welt, auch unbelebten Gegenständen, eine Seele innewohnt. Die Aufgabe eines Schamanen - das Wort bedeutet Wissender - besteht darin, zwischen der materiellen und der geistigen Welt zu vermitteln und die Kräfte, die Naturerscheinungen, Tieren und dem Himmel innewohnen, zum Nutzen der Menschen zugänglich zu machen. Ein Schamane oder eine Schamanin wirkt also als Medium, Wahrsager oder Heiler. Schamanen werden in Anspruch genommen, wenn Krankheiten zu heilen sind, wenn man sich Rat für wichtige Entscheidungen holen will oder um Unheil abzuwenden. Dazu versetzt sich der Schamane in Trance und reist in die Sphäre der unsichtbaren Kräfte der Natur, von denen er Wissen über Verborgenes oder die Zukunft erbittet, Heilung oder Beistand zum Lösen von Problemen. Was als Volksislam bezeichnet wird, hat vielfach seine Ursprünge in der Vermischung des moslemischen Glaubens mit schamanischen Beschwörungen oder Ritualen. Die Kirgisen nennen ihre Schamanen Bakši.

Wunschbaum

Russisch-orthodoxes Christentum

Das orthodoxe Christentum kam mit den russischen Kolonisatoren Ende des 19. Jahrhunderts nach Mittelasien. In Bischkek stehen zwei Kirchen, von denen die Kathedrale an der Straßenecke Džibek Žolu und Togolok Moldoo wieder als Gotteshaus genutzt wird; die Sankt-Nikolai-Kirche im Eichenpark dient als Kunstgalerie. Ein weiteres sehenswertes Zeugnis ist die hölzerne Dreifaltigkeitskathedrale in Karakol an der östlichen Spitze des Issyk-Kul-Sees, die nach der Unabhängigkeit Kirgistans wieder geweiht wurde.

In Kirgistan gibt es über 40 russisch-orthodoxe Kirchen und ein Nonnenkloster. Etwa zehn Prozent der kirgisischen Bevölkerung sind orthodoxe Christen.

Zoroastrismus

Der Zoroastrismus ist ein aus dem antiken Persien stammender Feuerkult. Er wurde von Zoroaster (Zarathustra) begründet, der vermutlich 630 bis 550 vor unserer Zeitrechnung lebte, und wurde die Staatsreligion im sassanidischen Reich. Zwei Grundaussagen dieses Glaubens sind ein monotheistisches Gottesbild - die Gottheit Ahuru Mazda, der Herrscher des Lichts, der dem persischen Sonnengott Mithras entspricht - sowie ein dualistisches Weltbild, gemäß dem Dunkelheit und Licht miteinander streiten. Mit den Eroberungen durch die Araber verdrängte der Islam diesen Kult, doch hat er bis heute im Iran Anhänger. Ebenso ist die Religion der in Westindien lebenden Parsen daraus hervorgegangen. Einige Grabstätten von Zoroastrianern wurden in Kirgistan gefunden.

Manichäismus

Der im babylonischen Sassanidenreich lebende Prophet Mani inspirierte um Mitte des 3. Jahrhunderts unserer Zeitrechnung den Manichäismus, den man als eine Mischung aus Zoroastrismus, Buddhismus und nestorianischem Christentum beschreiben könnte. Die drei Glaubensgemeinschaften haben alle gemeinsam, in einem dualistischen Weltprinzip zu gründen. Eine zentrale Rolle spielt der Gegensatz zwischen Licht und Dunkelheit beziehungsweise Gut und Böse sowie der Hoffnung auf einen Erlöser, der das Gute zum Sieg führen wird. Mani selbst starb den Märtyrertod, seine Anhänger flohen. Die manichäische Glaubensgemeinschaft missionierte von Anbeginn eifrig und breitete sich zunächst rasch westwärts ins Römische Reich aus. Über Ägypten und den Maghreb gelangte sie im 4. Jahrhundert nach Rom, es wurden Gemeinden in Südgallien und Spanien gegründet. Die heftige Bekämpfung durch die katholische Kirche und den römischen Staat verdrängte den Glauben fast vollständig aus Westeuropa und während des 6. Jahrhunderts aus den Ostgebieten des Römischen Reichs. Bereits im 5. Jahrhundert gelangten einige Manichäer nach Mittelasien, und 763 übernahmen die Uighuren diesen Glauben als offizielle Religion. Aus Persien floh das Oberhaupt im 10. Jahrhundert nach Samarkand. Die Religion blieb populär bis zu den Mongoleninvasionen im 13. Jahrhundert.

НА
ТЕРРИТОРИИ
«ЦЕРКВИ»
СОТОВЫЙ

Buddhismus

Wie in seinem Ursprungsland Indien ist der Buddhismus auch in Mittelasien Geschichte und keine lebendige Religion mehr. Er kam im 1. Jahrhundert von Gandhara (heute Pakistan) in die Königreiche Parthien (Turkmenistan, Nordost-Iran) und Baktrien (Südusbekistan, Tadschikistan, Nordafghanistan). Während der Eroberungsfeldzüge von Turkvölkern verbreitete sich der Buddhismus in die Täler von Talas und Čuj im heutigen Nordkirgistan; das Čuj-Tal zwischen Bischkek und Issyk-Kul-See ist der Hauptfundort von Spuren der buddhistischen Religion. In Ak-Bešim wurden in den 1950er Jahren Überreste von zwei Tempeln gefunden – und übrigens auch die einer nestorianischen Kirche. In Navekat (Krasnorečensk) fand man ebenfalls zwei Tempel, wobei einer davon auch ein manichäisches oder nestorianisches Kultgebäude gewesen sein könnte. Der Aufstieg der Karluken und Turgeschi und die Ausbreitung des Islam im 8. Jahrhundert zog die Zerstörung buddhistischer Klöster und Kunstwerke nach sich.

Nestorianismus

Die Lehre des Nestorianismus gründet sich auf Nestorius, der 428 bis 431 Patriarch von Konstantinopel war. Nestorius behauptete entgegen der orthodoxen Auffassung, in Christus gäbe es eine göttliche und eine menschliche Person, die sich aber nicht zu einer einzigen verbunden hätten. Deshalb dürfe Maria nicht Mutter Gottes genannt werden, denn ihr Sohn sei als Mensch geboren und seine göttliche Natur stamme von Joseph, der ihn gezeugt habe.

Diese Lehren verbreiteten sich im frühen 5. Jahrhundert im ganzen Byzantinischen Reich und führten zu heftigen Auseinandersetzungen. 431 erklärte das Konzil von Ephesus unter der Leitung von Cyrill, dem Patriarchen von Alexandria, die Ansichten von Nestorius zur Häresie und setzte ihn ab. Im Jahre 489 floh ein großer Teil der Nestorianer vor den Verfolgungen im Römischen Reich nach Persien und bildete dort eine von der Reichskirche getrennte religiöse Gemeinschaft, danach entstanden auch in Arabien und Indien nestorianische Diözesen. Auch in Persien wurden die Nestorianer zunächst verfolgt, nach der Eroberung Persiens durch die Araber 637 gewährten ihnen jedoch die Moslems gesetzlichen Schutz.

Nestorianische Christen brachten das syrische Alphabet nach Mittelasien, aus dem sich das Alphabet der Vorfahren der Kirgisen entwickelte.

Aufgrund ihrer erfolgreichen Missionstätigkeit konnten die Nestorianer zwischen dem 7. und 14. Jahrhundert weitere Gemeinschaften in Mittelasien, China und der Mongolei gründen. Im Mittelalter erreichte der nestorianische Glaube die größte geographische Ausbreitung aller christlichen Kirchen. Bis zum Ende des 14. Jahrhunderts gehörten der auch ›Alte Apostolische Kirche des Ostens‹ genannten Glaubensrichtung etwa 80 Millionen Gläubige in 230 über ganz Asien

Portalschmuck an der russisch-orthodoxen Kirche in Karakol

verbreiteten Diözesen an, unter anderem auch Uighuren, Malayen, Tibetaner und Inder. In Westeuropa erzeugte die Kunde von Christen in den Weiten des asiatischen Kontinents die Legende von dem Priester Johannes (Prester John), der im chinesischen Reich wirken solle. Nachweislich existierten Bischofssitze in Samarkand und Merw.

Die meisten Nestorianer traten jedoch im Laufe der Zeit zum Islam über, in Indien zum Katholizismus oder im Iran zur russisch-orthodoxen Kirche. Durch Verfolgungen im Ersten Weltkrieg starben etwa ein Drittel der verbliebenen Nestorianer den Hungertod oder wurden von Türken und Kurden getötet.

Heute gibt es noch insgesamt etwa 175 000 Nestorianer: im Irak, in Syrien und im Iran, wo sie als Assyrer bezeichnet werden. Ihr Oberhaupt ist der Patriarch mit Sitz im Irak.

Mausoleum an der Straße von Naryn nach At-Bašy

Geschichte

Die Zeugnisse der Vergangenheit sind in Kirgistan nicht so augenfällig wie zum Beispiel im Nachbarland Usbekistan, das mit märchenhaft klingenden Namen wie Samarkand und Buchara lockt. Doch ist Kirgistans Geschichte im größeren Zusammenhang von Ereignissen zu sehen, die nach antiken Maßstäben weltpolitisches Ausmaß hatten. Hierzu zählen von den Invasionen, die das kulturelle Bild Mittelasiens verändert haben, die griechische unter Alexander dem Großen, das Vordringen der Araber und der Blitzkrieg der Mongolen. Schließlich prägten die Kolonisation durch das russische Zarenreich und die Folgen der Oktoberrevolution das heutige Land.

Die Urzeit

Aus prähistorischer Zeit wurden vor allem am Issyk-Kul und im Čuj-Tal steinerne Faustkeile aus der Altsteinzeit gefunden. Im Mesolithikum (10 000 bis 6000 Jahre vor unserer Zeit) kämpften und jagten die Menschen bereits mit Pfeil und Bogen. In der Neusteinzeit wurde der Tien-Schan stärker besiedelt, wie zahlreiche archäologische Fundstellen, vor allem in Höhlen, belegen. Im zentralen Tien-Schan, im Gebiet des Flusses Sary-Džas, liegt eine große Höhle namens Ak-Čuukur. Ihre

Wände tragen Felszeichnungen in Rötel - Menschen, Schlangen, Auerochsen und Steinböcke. Rötel (Hämatit) ist gewiß die älteste Farbe der Menschheit. In der Urgeschichte diente der mineralische Farbstoff überwiegend rituellen Zwecken; als Symbol für Blut und damit für das Leben wurde Rötel beispielsweise bei Bestattungsritualen verwendet, in der Höhlenmalerei und zur Körperbemalung. Seit der Neusteinzeit wurde damit auch Keramik bemalt. Im Talas-Tal und den Höhen der Ferganakette fand man in den Fels geritzte Szenen aus Jagd und Viehzucht. Die hier siedelnden Menschen vervollkommneten in dieser Zeit die Bearbeitung von Stein. Eine weitere Errungenschaft war die Töpferei, wie Tongefäße belegen.

Vom Leben der Nomadenstämme in der Bronzezeit legt Ausgrabungsmaterial reichlich Zeugnis ab. Dörfer wurden nicht errichtet, allenfalls Viehhürden aus Steinen. Eine feste Stätte fand ein Mensch erst bei seinem Tod. Die meisten Funde stammen deshalb aus Gräbern. Man gab dem Verstorbenen Gebrauchsgegenstände aus Bronze, Stein und Ton bei. Werkzeuge wie Sicheln und Meißel, Waffen wie Beile, Lanzenspitzen und Dolche und Trinkgefäße stellte man aus Metall her. Man trug Schmuck aus Stein - Armreifen, Ringe und Anhänger.

Später wurde die Stammeskultur von Stämmen aus Choresm (heute West-Usbekistan), Kasachstan, Süd- und Westsibirien beeinflußt. In den Tälern um das Ferganatal lebten Ackerbauern der sogenannten Čust-Kultur, deren Siedlungen unter anderem bei Uzgen ausgegraben wurden. Sie lebten in der Nähe von Flüssen, deren Wasser sie auf ihre Felder leiteten. Die Bauern errichteten Lehmhäuser und töpferten Gefäße, auf die sie mit schwarzer Farbe eckige Muster aufmalten.

Kirgisisches Ehepaar

Die Skythen

Die ältesten mit Namen erwähnten Bewohner Mittelasiens werden in persischen Quellen Saken und bei Herodot Skythen genannt. Die Skythen waren Indogermanen und lebten zwischen dem 7. und 3. Jahrhundert vor unserer Zeit im Tien-Schan. Auch sie nomadisierten von Weide zu Weide. Funde zeigen, daß sie vielfältige Handwerke wie Töpfern und die Bearbeitung von Eisen, Kupfer und Häuten beherrschten. Ihre Kultobjekte schmückten sie mit Darstellungen im Tierstil, dabei verewigten sie nicht nur tatsächlich lebende Tiere wie Tiger, Löwe, Falke und Hahn, sondern auch Fabelwesen: Im Ketmen-Tjube-Tal fand man eine silberne Schnalle mit der Darstellung zweier Greife.

Auch die Skythen haben sich in ihren Gräbern verewigt. Gewöhnliche Nomaden erhielten nur bescheidene Beigaben. Stammesfürsten hingegen wurden in reich ausgestatteten Kammern im Inneren von Grabhügeln, sogenannten Kurganen, beigesetzt. Noch heute wölben diese auffälligen Kuppen, oft mehrere beieinander, das Gras der Weiden an vielen Stellen Kirgistans. 1961 wurde bei Issyk-Kurgan, 50 Kilometer östlich von Almaty, ein Kurgan mit den fürstlichen Ausmaßen von sechs Metern Höhe und 60 Metern Durchmesser erforscht. Er barg Tongefäße, 4000 Goldplättchen, die vielleicht von einer Schmuckrüstung stammen, eine hohe spitze Mütze mit Goldstickerei und eine Silberschale mit Schriftzeichen, die denen der alttürkischen Sprache ähneln.

Auf Steine am Fluß Talas wurden etwa im Jahre 600 vor unserer Zeit Runeninschriften eingemeißelt. Es handelt sich hierbei um eine andere Schrift, als sie die Jenissej-Kirgisen in Sibirien benutzten, die zu dieser Zeit tibetische Gesandte empfingen und darüber ebenfalls Inschriften anfertigten.

Interessanten Aufschluß über das Leben im Tien-Schan geben Felsritzungen, die bis in unsere Zeit gut erhalten geblieben sind. Die ausdrucksvollsten finden sich am Issyk-Kul und östlich der Ferganakette, besonders im Ketmen-Tjube-Tal. Sie zeigen gezähmte Pferde und Kamele und die Jagd auf Steinbock, Hirsch und verschiedene Raubtiere. Neben der wirtschaftlichen Tätigkeit werden auch Glaubensvorstellungen dargestellt. Gestirne und Feuer wurden verehrt, wie übrigens auch von anderen Völkern Mittelasiens.

Der größte Teil des skythischen Volkes zog westwärts und ließ sich nördlich des Kaukasus nieder, wo erstaunliche Mengen kunstvollen Goldschmucks ausgegraben wurden. In den Jahren 518/19 unterjochte der Perserkönig Darius I. die Skythen. Später nahmen sie als Teil des persischen Heeres am Kampf gegen die Armee Alexanders des Großen teil.

Hunnen und Türken

Bis zum 3. Jahrhundert vor unserer Zeit hatten gesellschaftliche Mißstände den Zusammenhalt der Skythen geschwächt. Die Obrigkeit hatte sich soweit von der Bevölkerung entfremdet, daß sie sogar Raubzüge gegen die eigenen Untertanen veranstaltete. Angriffe anderer Nomadenvölker führten schließlich zur Verdrängung der Skythen. Die Oberhand gewann ein Volk, dessen Herkunft nicht geklärt ist – möglicherweise ist es türkischen Ursprungs gewesen. Die chinesischen Quellen, denen die meisten Informationen zu entnehmen sind, nennen sie Usunen oder Wusun und beschreiben sie als rothaarig, blauäugig und ›den Affen ähnelnd‹. Sie kamen in einer Westbewegung verschiedener Völker in den Tien-Schan: Der chinesische Kaiser Shih Huang Ti vertrieb die Hunnen, die auf chinesisch Hiungnu hießen, und baute die Chinesische Mauer. Er wandte sich daraufhin westwärts ins Altajgebirge und zum Balhaš-See, wo die Jüe-Tschi (tibetischer oder türkischer Herkunft) lebten. Diese zogen südwestwärts bis ins Tal des Oxus. Ihrerseits von den Hunnen vertrieben, trieben die Usunen die Jüe-Tschi weiter nach Westen, so daß die Skythen ihnen weichen mußten. Die Usunen besiedelten hauptsächlich das Siebenstromland im südöstlichen Kasachstan und nordöstlichen Kirgistan, hatten ihr Hauptquartier aber am Südufer des Issyk-Kul. Einzelne Viehzüchter sammelten vier- bis fünftausendköpfige Herden an. Manche Funde, wie zum Beispiel Mühlsteine, deuten darauf hin, daß es auch seßhafte Ackerbauern gab, doch der größte Teil des Volkes lebte nomadisch. Ihre Jurten richteten sie mit transportablen Holzmöbeln ein. Ebenfalls aus Holz fertigten sie Gebrauchsgegenstände wie Geschirr und Spindeln an und flochten Körbe und Futterale.

Die Stämme der Usunen schlossen sich im 2. und 1. Jahrhundert vor unserer Zeit zu einem mächtigen Bund zusammen, der sich bereits auf der Stufe einer Staatsgründung befand. Ihre Krieger waren gut bewaffnet – im Nahkampf focht man mit Eisenschwertern, und Reiter verschossen Pfeile mit Eisenspitzen von schweren Bögen, die aus verschiedenen Materialien zusammengefügt waren. Später sollten die Mongolen diese Kompositbögen perfektionieren. Die Usunen wurden mehrmals angegriffen – von mittelasiatischen Völkern tungusischen Ursprungs (Schuschan, Sajanbij) und wiederum von den Hunnen. 280 vor unserer Zeit eroberten diese vollständig des Siebenstromland, das mit seinen vielen von den Bergen herabströmenden Flüssen wie ein Korridor zwischen den unwirtlichen Zonen von Steppen und Gebirge nach Westen führte. Ein Teil der Usunen zog deshalb tiefer in den Tien-Schan.

Die Hunnen drangen im 1. Jahrhundert tief ins Oxus-Tal vor, wo aber bereits die Chinesen aufgetaucht waren. Die Nachkommen der Jüe-Tschi (auch Tocharer genannt) und ihre neuen Herren aus dem Reich der Mitte fügten ihnen schwere Verluste zu. Bald jedoch nahm Chinas Stärke ab, und die Grenzkämpfe flammten wieder auf, entschieden sich aber letztlich zu Ungunsten der Hunnen.

Zu dieser Zeit führten die ständigen Zusammenstöße, vor allem mit den Hunnen, und interne Machtkämpfe den Zerfall der Stammesgemeinschaft der Usunen herbei. Sie blieben vorerst im Siebenstromland, ihrem angestammten Gebiet, zusammen mit Stämmen, deren ethnische Zugehörigkeit sich nicht genau bestimmen läßt. Von den Katakomben, in denen sie ihre Toten beisetzten, schließen einige Wissenschaftler auf das Eindringen von Hunnen oder Schuschan. Dies wäre der erste bekannte Versuch osttürkischer Stämme, sich hier niederzulassen. Andere meinen, daß diese unterirdischen Grabstätten von bereits ansässigen Stämmen angelegt wurden, denn sie seien schon aus der Zeit der Skythen bekannt. Bemerkenswert sind die wertvollen Grabbeigaben: Ein bedeutender Teil davon war kunstvoller Goldschmuck, zum Teil mit Edelsteinen besetzt.

Die Entstehung der Seidenstraße

Vom 3. bis 1. Jahrhundert vor unserer Zeit, etwa in der selben Zeit, in der die Usunen über den nordöstlichen Rand des heutigen Kirgistan herrschten, lag ein Teil des südkirgisischen Territoriums im Bereich des Staates der Parkan (Fergana). Überreste ihrer Siedlungen und Städte wurden im Gebiet von Oš entdeckt. Die Parkan zweigten aus den Bergbächen Wasser ab, das sie über ein Netz von Kanälen und Gräben auf ihre Obstgärten und Felder leiteten, wo bereits damals Baumwolle wuchs. Die Parkan hielten sich Sklaven. Große Bedeutung hatte die Pferdezucht.

Am östlichen Ende des Ferganatals erblickte der chinesische Gesandte Zhang Qian im Jahre 138 vor unserer Zeit nach einer beschwerlichen Reise durch die Wüste und über Bergpfade erstmals wieder eine Oase. Er war von seinem Kaiser Wu-Ti auf die Suche nach den legendären Fergana-Rössern geschickt worden, von denen man sich erzählte, sie liefen ›so schnell wie der Wind‹. Der Kaiser wünschte sich solche Pferde zur Ausrüstung seiner Streitmacht und wollte seinen Gesandten Verbündete gegen die Hunnen suchen lassen, die wieder begonnen hatten, gegen die Große Mauer anzurennen. Die Hunnen fingen Zhang Qian jedoch ab und hielten ihn ein Jahrzehnt lang gefangen. Seine Reise dauerte deshalb 13 Jahre, und von seinen 100 Gefährten kehrte nur einer mit ihm zurück.

Zhang Qians diplomatische Bemühungen waren nicht erfolgreich, doch begegnete er auf der anderen Seite des Gebirges Händlern aus dem Westen und stellte fest, daß es dort Bedarf an chinesischen Waren gab. Diese waren auf Umwegen dorthin gelangt, und der Chinese überlegte sich, welchen Gewinn unmittelbarer Handel für sein Land abwerfen könnte. Man müßte nur einen Weg um das Gebiet der feindseligen Hunnen finden.

So wuchsen zwei Handelswege zu einem zusammen – derjenige, der sich vom Mittelmeer in die unbekannten Weiten Asiens vorgetastet hatte, und der aus dem Osten: Die Große Seidenstraße war entstanden.

Unterwegs hatte Zhang Qian einen Bericht mit dem Titel ›Reise durch westliche Länder‹ verfaßt. Das klang damals gewiß so exotisch und verheißungsvoll wie heute für uns die Titel von Reiseerzählungen aus dem Orient. Im Ferganabecken, das er ›Davani‹ nannte, fand er auch die gesuchten Pferde und schrieb: »Die Davaniten leben seßhaft, sie treiben Ackerbau, ziehen Reis und Weizen. Sie haben Wein. Dort gibt es viele schnelle Pferde. Diese Pferde schwitzen Blut, sie stammen von himmlischen Rössern.«

Himmelsrösser nannte man die mit den arabischen Vollblütern verwandten Achaltekin-Pferde. Mehr als 800 Jahre später schrieb in Sujab, dem heutigen Ak-Bešim bei Tokmak am Nordrand des Tien-Schan, ein offenbar vom Heimweh geplagter Dichter namens Li Bo: »Wenn man früh am Morgen solch einen Hengst besteigt und vom Norden der Hebei-Provinz losreitet, so wird er einen bis zum Abend an den Unterlauf des Yangtse bringen.« Beim Dorf Arawan westlich von Oš wurden in den Fels geritzte Bilder von Reitern entdeckt. Und in einem Grab fand sich die Skulptur eines Himmelsrosses – ein galoppierendes Pferd, das mit einem Huf den Rücken einer fliegenden Schwalbe berührt.

Mythos Seidenstraße

Seide ist heute noch in Mittelasien aus dem Alltag nicht wegzudenken: vor allem in Kirgistans Nachbarland Usbekistan, wo die glänzenden bunten Frauenkleider die Pracht kostbarer handgefärbter Gewänder nachahmen, die sich früher nur Kaufleute und Würdenträger leisten konnten. Das Wort ›Seidenstraße‹ beschwört einen Mythos – lange Karawanen, beladen mit allen Schätzen des Orients, durchziehen riesige Wüsten, in denen die Städte aus Tausendundeiner Nacht versteckt sind. Dieses Bild entsprach durchaus der Realität, der Begriff wurde jedoch erst im 19. Jahrhundert durch den deutschen Geographen Ferdinand Freiherr von Richthofen erdacht. Denn eine Seidenstraße im eigentlichen Sinne gab es nie. Der Handel zwischen West und Ost verlief tatsächlich auf einem Netz von Handelswegen, die sich je nach Stabilität oder wirtschaftlicher Entwicklung in den durchquerten Gebieten bildeten, verzweigten und wieder verwaisten – wie bei einem Fluß, dessen Wasser sich von Zeit zu Zeit ein neues Bett sucht. Beispielhaft hierfür ist die ›Pax Mongolica‹, die Befriedung der von Dschingis-Khan eroberten Reiche, die die Wiederbelebung eines vorher fast aufgegebenen Strangs der Seidenstraße ermöglichte.
Die Anfänge liegen im 3. und 2. Jahrtausend vor unserer Zeit, als erste Handelswege zwischen West und Ost entstanden: In Badachschan (heute Ost-Tadschikistan) wurde

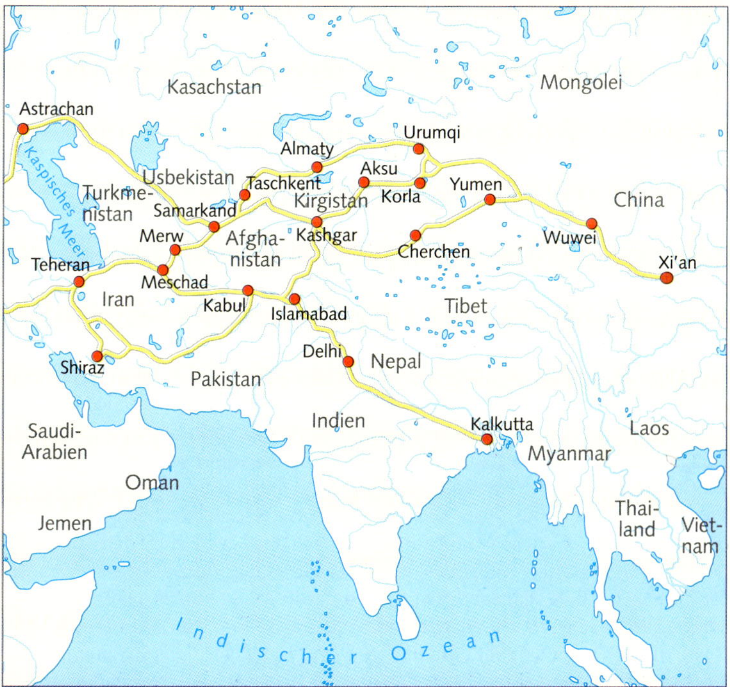

Die Seidenstraße in Zentralasien

Solche Gewürzstände findet man auf allen mittelasiatischen Basaren

der Halbedelstein Lasurit abgebaut, der in den Iran, nach Mesopotamien, Ägypten und Syrien exportiert wurde. Mitte des 1. Jahrtausends vor unserer Zeit wurde das Mineral auch erstmals in China gehandelt. Am Ostrand des Pamir wiederum wurde Nephrit, eine Art Jade, gewonnen, für das in China Bedarf bestand. Die Lasurit-Nephrit-Straße bahnte den Weg zur Entstehung einer Handelsverbindung zwischen Mittelmeer und Pazifik. Mitte des 1. Jahrtausends gab es auch einen Steppenweg, der laut Herodot vom Schwarzen Meer am Südrand des Urals entlang und in den Altaj verlief. Auf ihm wurden die Reichtümer Sibiriens - vor allem Pelze - befördert und gegen Teppiche und Edelmetall getauscht.

Nicht nur Seide fand also aus Asien ihren Weg in die Städte Europas. Der Austausch umfaßte neben Gütern aller Art auch Religionen und Philosophien, Tiere und Kulturpflanzen und funktionierte in beide Richtungen. Missionare verschiedener Glaubensrichtungen begleiteten die Karawanen, um die Lehren des Buddhismus, Manichäismus, Zoroastrismus und des Islam zu verbreiten. Während der Pax Mongolica waren dann überwiegend christliche Missionare auf den Wegen der Seidenstraße unterwegs.

Die Geschichte der Seidenstraße wurde weniger von militärischen Eroberungen oder von Herrschern bestimmt, sondern vor allem von Kaufleuten und Bankiers. Sie begründeten ein neues Zeitalter, in dem der bargeldlose Zahlungsverkehr aufgenommen wurde. Die Reise von Kostbarkeiten über enorme Entfernungen und durch vielfältige Kulturräume war nur durch ein System von Darlehen, Zinsen und Teilhaberschaften möglich. Die ganze damals bekannte zivilisierte Welt nahm an diesem Handel teil. Wie bei einem Zug, der an mehreren Stationen hält und wo Passagiere zu- und aussteigen, reisten Waren auf der Seidenstraße nicht immer über die ganze Distanz, sondern wurden unterwegs aufgenommen und verkauft. Dadurch profitierten nicht nur die Verkäufer und Transporteure, sondern auch örtliche Handwerker und Betreiber von Karawansereien. Nur sehr wenige Händler legten die gesamte Strecke zurück, die meisten bereisten Teilabschnitte des Handelsweges. In den Karawansereien kauften und verkauften sie nicht nur, sondern erholten sich auch von der Reise oder wechselten ihre erschöpften Tiere.

Der Handelsweg über Land versiegte, als die Seefahrer aus Europa den Weg nach Ostasien über die Meere entdeckten. Noch heute aber folgen asphaltierte Fernstraßen der alten Seidenstraße, auf der natürlich keine Kamele mit Stoffballen und Säcken mehr unterwegs sind, sondern Schwerlaster mit Containern, die ihre Güter in wenigen Stunden über Distanzen befördern, für die Karawanen Tage benötigten. In Kirgistan kann man noch die Karawanserei At-Bašy besichtigen, die an der Straße zwischen Naryn und der Grenze zu China am Torugart-Paß liegt.

Entstehung feudaler Strukturen

Während der bis hier beschriebenen Zeitspanne und weiter bis ins 6. Jahrhundert entwickelten sich im Tien-Schan parallel die nomadische und die seßhafte Lebensweise. In den Händen des Stammesadels bündelten sich Wohlstand und Macht, so daß im 6. Jahrhundert das Feudalwesen entstand. Dessen Geschichte läßt sich in zwei Perioden von jeweils 600 Jahren teilen: Zunächst der massenhafte Übergang zur Seßhaftigkeit mit komplexer Landwirtschaft. Nach der Mongoleninvasion kam in jener Gegend wieder die nomadische Viehzucht auf; Ackerbau wurde nur noch nebenher betrieben. Die Feudalherrschaft entwickelte sich in den alten Oasen: im Ferganabecken, in Schasch (dem heutigen Taschkent), in den Tälern der Flüsse Talas und Čuj und in der Issyk-Kul-Senke. In die traditionell nomadischen Gegenden zogen weiterhin Wanderhirtenstämme aus Mittelasien und Südsibirien.

Bis Ende des 5. Jahrhunderts spielten die Usunen noch eine gewisse Rolle. Im Jahre 436 erneuerten sie ihre Beziehungen zu China und ließen jährlich eine Gesandtschaft Geschenke überreichen. Bald jedoch verschwanden sie gänzlich von der Bühne der Geschichte, und nur der Name einer der kirgis-kasachischen Horden legt von ihnen Zeugnis ab – Sary-Uisun (gelbe Usunen).

Danach gewannen die weißen Hunnen (wahrscheinlich Mongolen oder Turkmongolen) Herrschaft über dieses Gebiet; byzanthinische Schreiber nannten sie Hephtaliten. Sie waren Nachkommen der Jüe-Tschi oder Tocharer, die schon im 2. Jahrhundert vor unserer Zeit Süd-Turkestan beherrscht und das griechisch-baktrische Reich zerstört hatten. Sie waren vom Altaj nach Westen gezogen, hatten zunächst den Nordosten Persiens erobert und waren dann über den Hindukusch nach Indien vorgedrungen. Im Laufe der Zeit hatten sie Züge der persischen Kultur übernommen und waren allmählich seßhaft geworden. Den Höhepunkt ihrer Macht erreichten sie im 5. Jahrhundert, als sie im Krieg mit der persischen Dynastie der Sasaniden besonders siegreich waren. Anfang des 6. Jahrhunderts erstreckte sich ihr Reich von Ost-Turkestan über den Pandschab bis Samarkand. Es war jedoch nicht von Dauer.

Turkestan

Wenige Jahrzehnte später hatten sich weit im Nordosten, im Altaj-Gebiet, die Türken unter einem Khaganat (Großkhanat) zusammengeschlossen. Große Massen turksprachiger Nomadenstämme mongolischen Ursprungs, organisiert in zehn Unterstämme (on ogur), machten sich daraufhin auf den Weg nach Westen und stießen 560 bei Talas mit der Streitmacht der weißen Hunnen zusammen, die unterlag. Im Bunde mit den Sasaniden zerstörten die Türken in der Folge deren Reich und teilten es unter sich auf.

Der Begriff ›Turkestan‹, Land der Türken, wurde wohl in dieser Zeit geprägt. Im 14. Jahrhundert verwendete der maurische Reisende Ibn-Battuta dieses Wort. Im 19. Jahrhundert wurde es durch die Bürokratie des zaristischen Rußland, das ganz Asien bis zum Nordrand des Gebirges eroberte, institutionalisiert.

Die Türken hatten damit ein riesiges Gebiet unter ihre Gewalt gebracht, in dem große kulturelle und soziale Unterschiede herrschten, die im Jahre 582 den Zerfall in zwei selbständige Khaganate herbeiführten: das östliche und das westliche. Das Zentrum des West-Khaganats lag im Siebenstromland, auf dem ehemaligen Gebiet der Usunen. Hier, am Ufer des Čuj, nahe dem heutigen Tokmak, befand sich ihre Hauptstadt Sujab. Das Umland unterstand einzelnen Khaganen, die hier mit ihren Herden umherzogen. 630 unternahm der chinesische buddhistische Pilger Xuanzang eine Wallfahrt, ›um die heiligen Reliquien Buddhas zu suchen und sich dem Studium der Gotteslehre zu widmen‹. Vom ›durchsichtigen blauen See‹, gemeint war der Issyk-Kul, gelangte er ins Siebenstromland und zeichnete auf, daß ein Teil der Bevölkerung Landwirtschaft, der andere Handel mit China und anderen Ländern betrieb; ihre Schrift war syrischen Ursprungs und die herrschende Religion eine Mischung aus persischem Mazdaismus und nestorianischem Christentum, vermischt mit Schamanismus.

Im 5. Jahrhundert hatte sich in Turkestan das nestorianische Christentum, das durch syrische Missionare eingeführt worden war, verbreitet. Im Jahre 334 wurden Merw, heute Turkmenistan, und Samarkand im heutigen Usbekistan Bischofssitz. Im Siebenstromland weisen zahlreiche Ruinen darauf hin, daß das Christentum erst im 14. Jahrhundert endgültig dem Islam wich. Später gewann in Turkestan unter dem Einfluß Chinas der Buddhismus die Oberhand. Am Oberlauf des Amu-Darja legen die Überbleibsel zahlreicher Tempel und Klöster Zeugnis davon ab, daß er bis zum Einfall der Araber die vorherrschende Religion war.

In der Hauptstadt Sujab erhielt der Pilger beim türkischen Khan eine Audienz, die er wie folgt beschrieb: »Die Pferde der Barbaren waren ungemein zahlreich. Der Khan bewohnte ein gewaltiges, mit Goldblumen verziertes Zelt, dessen Glanz die Augen blendete. Die Offiziere, die ihm Geleit boten, hatten vor dem Zelt lange Matten auslegen lassen, auf denen sie in zwei Reihen saßen; alle trugen funkelnde Gewänder aus Brokatseide. Hinter ihnen stand aufrecht die Garde des Khans. Obwohl er nur ein Barbarenfürst war, der in einem Filzzelt haust, konnte man ihn nicht ohne Bewunderung und Respekt betrachten. « Der Pilger Xuanzang beschrieb auch die günstige Lage und Fruchtbarkeit des Ferganabeckens und betonte die Unabhängigkeit und Wehrhaftigkeit seiner Bewohner.

Im 6. und 7. Jahrhundert wurde der Nordabschnitt der Seidenstraße zur Hauptroute – die hier ansässigen türkischen Khagane waren Großabnehmer von Luxusgütern. Sujab war ein reger Handelsplatz, an dem jährlich eine Art Messe stattfand, zu der die reisenden Kaufleute zusammenströmten. Fergana war hingegen in dieser Zeit wegen der Einfälle der Araber unsicher.

Bald nahm von Osten der Druck auf das türkische Reich zu. Die Chinesen besetzten Mitte des 7. Jahrhunderts unter Tai-Tsung, einem Kaiser der Tang-Dynastie, erneut die Oasen im Tarim-Becken und wanderten weiter nach Westen. Sie verbündeten sich mit den Uighuren, die damals zwischen Altaj und Balhaš-See lebten, und errangen 714 einen entscheidenden Sieg am Issyk-Kul.

Marktfrau

Der Islam breitet sich aus

Von Südwesten waren mittlerweile die Araber herangerückt. Sie hatten bereits seit 100 Jahren Feldzüge nördlich des Amu-Darja unternommen und ihren Machtbereich bis zum Syr-Darja vergrößert. Der Beginn ihrer ständigen Präsenz kann auf den Winter 681/682 festgelegt werden, den die Araber erstmals im annektierten Neuland verbrachten, statt sich in ihre Stammlager zurückzuziehen. 728, als ›Mawarannahr‹, das Land zwischen den Flüssen, fest in ihrer Gewalt war, beschlossen die Araber, dem militärischen einen religiösen Feldzug folgen zu lassen und die Bevölkerung der eroberten Gebiete zum Islam zu bekehren. Das führte jedoch zu einem Aufstand, und die Araber hatten das Land erst nach einigen Jahren

Nach der Unabhängigkeit erbaute Moschee in Südkirgistan

wieder unter Kontrolle. Im Jahre 737 starb im Čuj-Tal der westtürkische Khagan, was die Erfolge der Araber im Land zwischen den Strömen begünstigte. Mitte des 8. Jahrhunderts brachte ein Wechsel der Herrscherdynastie jedoch erneut Unruhe. Die Grenze konnten sie deshalb nicht lange gegen die Chinesen halten. Zu dieser Zeit waren die Türken mit den Sogdern gegen die Araber verbündet. Als die Sogder aufgaben und auswandern wollten, wurden sie von den Arabern abgefangen und vernichtet. Die osttürkische Herrschaft fiel unter dem Ansturm der Chinesen, und mit der Zerstörung von Sujab (748) war auch das Ende des westlichen Khaganats besiegelt. Die Chinesen drangen ins Ferganabecken vor und vertrieben die Araber von dort.

Doch 751 kam es zu einer entscheidenden Schlacht weiter nördlich, bei dem kleinen Fluß Talas am Nordwestrand des Tien-Schan. Mit Unterstützung der Türken schlugen die Araber ihre Gegner vernichtend: 50000 chinesische Soldaten wurden getötet und 20000 gefangengenommen. Einige der Gefangenen beherrschten die Seiden- und Papierherstellung, und so gelangten diese Künste nach Westen – dies gab den Arabern ein Werkzeug zur schriftlichen Verbreitung ihres Glaubens an die Hand, der sie hierher geführt hatte.

Die Chinesen fochten noch das eine oder andere Scharmützel mit den Arabern aus und hinderten sie zusammen mit den Uighuren, weiter nach Osten vorzudringen. Sie konnten aber den einmal verlorenen Boden nicht zurückgewinnen. Mit dem Sieg der Araber bei Talas war entschieden, daß sich der Islam und seine Kultur hier behaupten würden.

Die Araber übten ihre Macht durch Statthalter aus, deren Hauptaufgabe und -interesse darin bestand, Steuern einzutreiben. Sie hatten kein politisches Konzept, und solange neu an die Macht kommende, weiterhin türkischstämmige Herrscher die Oberhoheit des Kalifen anerkannten, ließ man sie gewähren. Im Siebenstromland ließen sich zunächst die Ogusen nieder, südsibirische Turktataren aus dem vorderen Altaj, auch Tokus-Ogus (neun Ogusen) genannt. Sie gründeten später ein Reich am Unterlauf des Syr-Darja. Ein Teil von ihnen, die Tjurgeschi (der östliche Heeresflügel des westtürkischen Stammesverbands der Onogur), blieb zurück und wurde von den Karluken vereinnahmt, die ebenfalls aus dem vorderen Altaj gekommen waren. 766 nahmen die Karluken Sujab ein, übernahmen es als Hauptstadt und trieben ihre Eroberungen bis Fergana voran, doch wurden sie dort von den Arabern zurückgeworfen. Sie blieben jedoch ständig in Kontakt mit den Bewohnern des Landes südlich des Syr-Darja und übernahmen mit der Zeit deren Religion; im 10. Jahrhundert wurden östlich des Talas bereits Moscheen erbaut.

Während des 8. und 9. Jahrhunderts hatten immer mehr Menschen das Nomadenleben aufgegeben und waren in die Siedlungen gezogen, zu denen Weide- und Ackerland gehörten. Diese Inseln bildeten jedoch kein geschlossenes Bollwerk, das den Vormarsch von Invasoren hätte stoppen können; sie verhinderten nicht, daß die Türken sie immer wieder heimsuchten.

Die Karakhaniden

Um das Jahr 940 zerfiel das Khaganat der Karluken in einige unabhängige Herrschaftsgebiete in den Oasen des Siebenstromlands und den Tälern von Čuj und Talas. Das Čuj-Tal mit der Stadt Balasagun wurde von einem neuen Volk aus dem Süden erobert, den Karakhaniden. Sie hatten ihren Namen vom Titel ihres Herrschers Satuk Abd Al-Kerim: ›Kara Khan‹, was ›großartiger, mächtiger Khan‹ bedeutet. Der erste bekannte Turkologe, Mahmud Al-Kashgari, stammte in väterlicher Linie von ihm ab. Sein Vater Hussein war das Oberhaupt der Stadt Barskoon am Issyk-Kul und zog später in die erste Hauptstadt des Karakhanidenreichs – Kashgar im heutigen China, wo Mahmud geboren wurde.

Bis zur Gründung des Karakhaniden-Staates hingen die Völker des zentralen Tien-Schan dem Buddhismus und dem Christentum an. In diese Religionen mischten sich Überreste von Schamanismus, Zoroastrismus und Manichäismus. Der Islam breitete sich aus, nachdem Khan Satuk diesen Glauben unter dem Einfluß der persischen Samaniden angenommen hatte. Er mußte vor seinem Cousin Olugak aus Kashgar in den Schutz des Tien-Schan fliehen – ins At-Bašy-Tal, wo noch heute zwei Karakhaniden-Bauwerke stehen. Dort sammelte er Verbündete, kehrte zurück und stürzte den Usurpator. Da seine Eroberungsversuche weiter südlich an erbittertem Widerstand scheiterten, wandte er sich nach Norden und eroberte die Flußtäler am Nordrand des Tien-Schan. Balasagun wurde zum Zentrum der Herrschaft über das Siebenstromland.

Die Karakhaniden zogen 992 gegen die persischen Samaniden und Schasch (Taschkent). Im Jahre 999 errichteten sie als Hauptstadt ihres südlichen Reiches Uskent (heute Uzgen) im östlichen Ferganabecken.

In allen Tälern, in denen Vieh weiden konnte, entstanden unter ihrer Herrschaft Städte, umgeben von Ackerland. Dort blühten Handwerk und Handel. Im Čuj-Tal gab es 19 Städte, deren gesamte Einwohnerzahl man auf 200 000 schätzt. Die Feudalherren gewannen weiter an Macht und hielten ihre Untergebenen durch die Vergabe von Lehen an sich gebunden. Der Islam breitete sich aus und wurde Staatsreligion.

Zur Zeit der Karakhaniden verfaßte der Poet Jusuf Has-Hacib das erste literarische Kunstwerk in türkischer Sprache – die Lehrgedichte ›Wissen, das Glück gibt‹ (Kutagdu Bilik), eine moralisch-ethische Lebensanleitung. Jusuf wurde zwischen 1010 und 1016 in Balasagun im Siebenstromland östlich von Bischkek geboren. Er begann mit der Niederschrift in seiner Heimatstadt und beendete sie ungefähr eineinhalb Jahre später in Kashgar, wo er das Gedicht dem Karakhaniden-Khan vortrug, der ihm zur Belohnung einen hohen höfischen Titel verlieh.

Das Werk trägt autobiografische Züge. Der Autor betont, daß keiner vor ihm solch ein Werk in türkischer Sprache geschrieben habe. ›Vier unschätzbare Weisheiten‹ werden gepriesen: Gerechtigkeit, Glück, Weisheit und Bescheidenheit. Die Einführung ist im Stil der Barden gefaßt, deren Lieder eine Tradition der zentralasiatischen Nomadenvölker sind.

Mitte des 12. Jahrhunderts wurde der Karakhanidenstaat durch tungus-mongolische Nomaden erobert, die durch die Dungarische Pforte eingefallen waren – die Kara-Kitai, auch Kidan genannt. Die ›schwarzen Chinesen‹ hatten im 10. Jahrhundert in China ein riesiges Imperium gegründet, das vom Stillen Ozean bis an den Pamir reichte. In chinesischen Quellen wird ihre Dynastie, die von 916 bis 1125 bestand, Liao genannt. Nach dem Niedergang des Herrschergeschlechts bewegte sich ein Teil dieses Volkes nach Westen. Grund dafür war ein Aufruf des Karakhanidenherrschers von Balasagun, der von feindlichen Turkstämmen bedrängt wurde. Die Kara-Kitai machten sich diese Schwäche zunutze, stürzten ihn und übernahmen Balasagun als Hauptstadt eines Gebietes zwischen den Flüssen Jenissej und Talas. Sie dehnten es rasch nach Ost-Turkestan aus und machten sich dann auf den Weg nach Südwesten, wo sie die Sultane der Karakhaniden schlugen, Samarkand und Buchara eroberten und bis an den Unterlauf des Amu-Darja vordrangen, wo sie aus Choresm, das heute in Westusbekistan liegt, Abgaben herauspreßten. Die Herrscher der Kara-Kitai trugen den Titel ›Gurkhan‹ – Khan der Khane, und hingen wahrscheinlich dem Glauben der Manichäer an. Der Islam verlor die Vorherrschaft, und das südliche Siebenstromland ging in die neugegründete Metropolita von Kashgar ein. In Tokmak und Bischkek sind Gräber nestorianischer Christen aus dieser Zeit erhalten geblieben.

Nach Kriegen mit dem türkischen Stamm der Seldschuken im Land zwischen den Strömen trafen die Gurkhane auf einen Gegner, der das Blatt der Geschichte

Ahnengalerie berühmter Kirgisen in At-Bašy

erneut wenden sollte – den Schah von Choresm, das große Teile Persiens und des Landes zwischen den Strömen erobert hatte. Mohammed Alaud-Din zog mit der Stärke dieser Eroberungen im Rücken gegen die Kara-Kitai und trieb sie vor sich her. Als jene sich in 1210 Balasagun verschanzen wollten, stellte sich heraus, daß die Bewohner sie nicht einlassen wollten, sondern auf einen Anschluß an Choresm hofften. Nach sechzehntägiger Belagerung durch die eigene Streitmacht fiel die Stadt, und 47 000 Menschen wurden massakriert.

Der Mongolensturm

Am Ende des Reiches der Kara-Kitai war im Tien-Schan bereits spürbar, daß sich im Osten etwas zusammenballte, das sich mit voller Wucht im Westen austoben sollte. Dschingis-Khan hatte 1206 die Mongolenstämme vereint, und einer davon, die Naiman aus dem Altaj, waren nach einer Niederlage unter ihrem Khan Kutschluk in den östlichen Tien-Schan gezogen. Kutschluk-Khan erkämpfte sich sein neues Herrschaftsgebiet gegen die Kara-Kitai und stürzte ihren Herrscher. Die Besiegten wandten sich um Hilfe gegen den Eindringling an Dschingis-Khan. Doch der war ohnehin schon an der Spitze der schlagkräftigsten Armee des Mittelalters auf dem Weg nach Westen – zu einer Strafaktion. 1218 hatte sich Schah Mohammed Alaud-din von Choresm den schwerwiegenden diplomatischen Fehler geleistet, die Botschafter des Mongolenkhans zu mißhandeln. Dschingis-Khan sammelte eine Kavallerie von 200 000 Mann, die mit ihren Ersatzpferden, Familien und Jurten durch das Gebiet zog, das einmal das Reich der Kara-Kitai gewesen war. Westlich von Kashgar wurden zunächst Kutschluks Streitkräfte besiegt, er selbst wurde hingerichtet, und Dschingis-Khan annektierte Kara-Kitai. Die 640jährige Geschichte der Hauptstadt Sujab im Siebenstromland endete, als sie so gründlich dem Erdboden gleichgemacht wurde, daß spätere Generationen lange brauchten sollten, um den Ort wiederzufinden, in dem einst Handel und Kultur geblüht hatten.

Hirtennachwuchs

Zum Angriff auf Mohammeds Reich formte das Reiterheer eine Zange: Während der größte Teil der Mongolenarmee von Norden auf Transoxanien zumarschierte, erklommen 30 000 Mann die verschneiten Handelspfade, die aus der Taklamakan-Wüste in den südlichen Tien-Schan hinaufführten, und gelangten ins Ferganatal. Nach der Eroberung von Oš fielen sie dem Choresm-Schah in den Rücken, derweil die Hauptstreitmacht sein Reich vom Fluß Syr-Darja her aufrieb.

Obwohl die folgenschweren Eroberungen der Mongolen sich westlich des Tien-Schan abspielten, dessen Labyrinth aus Bergzügen die Steppenkrieger zunächst umgingen, wurde der Tien-Schan ebenfalls Teil des Reiches Dschingis-Khans. Die seßhafte Bevölkerung war nicht in der Lage, Widerstand zu leisten und zog in Richtung Pamir davon. Anschließend bedingten Machtkämpfe zwischen mongolischen Feudalherren und der Nachzug großer Massen turkmongolischer Stämme den Niedergang der Städte und der seßhaften Landwirtschaft.

Die Nachfolger Dschingis-Khans

Nach Dschingis-Khans Tod wurde das Land unter seinen Nachkommen aufgeteilt. Der Tien-Schan westlich vom Ili wurde Tschagatai zugeschlagen, das östliche Vorland bis zum Altaj dem Thronfolger Ügedej, der von 1228 bis 1246 herrschte. Der Tschagatai-Dialekt wurde durch Bemühungen von Gelehrten zur Schriftsprache, unter ihnen war auch Ališer Nawoi, der heute von den Usbeken als ›ihr‹ Dichter verehrt wird.

Im Westen realisierte man schnell die Bedrohung durch die unschlagbaren Reitervölker und versuchte, sich ihrer zu erwehren: 1246 besuchte der Mönch Plano Carpini im Auftrag von Papst Innozenz IV. den Großkhan Mongkeh, und im folgenden Jahr reiste der Franziskaner Wilhelm Rubruck nach Tokmak, wohin ihn Ludwig der Heilige gesandt hatte, um mit dem Kiptschakenfürsten ein Bündnis auszuhandeln. 1251 usurpierte der jüngste Sohn Dschingis-Khans, Tului, den Thron und zettelte so einen Krieg an, durch den die Mongolen die Macht im östlichen Tien-Schan verloren. Auf diesem Boden gründete ein Herrscher namens

Khaudi-Khan einen neuen Staat, der bald die ehemaligen Gebiete Ügedejs und Tschagatais vereinte und sich vom Altaj bis zum Amu-Darja erstreckte. Dieses Reich wurde 1269 auf einer großen Zusammenkunft der Feudalherren in Talas verkündet. Sein Zentrum lag traditionell im Siebenstromland.

Die Herrschaft Khaudi-Khans dauerte bis 1301 und war ein wichtiger Meilenstein in der Geschichte der Völker Mittelasiens. Neue Steuerregelungen und eine Währungsreform förderten Produktion und Handel, und der Nordarm der Seidenstraße belebte sich wieder. Doch in diesem großen Reich verstärkten sich zunehmend die politischen Unterschiede.

Das Gebirge fing die Völkerwanderungen der Nomaden von Osten auf und hielt sie von Transoxanien zurück, wo die Zuwanderer entwickelter und kultivierter waren und Oasen und Städte sich erholten. Die Macht ging allmählich in die Hände türkischer Emire über, die zwar mongolische Khane auf den Thron setzten, doch jene waren reine Titelträger, und nur wenige konnten eine Abkunft von Dschingis-Khan und somit die Rechtmäßigkeit ihrer Herrschaft nachweisen. Die halbselbständigen Lehen der Emire und Khane hielten das Land nur locker zusammen, da die Oasen wie Inseln in den Weiten von Steppe und Wüste lagen.

Die Herrscher des Siebenstromlands fielen wiederholt in das Land zwischen den Flüssen ein, um den ehemaligen ›Ulus‹ Tschagatai wieder zusammenzufügen, denn sie betrachteten sich als Erben dieses Sohnes Dschingis-Khans. Doch stießen sie dort auf den Widerstand eines Mannes, der bald nicht nur die Herrschergewalt an sich reißen, sondern das Feuer des Mongolensturms erneut auflodern lassen würde.

Die Kirgisen sind ein Volk von Reitern geblieben, hier beim Reiterspiel Ulak Tartyš

Timurs Reich

1336 wurde in Keš (heute Šahrisabs), 80 Kilometer südlich von Samarkand, Timur geboren. Er entstammte einem turkisierten Mongolengeschlecht und diente zunächst einem mongolischen Khan, schloß sich dann aber dem türkischen Emir Husain an, der seinen Sitz in Balkh (Afghanistan) hatte. Timur heiratete dessen Tochter, und sie kämpften gemeinsam gegen die Eindringlinge aus der Steppe. Während seiner Zeit an der Seite Husains wurde Timur bei einer Schlacht schwer verletzt. Hiervon behielt er ein verkrüppeltes Bein und humpelte zeitlebens, was ihm den Namen Timur-lenk eintrug: ›Der lahme Mann aus Eisen‹. In Europa nannte man ihn Tamerlan.

1370 entschloß sich Timur, Transoxanien alleine zu beherrschen. Er belagerte Balkh und beseitigte Husain. Danach unternahm er grausame Feldzüge in alle Himmelsrichtungen, die ihn bis vor Moskau, in den Kaukasus und nach Syrien führten. Im Süden kam er bis an den Ganges.

Die eroberten Gebiete wurden gnadenlos entvölkert und geplündert, und Timur verschleppte Handwerker und Reichtümer in seine Hauptstadt Samarkand, die er zu einem prächtigen Juwel ausschmückte. Samarkand wurde zu einem Handels- und Kulturzentrum an der Seidenstraße. Für die unterworfenen Landstriche, deren Bevölkerung dezimiert und deren Äcker von unzähligen Pferdehufen zerstampft waren, bedeutete Timurs Hand jedoch einen schweren Rückschlag in der Entwicklung, und letztlich fiel auf seine Herrschaft zurück, daß er das Umland nur verwüstete und ausbeutete, es aber nicht neu organisierte, wie es die Mongolen getan hatten.

Usbekische Marktfrauen

Als sich folglich nach seinem Tod im Jahre 1405 die Herrschaft der Timuriden aufsplitterte, kehrten die Bewohner des Tien-Schan aus dem Altaj zurück, wohin sie geflohen waren. Zu Beginn des 16. Jahrhunderts floh dann der letzte aus der Dynastie der Timuriden, der aus Oš stammende Zahiruddin Babur, aus Fergana nach Indien: Die Usbeken waren von Norden herangezogen und behaupteten sich in den Ebenen zwischen Amu- und Syr-Darja - bis auf den heutigen Tag.

Heute ehrt Usbekistan im Widerspruch zu den geschichtlichen Tatsachen Timur als den Herrscher, der den usbekischen Staat auf seinem heutigen Gebiet gründete. Auf einem zentralen Platz in Taschkent hat eine Reiterstatue des blutrünstigen Schahs das alte Denkmal für Karl Marx abgelöst.

Die Kirgisen

Das kirgisische Volk begann mit den Nachfolgekämpfen der mongolischen Tschagatai im 15. bis 16. Jahrhundert Form anzunehmen. Anfang des 17. Jahrhunderts war das Volk in drei Horden unterteilt: Die große, mittlere und kleine, diese wiederum in Stämme und Sippen.

Das Siebenstromland kam im 15. Jahrhundert unter den Einfluß neuer Zuwanderer aus der Kiptschaken-Steppe - der Kasachen. Sie kämpften gegen die Usbeken, wobei sie bis vor die Tore Taschkents vordrangen. Auch die Kirgisen hatten ihren Streit mit den Zuwanderern, doch schlossen sich die beiden verwandten Völker schließlich gegen ihre gemeinsamen Feinde - die Mongolen-Khane - zusammen und konnten das Siebenstromland unter ihre Kontrolle bringen.

In dieser Zeit änderte sich durch den Sprachgebrauch in türkischen Schriften die Bezeichnung der Mongolen in ›Mogolen‹ und der Name des von ihnen beherrschten Landes in Mogolistan. Das vom nach Indien geflohenen Babur begründete Herrschergeschlecht wurde dort ›Mogulen‹ genannt.

In den 1470er Jahren gründeten die Kirgisen bereits ein Khanat. Ihr Siedlungsgebiet stimmte größtenteils mit dem heutigen überein. Sie vertrieben die mogolischen Feudalherren bis 1510 nach Ost-Turkestan. Allerdings mußten sie danach immer wieder deren Rückkehrversuche zurückschlagen, denn die Mogolen, nun in karges Wüstenland verdrängt, sehnten sich nach ihren Viehweiden.

Im 15. Jahrhundert konnte traditionsgemäß nur ein Nachkomme Dschingis-Khans zum Khan ernannt werden. So wurde 1484 Akhmed, der Sohn eines Mogolistan-Khans, zum Herrscher über den Zusammenschluß der Kirgisen. Über ihn schrieb ein Chronist namens Mirsa-Khaidar (1499-1551): »Er hielt die Macht in Mogolistan so fest, daß weder die Kalmücken noch die Usbeken an dessen Grenzen herankamen. « Die Staatsmacht war jedoch nicht zentralisiert, sondern lag in den Händen der Beys, örtlicher Feudalherren, die Steuern eintrieben, Recht sprachen und Kriege führten. Ein stehendes Heer gab es nicht. Im Kriegsfall wurden örtliche Landwehren rekrutiert, sonst unterhielt ein Bey nur kleine Schutztruppen, die straff nach mogolischem Muster organisiert waren.

Als Akhmed-Khan 1504 starb, übernahm sein Sohn Sultan-Khalil den Thron und vertrieb die wegen Thronfolgestreitigkeiten geschwächten Mogolen aus seinem Gebiet.

Kirgisische Feudalherren, in deren Händen sich die Macht über ihr Volk konzentrierte, setzten sich nun über die Tradition hinweg, gemäß der das Zepter an einen Nachkommen Dschingis-Khans weitergereicht werden mußte. Aus ihrer Mitte wählten sie einen Mann namens Mohammed zum Emir. Er wollte Kirgisien von der Einmischung der Mogolenkhane befreien. Zusammen mit einem Bruder Sultan-Khalils, Sultan-Seid, eroberte er 1514 nach und nach große Teile Turkestans. Mirsa-Khaidar schrieb hierüber: »Die Kirgisen überdies, selbst größtenteils bar jeder Gottesfurcht, hielten mit ihren ständigen Siegen und Überfällen alle Muselmanen von Turkestan, Schasch (Taschkent) und Fergana in Schrecken.« 1558 kam der englische Kaufmann Anthony Jenkinson auf seiner Reise durch Turkestan und schrieb: »Das Volk, das mit Taschkent kämpft, nennt sich Kasak, und die, welche Krieg mit Kashgar führen, Kyrgys. Beide sind sehr mächtige Völker. Sie leben in den Steppen und haben weder Städte noch Häuser und unterwarfen beinahe die oben genannten Städte.« Auf einer ›Karte des Moskauer Reiches‹ zeichnete Jenkinson das heute von den Kirgisen bewohnte Gebiet als ›Kirges‹ ein. Zeitgenössische turkestanische Chronisten berichten, daß Mitte des 16. bis ins 18. Jahrhundert die kirgisischen Beys ihren Einfluß in alle Himmelsrichtungen ausdehnten und sich in den Gebirgen und Steppen rund um das heutige Kirgistan niederließen.

Bis zur zweiten Hälfte des 16. Jahrhunderts hatte nur ein kleiner Teil des kirgisischen Volks den Islam angenommen, doch verstärkte sich der Einfluß dieses Glaubens ausgehend von den Gebieten mit seßhafter Bevölkerung. Der Sufi-Scheich Hodscha Iskhak (gestorben 1599) ließ einen Chronisten festhalten: »Ich begab mich in die Gebiete der Kirgisen und Kalmaken, zerstörte 18 Götzentempel und machte 180 000 Ungläubige und Götzendiener zu Muselmanen.« Mohamed-Sadyk Kashgari berichtet, daß die Anführer der kirgisischen Gruppen Kiptschak und Kuschtschu an der Spitze eines moslemischen Heeres standen, das einen Angriff kalmakischer Fürsten zurückwarf. 1685 vertrieben die Oyraten des dschungarischen Reiches die Kirgisen nach Süden ins Ferganabecken, ins Alaj-Tal und weiter nach Tadschikistan westlich des Alaj-Tals, nach Karategin. 1758 besiegte die Dynastie Mandschu (Qing) die Oyraten und übernahm deren Herrschaft über Kirgistan.

Die Kirgisen schlugen jedoch nicht nur Schlachten gegen die Nachbarn, sondern schickten Gesandtschaften zu ihnen und trieben Handel. Sie zogen mit ihren Schafen und Pferden auf die Basare der Städte Turkestans und erhielten auch Besuch von Händlern. Im 17. und 18. Jahrhundert wuchsen diese Verbindungen, wiederum aber auch Feindseligkeiten gegen einzelne Herrschaftsgebiete, in die die Zentralmacht zerfallen war. Im Westen verbündeten sich die kirgisischen mit kasachischen Sultanen im Kampf gegen das Khanat von Buchara. Nach Osten mußten sie sich etwa 100 Jahre lang immer wieder gegen die Kalmaken wehren. Anfang des 18. Jahrhunderts klagte ein kalmakischer Bericht: »Von allen Seiten umgeben uns Feinde – auf der einen die Kasaken, auf der anderen die Buruten (die Oyraten nannten die Kirgisen ›Burut‹, Anmerkung des Autors); überall sind zur Bewachung starke Truppen erforderlich und dies das ganze Jahr.« Von Perioden des Friedens abgesehen, in denen man miteinander Handel trieb, blieben die

Völker Feinde, denn trotz der Uneinnehmbarkeit Kirgistans waren die Kalmaken hartnäckig und unternahmen verlustreiche Feldzüge, bis ihr Khanat Mitte des 18. Jahrhunderts wegen innerer Zerstrittenheit ein Ende nahm: Sie flohen vor der chinesischen Bedrängung an die Wolga, wo sie heute noch siedeln.

Die Kasachen hatten sich 1740 Rußland unterstellt. Obwohl sie und die Kirgisen ethnisch nah verwandt sind, brachen sie mit der Bündnistradition ihrer Väter zu den Kirgisen - für kurze Zeit eroberten sie Teile deren Gebiets.

Badestrand am nördlichen Ufer des Issyk-Kul

Das Kokander Khanat

Im Ferganatal waren derweil einige usbekische lokale Machthaber vom Khanat von Buchara abgefallen. Einer von ihnen konnte sich über sie aufschwingen und rief 1710 das Khanat von Kokand aus. Dieses sollte den Kirgisen bis zu seinem Ende noch viel zu schaffen machen. Khan Irdana ging von einer Politik des Bündnisses mit den Kirgisen zur Eroberung ihres Gebiets über. 1762 nahm er Oš ein und verwüstete die Umgebung von Uzgen.

1785 empfing Zarin Katharina II. in Sankt Petersburg zwei kirgisische Gesandte. Gegen die ständigen Anfeindungen suchten sie den Schutz des Russischen Reiches, wollten aber auch Handelsbeziehungen anbahnen. Mittelasien war von den internationalen Handelswegen abgeschnitten, seitdem der Strom der Seidenstraße an materiellen und immateriellen Reichtümern versiegt war und sich andere Wege - über das Meer - gesucht hatte. Daher wandte sich Kirgistan allmählich nach Norden, einem Partner zu, dessen Bedürfnis nach Expansion die Natur Grenzen setzte: Rußland war im Norden vom Eismeer begrenzt und bestand im Osten aus menschenleerer, undurchdringlicher Taiga.

Zur Vorgeschichte ist zu sagen, daß das Großfürstentum Rußland 1480 nach fast drei Jahrhunderten die Tatarenherrschaft abgeschüttelt hatte. Nach 70 Jahren der inneren Festigung drehte es den Spieß um. Ersten Vorstößen in Sibirien folgte eine Expedition nach Turkestan, die aber fehlschlug. Danach wurde zunächst eine militärisch befestigte Grenze vom Kaspischen Meer bis China gezogen, jenseits derer sich Rußland nach neuen Märkten und Rohstoffquellen umsah. Die Zarin zeigte sich dem Ansinnen der Kirgisen einstweilen ›geneigt‹, was die Tatsache verbrämte, daß Rußland sich noch nicht zutraute, so weit nach Süden vorzustoßen. 1813 schickten einige Kirgisenstämme Gesandte nach Omsk und 1824 nach Tobolsk in Sibirien. 1825 statteten zwei russische Gesandte einen Gegenbesuch am Issyk-Kul ab.

Kokand drang indessen immer weiter ins Gebirge vor und sicherte die Abschnitte, die es den Kirgisen entwunden hatte, mit Kurganen (Garnisonsfestungen). Das Khanat wollte vor allem die Aufsicht über die Handelswege Ost-Turkestans führen und von den Kirgisen Tribut erheben. Sie mußten Schafe und Rinder abgeben und Landsteuer entrichten. Zeitweise wurde von ihnen sogar eine hohe Wehrsteuer gefordert, und kirgisische Männer wurden zur Landwehr gezogen.

Die Kirgisen lehnten sich wiederholt auf, doch das Khanat schlug die Aufständischen nieder und gewann immer weiter an Boden. Zunächst umging es das Gebirge nördlich. 1825 wurde die Festung Pischpek, das heutige Bischkek, gegründet. Von dort ging die Eroberung ostwärts weiter; Anfang der 1830er Jahre wurden die Stämme am Issyk-Kul unterworfen.

Rußland drängt nach Süden

1856 startete von Westsibirien aus die erste russische Expedition nach Kirgistan, die nicht nur für Botaniker, Geologen und Völkerkundler reichlich Informationen mitbrachte, sondern auch Rußlands politischem Vorstoß den Weg bereiten sollte. Ein Teilnehmer war der kasachische Wissenschaftler Šokan Valihanov (1835–1865). Valihanov bereiste in den folgenden Jahren einige Male den Tien-Schan. Nach einer Reise nach Kashgar wurde er 1860 zum ständigen Mitglied der Russischen Geographischen Gesellschaft gewählt. Danach lebte er für zwei Jahre in Sankt Petersburg und war an der Herausgabe einer Asienkarte beteiligt. Er war der erste, der Teile aus dem jahrhundertelang mündlich überlieferten Volksepos

Im Ala-Arča-Nationalpark südlich von Bischkek

der Kirgisen ›Manas‹ niederschrieb. Valihanov, der mit dem russischen Schriftsteller Dostoevskij während dessen Verbannung Freundschaft geschlossen hatte und auch mit dem Forscher Prževalskij befreundet war, erwies sich darüber hinaus als begabter Zeichner und Naturbeobachter, der viele wertvolle Beobachtungen hinterlassen hat – seine Definition der Steppenhochtäler (Syrten) zum Beispiel entspricht noch heute dem Stand der Wissenschaft.

Ebenfalls 1856 reiste der Forscher Pëtr Semënov (1827–1914) zum Issyk-Kul und im folgenden Jahr in den inneren Tien-Schan, zu den Quellen von Naryn und Sary-Džas. Seine Erforschungen zeichneten erstmals ein umfassendes, realistisches Bild des Gebirges.

Schon lange hatte die russische Regierung in Sankt Petersburg beobachtet, daß sich von Süden her ein anderes mächtiges Land anschickte, die Hand auf Mittelasien zu legen – von Indien aus drang die Kolonialmacht Großbritannien in die Berge vor. Beide Länder wetteiferten um neue Absatzmärkte und Rohstoffquellen für ihre sich entwickelnde Industrie. Mittelasien wurde in die Zange genommen. Rußland gewann den Wettlauf, den die Russen als ›Turnier der Schatten‹ und die Engländer als ›Great Game‹ bezeichnen. Auf dem Weg der Russen lagen zwar die von räuberischen Reiterstämmen bewohnten Wüsten, auf dem der Briten jedoch Afghanistan – und dieses sollte sich als das größere der beiden Hindernisse erweisen.

Im Mai 1865 eroberten die Russen Taschkent und machten die Stadt zum Verwaltungszentrum des neugegründeten Turkestaner Gebiets, in dem die unterworfenen Khanate von Buchara und Chiwa aufgingen. 1868 wurde ein Vasallenvertrag zwischen Rußland und dem Kokander Khanat geschlossen. Unter Gouverneur Kaufmann zogen ab 1868 viele russische und ukrainische Siedler in diesen neuen Machtbereich Rußlands. 1869 wurde die Siedlung Karakol am fruchtbaren, klimatisch begünstigten Ostende des Issyk-Kul gegründet, in den folgenden Jahren weitere Orte. In den 70er und 80er Jahren des 19. Jahrhunderts wanderten aus Sinkiang Dunganen und Uighuren auf der Flucht vor chinesischer Oppression in Ost-Turkestan ein.

Das ausbeuterische Regime der Khane hatte keinen Rückhalt mehr in der Bevölkerung. 1873 brach ein offener Volksaufstand los, als Chudojar-Khan in Südkirgistan vierzig Unterhändler hinrichten ließ, als Rache dafür, daß die Kirgisen seine Steuereintreiber getötet hatten. Im Juli eroberten die Kirgisen Uzgen im östlichen Ferganabecken und eine Gebirgsfestung, in der der Khan seine versteckte Kasse aufbewahrte.

Nach weiteren Erfolgen bei der Einnahme benachbarter Städte schlossen sich 2000 Usbeken der Auflehnung an. Im Herbst entschieden die Kirgisen des südlichen Landesteils, sich unter Rußlands Schutz zu begeben, um das Kokander Joch endgültig abzuwerfen.

Nachdem der größte Teil seiner Soldaten desertiert war, floh der Kokander Khan im Sommer 1875 nach Westen, in die heute tadschikische Stadt Hodžent. Sein eilends eingesetzter Nachfolger Nasreddin erhielt umgehend die Bestätigung von Generalgouverneur Kaufmann. Als er nach nur zwei Monaten ebenfalls nach Hodžent fliehen mußte, entsandte Kaufmann aus Taschkent General Skobelev, der den Aufruhr grausam niederschlug. Nasreddin kehrte zurück, herrschte aber nur über den Westteil des Tals. Kaufmann sah ein, daß die Region nicht zur Ruhe kommen würde, wenn man den Machtkampf den zerstrittenen Einheimischen überließe. Er schickte seine Kosaken ins Ferganatal, die am 29. August 1875 Kokand einnahmen. Der Süden des Ferganabeckens gehörte vorerst weiterhin den Kirgisen, bis ihr Anführer aufgespürt und von einem Kriegsgericht an den Galgen gebracht wurde.

Eingliederung ins Zarenreich

Am 19. Februar 1876 erging der Ukas des Zaren, das Kokander Khanat aufzulösen und als Ferganagebiet des Turkestaner Bezirks ins Zarenreich einzugliedern. ›Turkestan‹ umfaßte damals die späteren Sowjetrepubliken Usbekistan, Kirgistan, Turkmenistan und Tadschikistan sowie den Süden Kasachstans.

Als der Erste Weltkrieg an den Ressourcen des russischen Reiches zehrte, erließ Zar Nikolaus II. am 25. Juni 1916 einen Ukas über die Heranziehung der Zentralasiaten zur Arbeitsleistung an der ›Heimatfront‹. Die unglückliche Wortwahl, durch die sich die Turkestaner auf eine Stufe mit Werkzeugen und Tieren gestellt verstanden, zündete eine Revolte. Sie wurde von den Kosaken blutig niedergeschlagen, und viele Kirgisen flüchteten unter schweren Verlusten nach China.

Doch China sah keinen Grund, sie zu beschützen. Nach und nach wurde ihnen die restliche Habe gestohlen, so daß sie sich entschieden, in ihre Heimat zurückzukehren. Dort fanden sie natürlich bereits russische Neusiedler vor, die ihre ehemaligen Dörfer und Weiden übernommen hatten. Es kam zu blutigen Racheakten. Das geschah Ende 1917; in diesem Jahr kamen die demobilisierten russischen Soldaten von der Front zurück und vergalten den Kirgisen gleiches mit gleichem: Mit großer Grausamkeit wurde der Aufstand niedergeworfen.

Die Sowjets übernehmen die Macht

Nachdem das Zarenreich bereits mit der Februarrevolution 1917 sein Ende gefunden hatte, führte eine schwache Übergangsregierung die Staatsgeschäfte. Im Mai 1917 versammelten sich Moslems aus dem ganzen russischen Herrschaftsgebiet in Moskau zu einem Kongreß. Dieser sprach Autonomieforderungen aus, die Zusammenstöße in den entsprechenden Gebieten zwischen Einheimischen und russischen Kolonisten provozierten. In Turkestan, das damals noch nicht durch Grenzen unterteilt war, kämpften eine liberale und eine islamische Bewegung um die Führung in einem künftigen autonomen Staat. Doch dann kam die Oktoberrevolution und der rote Sowjetstern stieg über dem ehemaligen Herrschaftsgebiet der Zarendynastie auf.

Die moslemischen Selbstverwaltungsansprüche wies ein regionaler Sowjetkongreß zurück. Er sprach sich zudem gegen die Aufnahme von Moslems in mittelasiatische Führungsorgane der Sowjetmacht aus. Der sowjetische Bürgerkrieg in den Anfangsjahren war in Mittelasien nicht nur Ausdruck der ideologisch geprägten - aber blutig ausgefochtenen - Kämpfe zwischen Bolschewiken und ihren Gegnern, sondern zeigte auch den Konflikt zwischen örtlicher Autonomie und sowjetischer Zentralmacht. Die später in Kirgistan gegründete lokale Kommunistische Partei war rein russisch.

In den Anfangsjahren der UdSSR wurde Kirgistan 1918 Teil der Turkestanischen Autonomen Sozialistischen Republik (ASSR), die der Russischen Sozialistischen Föderativen Sowjetrepublik (RSFSR) untergliedert war. Als es in die Landreformen der 20er Jahre einbezogen wurde, sahen die Einheimischen, daß hauptsächlich Zuwanderer hierdurch begünstigt wurden. In diesem und dem

Lenin hat auch heute noch so manchen Ehrenplatz

nachfolgenden Jahrzehnt förderte die Sowjetmacht die nationalen Unterschiede des Vielvölkerstaates und hielt etliche Sprachen erstmals schriftlich fest. Hierbei wurden auch bewußt neue Identitäten konstruiert und Territorien zugeordnet. Hintergedanke dieses Atomismus war, die Grundlage zu einem befürchteten Zusammenschluß dieser Völker (Panturkismus) gegen die Zentralmacht zu schwächen.

Am 14. Oktober 1924 wurden die Grenzen der neuen Republiken bestimmt und unter anderem der Karakirgisische Autonome Oblast (Verwaltungsbezirk) der RSFSR innerhalb des Turkestanischen Oblast definiert.

In den Jahren 1928 bis 1932, als Stalin den ersten Fünfjahresplan ausrief, wurde die Hälfte der nomadisch lebenden Haushalte zwangsweise seßhaft gemacht. 82 000 von insgesamt 167 000 Haushalten waren davon betroffen. Die Viehhirten schlachteten ihre Herden daraufhin in Massen ab, um sie dem Zugriff des Staates zu entziehen. Bis 1934 war der Viehbestand in Kirgistan auf weniger als ein Viertel gefallen.

Die anschließend beabsichtigte Rückkehr zur nomadischen Lebensweise ohne Viehherden führte zu Hungersnot und verschaffte den ›Basmatschen‹, wie die einheimischen Rebellen gegen die Sowjets genannt wurden, Zulauf. Widerstand gegen die Kollektivierung ging auch von den örtlichen Parteifunktionären aus. Sie fielen dem Stalin-Terror dieser Zeit zum Opfer. Am 6. November 1938 wurden die gesamte Parteiführung und einige Intellektuelle, insgesamt etwa 140 Personen, in einer Nacht- und Nebelaktion verhaftet und standrechtlich als ›Volksfeinde‹ erschossen. Unter den Opfern vermutet man auch den Vater des bekannten Schriftstellers Tschingis Aitmatow.

Nach einer kurzen Zeit als Autonome Sozialistische Sowjetrepublik erhielt Kirgistan am 5. Dezember 1936 den Status einer Sozialistischen Sowjetrepublik und wurde somit formell eine Republik wie Rußland.

Für die folgenden mehr als 50 Jahre verliefen seine Geschicke in den Bahnen der Geschichte der Sowjetunion. In Kirgistan wurden Fabriken, Krankenhäuser, Schulen und Theater errichtet, die Verkehrswege und die Infrastruktur wurden ausgebaut und das Land wurde in die Entwicklung des sozialistischen Wirtschaftssystems einbezogen.

Charakteristisch für die Sowjetherrschaft in Mittelasien wurde, daß die lokalen kommunistischen Parteichefs ihr Amt häufig entsprechend dem überlieferten Herrschaftsanspruch ihres Clans ausübten. Eine weitere Besonderheit war, daß in den Republiken Mittelasiens mit ihren zahlreichen verschiedenen Völkern die Nationalbewegungen, die den Zerfall der UdSSR herbeiführen sollten, hier nicht die politische Qualität und institutionelle Kraft wie zum Beispiel in den ethnisch homogeneren Republiken des Baltikums erreichen sollten.

Der Weg zur Unabhängigkeit

Ermutigt durch die Politik von Perestrojka und Glasnost, entstand im Frühjahr 1987 eine demokratische Bürgerbewegung. Ein politischer Diskussionsclub namens ›Demos‹ wurde in der Hauptstadt Frunze, heute Bischkek, gegründet, und trat für Redefreiheit ein, es gab sogar ähnlich der ›Speaker's Corner‹ im Londoner Hyde Park die Möglichkeit für jeden, seine Meinungen in öffentlichen Ansprachen darzulegen. Im August 1988 wurde eine Gruppe mit dem Namen ›Ökologie‹ gegründet. Unter dem Druck der Staatssicherheit lösten sich diese Vereinigungen wieder auf. Viele der späteren Parteien des unabhängigen Kirgistan entstanden aus der demokratischen Bewegung Kirgistans ›DDK‹.

Zwischenzeitlich kam es immer wieder zu Konflikten zwischen Angehörigen verschiedener Ethnien. Ab 1988 trugen sich wiederholt Messerstechereien und Schlägereien zwischen Usbeken und Kirgisen im Oš-Gebiet zu. Im April 1989 besetzten Kirgisen in Frunze Land und erzwangen das Recht, Wohnungen zu bauen, weil angeblich freie Wohnungen an nichtkirgisische Zuzügler vergeben wurden. Im Juni 1989 versuchten Meßchet-Türken, die 1944 durch Stalin aus ihrer Heimat im Kaukasus nach Mittelasien deportiert worden waren, im Ferganatal Bauland zu besetzen. Dies löste ein Massaker durch Usbeken aus, und die Meßcheten mußten evakuiert werden. Anfang 1990 kam es wieder zu Krawallen in Frunze, weil angeblich armenische Flüchtlinge in Wohnungen ziehen sollten.

Im Juli flammten die schwersten Unruhen zwischen Kirgisen und den Einwohnern usbekischer Nationalität auf. Bei Massakern in Oš und Uzgen verloren etwa 300 Menschen das Leben. In der Region wurde daraufhin der Ausnahmezustand ausgerufen. Demonstranten forderten in Frunze den Rücktritt der Parteiführung. Usbekistan schloß seine Grenze, da die Ausschreitungen überzugreifen drohten. Der kirgisische Präsident Akaev erklärte später den 4. Juli zum Nationaltrauertag.

Bei den anschließenden Schuldzuweisungen klagten Bürgervereinigungen an, die Gewalttätigkeiten habe die Parteiführung angezettelt - vielleicht sogar aus Moskau, das die zentralasiatische Region durch Destabilisierung zu einer stärkeren Anlehnung an Rußland bewegen wollte. Die Regierung konterte, örtliche Wirtschaftsprobleme und kulturelle Unterschiede seien aus nationalistischen Motiven ausgenutzt worden - mit der Absicht, die Region durch Vertreibung ethnisch zu vereinheitlichen. In der Tat wanderten nach den Ausschreitungen einige Bewohner aus, allerdings hauptsächlich Angehörige nichtasiatischer Ethnien wie Russen und Deutsche, die an den Auseinandersetzungen nicht beteiligt waren.

Die im Lauf der Perestrojka entstandene Opposition warf der Regierung grundlegende politische Mängel als Auslöser der maßlosen Krawalle vor. Unter zunehmendem Druck trat der KP-Generalsekretär von der Kandidatur für die Präsidentenwahl zurück. Die bestehende Regierung mußte der von Askar Akaev weichen, der Präsident der Akademie der Wissenschaften war und schon zu dieser Zeit einen Ruf als Wirtschaftsreformer genoß. Als einziges Staatsoberhaupt in den ehemaligen Sowjetrepubliken Mittelasiens war er nie Mitglied der Kommunistischen Partei gewesen.

Das Gesetz zum Bodenrecht vom Mai 1991 entschärfte Akaev später in einer Form, die einem der Gründe für die interethnischen Konflikte Rechnung trug: Er setzte die Formulierung durch, daß Land und Bodenschätze den Bewohnern Kirgistans gehören - und nicht allein dem Volk der Kirgisen. Akaev verhinderte auch den Beitritt Kirgistans zur Islamischen Konferenz, um die nichtmoslemischen Minderheiten nicht zu verstören. Auch wurde - nach heftigen Auseinandersetzungen - abgelehnt, einen Hinweis auf den Islam in die Präambel der Verfassung aufzunehmen.

Fischer am Issyk-Kul

Das unabhängige Kirgistan

Im Dezember 1990 legte die Kirgisische Sozialistische Sowjetrepublik als letzte Unionsrepublik einen Souveränitätsentwurf vor. Beim Moskauer Augustputsch 1991 bezog Akaev am deutlichsten von den zentralasiatischen Regierungschefs Stellung gegen die Putschisten und nutzte die Gelegenheit, die Kommunistische Partei in Kirgistan zu verbieten und so von der Macht zu verdrängen. Als erste Republik erklärte Kirgistan am 31. August 1991 seine Unabhängigkeit von der UdSSR. Dieser Tag wird seither als Nationalfeiertag begangen. Seitdem weht über Kirgistan die rote Flagge nicht mehr mit Hammer und Sichel, sondern mit dem Tündük, der Jurtenkuppel. Im Oktober 1991 bestätigte ein ›sowjetisches‹ Wahlergebnis von 95 Prozent der Stimmen Akaev im Amt. Kirgistan trat im Dezember 1991 der GUS bei und nahm 1993 eine neue Verfassung an.

Wachwechsel an der Landesflagge in Bischkek

Mit ihrer Unabhängigkeit sind die ehemaligen Sowjetrepubliken Mittelasiens in ein Kraftfeld der konkurrierenden Bemühungen angrenzender Länder geraten, hier die politische und wirtschaftliche Neuordnung zu beeinflussen. Nach Jahrzehnten der Fernsteuerung durch den Kreml haben sich die Staaten dem Ausland geöffnet, wehren sich aber gegen neue Dominanz von außen. Die Regierungen peilten bei der Orientierung und auf der Suche nach einer nationalen Identität wie eine Kompaßnadel in verschiedene Himmelsrichtungen - nach Westen zur Türkei, mit der gemeinsame kulturelle und sprachliche Wurzeln bestehen und die den als Vorbild verstandenen säkularisierten islamischen Staat verkörpert; südwärts zu Pakistan und Indien mit ihren Häfen, von denen die im Kontinent versteckten Länder ihre Güter verschiffen könnten - sofern sich die Lage in Afghanistan stabilisiert; nach Osten zu China, einem sich entfaltenden Wirtschaftsriesen, dessen angrenzende Region Sinkiang aber ebenfalls schlecht entwickelt ist. Der Iran, aber auch Pakistan werden mit Distanz betrachtet, denn die dortige Ausprägung des Islam wird als bedrohlich für das fragile Gefüge der vielen Völker im ex-sowjetischen Mittelasien gesehen.

Bei der Wahl im Dezember 1995 gewann Akaev eine weitere Präsidentschaft für fünf Jahre. Die regierungstreuen Parteien errangen auch in den Parlamentswahlen im Februar 2000 die meisten Sitze, Akaev handelte sich aber neben dem Wahlsieg auch Vorwürfe der Wahlbeeinflussung bis hin zur Fälschung ein. Den zweiten Platz erreichten die oppositionellen Kommunisten, die sich nach vorübergehendem Verbot 1992 neu formiert hatten. Umstrittene Nachwahlen gipfelten im März 2000 in Krawallen, bei denen Demonstranten sogar versuchten, das Verfassungsgericht zu stürmen.

Ausgehend von der Opposition verstärkte sich der Widerstand gegen die Art und Weise, wie der Präsident das Land regierte: mit Vorwürfen, er baue seine Macht mit umstrittenen Volksabstimmungen auf Kosten der Legislative aus und überschreite seine Befugnisse, tat sich vor allem der Parlamentsabgeordnete Beknazarov aus dem Süden des Landes hervor, der schließlich, wenn auch aus anderen Gründen, verhaftet wurde. Im Süden Kirgistans, wo sich die Stimmung gegenüber der Bischkeker Regierung zunehmend verschlechtert hatte, kam es zu Demonstrationen für den Inhaftierten. In Aksy erschoß die Polizei im März 2002 sechs Teilnehmer einer friedlichen Kundgebung. Aufgrund dessen verstärkten sich die Proteste, bis Ende Mai der Premierminister sein Mandat zurückgab und das gesamte Kabinett zum Rücktritt zwang. Sein Name: Kurmanbek Bakiev. Er sollte keine drei Jahre später der Nachfolger von Präsident Akaev werden.

Die Provinzen forderten zunehmend mehr Selbstbestimmungsrechte im Sinne des Föderalismus. Hauptsächlich im Süden, der stärker islamisiert und geographisch durch hohe Gebirgsketten vom Norden getrennt ist, war die Stimmung gegen Akaev gerichtet und die Neigung zu separatistischen Bestrebungen verbreitet.

Das Vorgehen der Regierung gegen die Opposition, Einschränkungen der Pressefreiheit und die Ausweitung der Präsidialmacht erinnerten Kritiker mehr und mehr an die autoritären Strukturen in den Nachbarländern, gegen die Kirgistan bis dahin vergleichsweise gut abgeschnitten hatte.

Anfang 2003 war die Bevölkerung Kirgistans zu einem Referendum aufgerufen, in dem es als wichtigsten Punkt um den Verbleib des Präsidenten im Amt sowie um einige Verfassungsänderungen ging. Die Beteiligung war mit 86 Prozent der Stimmberechtigten recht hoch – mit 77 Prozent ebenso der Anteil derjenigen, die dafür waren, daß Präsident Akaev bis zum planmäßigen Ablauf seiner Amtszeit Ende 2005 das Land regieren sollte. Weiterhin wurde (mit positivem Ergebnis) darüber abgestimmt, ob die beiden Kammern des Parlaments zu einer zusammengefaßt werden sollten, der aber größere Befugnisse eingeräumt würden. Außerdem erhielten die Gerichte formal mehr Unabhängigkeit.

Während der Erfolg seiner Reformen ausblieb, sank Akaevs Popularität. Seine Reaktion war, es Kritikern zunehmend schwer zu machen und Schlüsselpositionen in Staat und Wirtschaft mit Verwandten und Getreuen zu besetzen. Äußerlich demokratische Strukturen wurden zunehmend vom Staat zur autoritären

Machtausübung genutzt. Im Ausland galt Akaev trotzdem als Garant für Stabilität und genoß von dort weiterhin breite Unterstützung. Sein Land zehrte vom Ruf einer Insel der Demokratie in einer Umgebung postsowjetischer Diktaturen. Da Kirgistan das Interesse des Auslands nicht mit reichen Rohstoffvorkommen anziehen konnte, hatte sich Akaev frühzeitig entschieden, dies durch ein Bekenntnis zu Demokratie und Rechtsstaatlichkeit auszugleichen. Das Ausland konnte deshalb hier stärker politisch Einfluß nehmen und Nichtregierungsorganisationen fördern, während die auf Öl und Gas sitzenden Nachbarn eher schwer zu bewegen waren, innerstaatliche und gesellschaftliche Defizite abzustellen.

Auch verstand Akaev, sich durch die Gewährung strategischer Interessen den Rückhalt mächtiger Partner zu sichern, indem er sowohl den USA als auch Rußland nach dem 11. September 2001 gestattete, Luftwaffenstützpunkte in Kirgistan zu unterhalten.

Die Lage im Land geriet mehr und mehr unter Spannung, als die Parlamentswahlen im Frühjahr 2005 heranahten.

Die Wahlen 2005

Kirgistan hatte sich mit der Unterzeichnung vieler Abkommen und Dokumente auf internationale Standards bei Wahlen verpflichtet. Dennoch hatten alle Wahlen in der Vergangenheit den Makel vielfältiger Beeinflußung durch staatliche Organe sämtlicher Ebenen und in allen Phasen des Wahlvorgangs getragen. Nicht nur deswegen zeichnete sich ab, daß die Chancen für faire Parlamentswahlen schlecht stehen würden. Verdächtig schien manchen, daß das Zentrale Wahlkomitee im Regierungssitz untergebracht war. Die Wahlausschüsse wurden meist mit regierungstreuen Parteianhängern besetzt.

Die Vereinten Nationen hatten sich bei der Förderung der Voraussetzungen für eine faire Wahl bisher auf das Zentrale Wahlkomitee konzentriert. Wichtiger wäre eine verstärkte Einbeziehung von Medien, Nichtregierungsorganisationen (NROs) und Parteien in den Empfängerkreis gewesen. Die hinter den Kulissen vielfach von der Regierung beeinflußten Medien räumten der Opposition wenig Platz ein. Kurzfristig aufgebaute administrative Hürden hinderten NROs an ihrer Arbeit oder drohten, diese Arbeit plötzlich als illegal zu werten. Zweifellos vom Staat gedungene Handlanger bedrohten NRO-Angehörige und griffen sie sogar tätlich an. Man trieb unabhängige Zeitungen durch gerichtliche Klagen in den Bankrott und attackierte Journalisten, die in der Folge von vornherein Selbstzensur an ihren Veröffentlichungen übten. Die vor allem in entlegenen Regionen als einzige zugänglichen elektronischen Medien riskierten, vom Äther genommen zu werden, wenn ihre Programme zu regierungskritisch waren oder sie Oppositionellen Sendezeit einräumten. Zeitungen sind in der Provinz mangels Transportkapazitäten weniger verbreitet.

Akaev konzentrierte mit gezielten Verfassungsänderungen zunehmend Macht in seinem Amt, drängte andere staatliche Institutionen aber dadurch an den Rand. Dies schwächte den Gesamtstaat, da sich hochrangige Beamte und vor allem die Gouverneure der Regionen der Kontrolle der Zentralregierung zunehmend entziehen konnten. Sie nutzten ihre im Stillen zugestandenen Freiheiten zum Ausbau informeller Strukturen entlang ihrer Beziehungen und um ihr Amt zur Bereicherung durch Korruption zu mißbrauchen. Während formelle Verwaltungsinstitutionen den Staat gegenüber den Bürgern repräsentieren, steuert - man darf es ruhig so nennen - der Klüngel die öffentlichen Entscheidungsprozesse, vielfach im Licht kurzfristiger Umstände und Interessen.

Alte und neue Staatssymbole

Der Blick auf die 2003 in Georgien und 2004 in der Ukraine vom Volk erzwungenen Regierungswechsel veranlaßte Akaev, die Schrauben für Oppositionelle weiter anzuziehen. Strengere Gesetze über die Zulassung von Demonstrationen und Versammlungen gaben den Staatsorganen mehr Spielraum für Gegenmaßnahmen. Unmut erzeugte auch politisches Taktieren wie das Verbot für Staatsbürger, die länger außer Landes gelebt hatten, bei den Präsidentschaftswahlen zu kandidieren. In Kirgistan war schon länger beobachtet worden, daß Akaev es politisch einflußreichen Gegenspielern durch die Abstellung auf Botschafterposten erschwerte, in den Wettbewerb um das Amt des Staatsoberhauptes einzutreten.

Die Verfassung gestand Akaev keine weitere Amtszeit zu. Seine Amtszeit hätte deshalb von Gesetzes wegen mit den Präsidentschaftswahlen im Oktober 2005 geendet. Er bekundete auch mehrmals öffentlich, daß er sich daran halten und nicht mehr kandidieren wolle. Da jedoch zunehmend zu beobachten war, daß Akaev durch geschickte Postenvergabe seine Einflußmöglichkeiten auch hinter den Kulissen aufrechthalten würde, räumten seine Worte nicht sämtliche Unsicherheiten aus. Spekulationen gingen aufgrund früherer Erfahrungen in die Richtung, es könne wieder ein Referendum zur Verfassungsänderung abgehalten werden. Damit jedoch hätte Akaev im Land und international Vertrauen verspielt gehabt. Die Folgen wäre die Verringerung ausländischer Hilfe und eine Verschärfung der Wirtschaftskrise gewesen. Bei den letzten Präsidentschaftswahlen hatte Akaev erst zwei Monate vorher seine Kandidatur erklärt, was seinen Konkurrenten den Wahlkampf erschwert hatte. Das Referendum vom Februar 2003 war so kurzfristig abgehalten worden, daß die Opposition keine Zeit hatte, sich politisch dagegen aufzustellen. Die Opposition hatte allerdings außer Klagen über Mißstände auch kein Konzept zur Führung des Landes präsentiert und war sich allenfalls in ihrer Ablehnung der Regierungs Akaevs einig.

Im Oktober 2003 war die den Präsidenten unterstützende Partei ›Alga Kyrgyzstan‹ (Vorwärts, Kirgistan) gegründet worden, die sich mit Hilfe der Regierung rasch im ganzen Land etablierte. Die graue Eminenz soll die offiziell in der Partei keine Funktion wahrnehmende Tochter von Akaev gewesen sein.

In der Opposition war der Hauptrivale Akaevs der Vorsitzende der Partei ›Ar-Namys‹, der frühere Innenminister Ex-Bürgermeister von Bischkek, Felix Kulov. Er war 2000 festgenommen und aufgrund von Anschuldigungen des Amtsmißbrauchs und der Korruption zu zehn Jahren Haft verurteilt worden. Ein anderes Mitglied derselben Partei zog es 2003 vor, sich der Justiz durch Flucht ins Ausland zu entziehen.

In der Zeit des Wahlkampfs fanden sich mehrere Oppositionsparteien zu Wahlbündnissen zusammen. Diese waren jedoch schwach im Vergleich zur Präsidialverwaltung, die über besser organisierte Strukturen und größere Finanzen sowie regierungstreue Medien verfügen konnte. Sie nutzte vorab ihre Einflußmöglichkeiten, um bei den Wahlen selbst, die unter den Augen internationaler Beobachter stattfinden würden, den Eindruck der Wahlbeeinflussung zu vermeiden. Sie versuchte, wie indessen Vertreter aller politischen Richtungen, durch das Verteilen oder Versprechen materieller Vergünstigungen die Stimmen potentieller Wähler zu kaufen. Den Zweckbündnissen der Opposition fehlte eine einigende Führerfigur, wie sie in Georgien und der Ukraine existiert hatte, deren Regierungswechsel ansonsten gern als Vorbild zitiert wurden. Auffallend war jedoch, daß sämtliche prominenten Politiker, die gegen Akaev auftraten, früher hohe Ämter in dessen Regierungsapparat bekleidet hatten. Die ›Bürgerunion für gerechte Wahlen‹ wurde im Mai 2004 vom Ex-Sicherheitschef Ašyrkulov gegründet und von einem Ex-Finanzminister unterstützt. Auch Felix Kulov war an diesem Gebilde beteiligt. Die Bürgerunion ging eine Allianz mit der ›Volksbewegung‹ ein, einem Zusammenschluß von neun der wichtigsten Oppositionsparteien unter Leitung von Ex-Premierminister Bakiev, der erklärte, bei den für Herbst geplanten Präsidentschaftswahlen antreten zu wollen.

Das Ende der Regierung Akaev

Im ersten Wahlgang wurden nur 31 der 75 Sitze vergeben. 13 gingen an regierungstreue Parteimitglieder, 18 an Unabhängige, nur einer an einen ausgesprochenen Oppositionellen: Asimbek Beknasarov, der Parlamentarier, um dessentwillen es 2002 zu dem Protestmarsch von Aksy gekommen war, bei dem sechs Demonstranten erschossen worden waren. 80 Prozent (!) der Kandidaten waren als unabhängig angetreten, wodurch ihr Verhältnis zur Regierung nicht ersichtlich war. Elf Kandidaten nichtkirgisischer Nationalität gewannen Sitze: sieben Usbeken, drei Russen und ein Koreaner. Mit 37 Frauen waren nur zehn Prozent weibliche potentielle Abgeordnete zur Wahl angetreten, und von diesen schafften es nur drei in die zweite Runde zur Stichwahl.

Großmutter und Enkel auf dem Land

UND
ER
WOOD

Internationale Beobachter urteilten überwiegend, daß die Vorbereitung zu den Wahlen und ihre Durchführung internationalen Standards bei weitem nicht genügt hätten. Ihnen waren gefälschte Wählerlisten und die Beeinflussung oder Einschüchterung von Wählern aufgefallen. Die Demonstrationen, die bereits vor den Wahlen eingesetzt hatten, verstärkten sich gleich nach dem ersten Wahldurchgang. Im Süden begannen Unruhen, dort war die Unzufriedenheit mit dem Akaev-Regime am größten, weil die Bürger sich politisch benachteiligt fühlten und stärker unter Armut litten. Hierin unterschied sich die Entwicklung in Kirgistan deutlich von den oft in einem Atemzug genannten Ereignissen in Georgien und der Ukraine. Dort hatten die Proteste in der Hauptstadt ihren Anfang genommen, und das Studentenmilieu hatte eine Vorreiterrolle gespielt.

Am extremsten entwickelte sich die Situation im südkirgisischen Džalal-Abad, wo der Gouverneurssitz gestürmt und eine Weile besetzt gehalten wurde. In der zunehmend unruhigen Stimmung explodierte auf dem Balkon der Wohnung von Ex-Außenministerin Otunbaeva sogar eine Handgranate.

Um von den Wahlfälschungen als dem wahren Grund des Volkszorns abzulenken, beschuldigte Akaev ausländische Kräfte, die Opposition moralisch und finanziell zu unterstützen. Obwohl es bei diesen Wahlen nicht um selbst gegangen war, sollten sie seinen Fall herbeiführen.

Nach dem zweiten Wahlgang spitzte sich die Lage rasch zu. Die Proteste weiteten sich zu Straßenblockaden aus, erneut kam es zur Besetzung und sogar Inbrandsetzung von Verwaltungsgebäuden im Süden des Landes. Aber auch im nordwestlichen Landesteil Talas und im zentralkirgisischen Naryn bekundeten viele ihren Ärger über die Wahlmanipulationen. Die Oppositionellen sammelten sich zum Sternmarsch auf Bischkek.

Am 24. März 2005 erreichten die Massenproteste schließlich die Hauptstadt. Die Tumulte aus Bischkek wurden live auf die Fernsehbildschirme der ganzen Welt übertragen: Demonstranten mit rosa Plakaten und gelben Armbinden auf dem Ala-Too-Platz, zahlenmäßig weit unterlegene Polizeikräfte, deren Kordons sich unter Steinwürfen und dem schieren Andrang der Massen auflösten- Akaev hatte den Sicherheitskräften verboten, Waffen einzusetzen-, Randalierer, die nach der Einnahme des Weißen Hauses Scheiben einschlugen und Inventar aus den Fenster warfen. Akaev flüchtete mit seiner Familie aus dem Land und tauchte erst einige Tage später wieder in Moskau auf, wo ihn eine Delegation des kirgisischen Parlaments aufsuchte und dazu bewegte, mit der Unterzeichnung seines Rücktritts einen Schlußstrich unter seine vierzehnjährige Herrschaft zu ziehen.

Die Opposition war selbst überrascht, wie schnell sie sich in der Situation befand, das aufgewühlte Land selbst regieren zu müssen. Sie strebte als erstes an, die vielfältigen und uneinigen politischen Mit- und Gegenspieler auf eine gemeinsame Linie einzuschwören. Die in jeder Stellungnahme verwendete Devise lautete ›Stabilität‹, denn neben den Problemen, die das Akaev-Regime hinterlassen hat, besteht die Furcht vor einer Verschärfung der Gegensätze zwischen Norden und Süden, die zu einer Spaltung des Landes und neuen Gewaltausbrüchen führen könnten.

In dieser Situation, da die Meinungen darüber auseinandergehen, ob die Ereignisse einen Sieg der Demokratie bedeuten oder im Gegenteil ihr Scheitern, versuchen Rußland und China, verlorenen Boden gutzumachen. Die Gewichtung hatte sich bereits vorher zu ihren Gunsten verschoben, weil Akaev während eines Besuchs im Kreml den Russen erlaubte, mehr Waffen in Kirgistan zu stationieren, während er die Stationierung von AWACS-Aufklärungsflugzeugen der US-Streitkräfte ablehnte.

Die Übergangsregierung hat paradoxerweise das alte Parlament aufgelöst und das neugewählte ins Amt eingeführt, obwohl gerade dessen Wahl die Unruhen ausgelöst hatte. Eine Annullierung der Wahl hätte die Regierung noch weiter aus dem verfassungsgemäßen Rahmen geführt. Sie beendete daher die turbulente Phase des Umsturzes rasch, indem sie signalisierte, daß sie sich an bestehende Gesetze und die dadurch legitimierten politischen Prozesse halten wollte. Am 10. Juli 2005 wurde der aus dem Süden stammende Kurmanbek Bakiev als Nachfolger für den gescheiterten Akaev ins Präsidentenamt gewählt. Premierminister und somit zweiter Mann im Staat wurde Felix Kulov aus dem Norden des Landes. Kirgisische und internationale Beobachter erhofften von dem Umstand, daß zwei aus diesen unterschiedlichen Regionen stammende Politiker Kirgistan regieren, eine Stabilisierung.

Die heutige politische Situation

Der Regimewechsel wird gern mit dem griffigen Namen ›Tulpenrevolution‹ belegt. Ebensowenig wie die Namenspaten in Georgien und der Ukraine war es jedoch eine Revolution, die sich hier ereignet hatte, wurde doch der Aufbau des staatlichen Systems durch den Umsturz der alten Regierung nicht angetastet. Allerdings trat deutlich die Zerbrechlichkeit der Staatlichkeit Kirgistans zutage. Die Erfahrung stärkte in weiten Bevölkerungskreisen den Eindruck, man könne auf der Straße erreichen, was die an der Wahlurne abgegebene Stimme nicht ausrichten konnte. Die Menschen verlangen zu Recht Änderungen zum Besseren von der neu an die Macht gekommenen Regierung - und zwar bald. Das mangelnde Vertrauen in den Staat jedoch, das in kaum zu kontrollierenden Handlungen mit unvorhersehbaren Ergebnissen ausgedrückt wird, gefährdet die innere Stabilität des Landes.

Recht bald geriet Kirgistan erneut in Turbulenzen - durch die Verschlechterung der Beziehungen zu Usbekistan im Mai 2005, als infolge der Militäraktion von Andižan zahlreiche Usbeken über die nahe Grenze nach Kirgistan flüchteten. Kirgistan profitierte indessen von anderen Nachwirkungen dieses Ereignisses, denn als Usbekistan die amerikanischen Streitkräfte vor die Tür setzte, weil ihm die Kritik der USA zudringlich erschien, blieb der Air Force in Mittelasien nur noch ihr Luftwaffenstützpunkt Ganci bei Bischkek. Auch der Widerspruch zwischen den Neigungen Bakievs (pro Rußland) und denen Kulovs (pro USA) hat sich so ausgewirkt, daß beide Großmächte um das strategisch günstig gelegene Land mit Zusagen für finanzielle Hilfe und Investionen werben. Das mag auf den ersten Blick positiv sein, hat aber auch eine andere Seite: Für die Bevölkerung und selbst die Politiker steht weniger die regionale Zusammenarbeit im Mittelpunkt als vielmehr die Beziehungen zu einflußreichen und wohlhabenden Großmächten – deren Engagement in großem Maße von Eigeninteressen bestimmt ist.

Bedenklich sind auch andere Entwicklungen. Schnell wurde auf eklatante Weise publik, daß sich organisierte kriminelle Strukturen zunehmend in das politische Leben gedrängt hatten. Nach wie vor grassiert die Verquickung öffentlicher Ämter mit Privatinteressen. Manchen als Abgeordnete im Parlament sitzenden Geschäftsleuten sagt man nach, sie hätten vor dem Gesetz Zuflucht unter den Schutz parlamentarischer Immunität gesucht.

Obwohl die Presse seit dem Umsturz wieder mehr Freiheit genießt, lassen einige Entscheidungen und Pläne von Präsident Bakiev vermuten, daß er den Einfluß auf Recherche und Nachrichtenverbreitung verstärken will; weniger durch offenkundige bürokratische Verfügungen als durch den Aufkauf von Beteiligungen durch Mittelsmänner, wodurch sich Ansatzpunkte für Beeinflussung über die Finanzierung ergeben können. Auch zeigen Ereignisse wie die Brandstiftung in einer unabhängigen Fernsehstation und die hinrichtungsähnliche Ermordung eines kritischen Journalisten in Oš, wie schwierig die Arbeitsbedingungen für die Medien in Kirgistan sind. Eine Stärkung ihrer Position könnte die Gründung einer Medienbeschwerdekommission im Februar 2008 einleiten. Dies ist die erste Einrichtung dieser Art in der zentralasiatischen Region.

Zwei, die mit Bakiev an der Spitze der Bewegung gegen die Akaev-Regierung gestanden hatten, fanden sich bald erneut in der Opposition gegen ihren ehemaligen Mitstreiter wieder: die ehemalige Außenministerin Otunbaeva und Generalstaatsanwalt Beknazarov. Der letztgenannte vermutete, daß er in seinem neuen Amt zu energisch bei der Korruptionsaufklärung gewirkt hätte und kaltgestellt worden sei. Beide gründeten die ›Bewegung für Reformen‹. Nach Meinungsverschiedenheiten mit dem Präsidenten verließ auch Premierminister Kulov das Regierungstandem, trat zurück und schloß sich im Januar 2007 der Opposition an. Er organisierte die ›Vereinte Front‹, die noch radikalere Forderungen als die ›Bewegung für Reformen‹ stellte: Nicht nur sollte der Präsident seine Befugnisse einschränkende Verfassungsreformen akzeptieren, sondern sogar Neuwahlen für das Präsidentenamt. Bakiev verstand es allerdings, nach Kulovs Rücktritt – dem auch das gesamte Kabinett folgen mußte – das politische Patt zu nutzen, um einige Verfassungsänderungen durchs Parlament zu bringen, die seine Macht stärkten.

Kulovs Protestbewegung war mangels Rückhalt in der Bevölkerung nach einem Vierteljahr am Ende. Überhaupt machte sich 2007 Protestmüdigkeit bemerkbar. Nach einer Volksabstimmung im Oktober verkündete Bakiev die Auflösung des Parlaments, die Annahme einer lange diskutierten neuen Verfassung und ein geändertes Wahlgesetz. Das Parlament ist seitdem von 75 auf 90 Sitze vergrößert worden und die Abgeordneten erhalten diese wieder gemäß der für ihre Parteien abgegebenen Stimmen. Letzteres bedeutete die Rückkehr zu einem Verfahren, das früher bereits angewendet worden war. Nachdem Akaev es 2003 hatte abschaffen lassen, war nämlich das Parteienspektrum extrem aufgesplittert und unübersichtlich geworden und die Opposition hatte sich selbst damit geschwächt, daß Clans oder Geschäftsleute zur Interessenvertretung politische Parteien gründeten, die diese Bezeichnung eigentlich nicht verdienten und bei der überwiegend armen Wählerschaft Stimmen schlichtweg durch Zuwendungen kauften. Damit niemand auf den Gedanken kam, Bakiev hätte seinen Gegnern eine goldene Brücke zu einer erstarkenden Opposition gebaut, war ein Pferdefuß dabei: die Parteien mußten bei der anstehenden Parlamentswahl nicht nur eine Fünf-Prozent-Hürde nehmen, sondern auch in jedem Landesbezirk mindestens 0,5 Prozent der landesweiten Stimmenzahl bekommen. In der Woche zuvor hatte Bakiev zudem die Partei ›Ak Žol‹ (Heller Pfad) gegründet. Im nun anhebenden Wahlkampf für das neuzubildende Parlament erlangte diese Partei aufgrund ihrer Nähe zum Präsidenten und wegen der überwältigenden Präsenz in den Medien rasch einen großen Vorsprung gegenüber den Vertretern der Opposition. Als die Kirgisen im Dezember 2007 abstimmten, erhielt dann auch keine einzige Oppositionspartei nur einen Sitz. Im Parlament vertreten sind seither als stärkste Partei Bakievs Ak Žol, daneben die Kommunisten und die Sozialdemokraten. Auch diese Wahl zog wieder Kritik auf sich, größere Proteste blieben jedoch aus.

Damit hat Bakiev seine Machtstellung zwar gefestigt, erinnert jedoch zunehmend an seinen Vorgänger, der mit ähnlichen Schritten politische Gegner ausbootete und sich einen auf den Präsidenten fixierten autoritären Regierungsapparat zurechtschneiderte. Unvermindert fordern Kirgistans Bürger, daß Bakiev seine Versprechen aus dem Präsidentschaftswahlkampf 2005 wahrmacht: mehr Demokratie und Sozialleistungen, eine Zusammenführung von Nord- und Südkirgistan, und vordringlich die Bekämpfung der alle Verwaltungsebenen durchdringenden Korruption.

Kultur

Bräuche

Die Kultur der Kirgisen hat ihre Wurzeln im Nomadenleben und in den Ritualen des moslemischen Glaubens.

Besonders wichtig sind die Bräuche bei der Geburt, die den neuen Erdenbürger den Schutz Allahs anbefehlen.

Bei dem Wiegenfest Bešik Toi, wenn das Wickelkind erstmals in eine Wiege gelegt wird, veranstalten die Eltern ein Festmahl für viele Gäste. Als Ehrengast darf ein Ältester dem Kind seinen Namen geben. Er erhält zum Dank das beste Stück Fleisch des für diesen Anlaß geschlachteten Schafes und ein Kleidungsstück.

Wenn das Kind zu laufen beginnt, begeht man das Tušoo-kesuu-Toi. Dieser Brauch symbolisiert, daß das Kleine von seinen ersten Schritten an fest im Leben stehen soll. Seine Beine werden mit einer Schnur aus weißer und schwarzer Wolle verbunden. Unter den geladenen Gästen müssen viele Kinder sein, sie laufen um die Wette zu dem Kind, und wer als erster am Ziel ist, darf die Schnur mit einem Messer durchtrennen. Der Sieger und der Zweite führen anschließend das kleine Kind an den Händen auf seinen ersten Schritten. Alle erhalten kleine Geschenke, und ein üppiges Festmahl, wie bei den Kirgisen üblich, wird aufgetragen.

Die Flügel eines Mannes sind sein Pferd

Kirgisisches Sprichwort

Die Kirgisen lieben Wettkämpfe. Außer dem wohl weltweit gepflegten Ringkampf, der hier ›Kjuröš‹ heißt, sind vor allem Wettspiele zu Pferde populär – kein Wunder, denn in Kirgistan lernen die Kinder angeblich früher reiten als laufen!
›Oodaryš‹ ist ein Ringkampf, bei dem zwei Reiter mit unbekleidetem Oberkörper versuchen, sich gegenseitig aus dem Sattel zu ziehen oder sogar Roß und Reiter zu Boden zu werfen. Wild und nicht ungefährlich ist der vom Aralsee bis Afghanistan in ganz Mittelasien verbreitete Kampf zweier Mannschaften um einen toten Ziegenbock, in Kirgistan ›Ulak Tartyš‹ genannt. Die Teilnehmer sind meist mit gepolsterten Panzerfahrermützen und dick wattierten Jacken ausstaffiert, um die Verletzungsgefahr zu vermindern, denn es wird wüst gerempelt und mit der Reitpeitsche um sich geschlagen. Sieger ist, wer die Trophäe ins Zielgebiet seines Teams bringen kann. Das Spiel ist möglicherweise aus der Wolfsjagd entstanden, denn sein alter Name ist ›Kok Boru‹, grauer Wolf.
Das Spiel ›Tyin Enmei‹ besteht darin, daß der Reiter aus vollem Galopp Münzen vom Boden aufhebt. Bei dem Wettreiten ›Kys-Kumai‹ verfolgt ein junger Mann ein Mädchen, um es einzuholen und zu küssen oder zumindest mit seinem Hut zu berühren. Schafft er das nicht, wird der Spieß umgedreht: die Reiterin jagt dem Kavalier hinterher und versetzt ihm Schläge mit der Reitpeitsche. Früher durfte ein Mann, der bei dem Spiel gesiegt hatte, das Mädchen heiraten.
Auch ein Wettrennen ist der Pferdemarathon ›At Čabyš‹. Er geht über viele Kilometer und ist eine harte Prüfung für die Ausdauer der Reittiere. Eindrucksvoll hat ihn Tschingis Aitmatow in seinem Buch ›Abschied von Gülsary‹ geschildert.

Ringkampf zu Pferde

Literatur

Fast jeder Kirgise kann einige Zeilen aus dem ›Manas‹ aufsagen. Das kirgisische Nationalepos stammt vermutlich aus der Zeit zwischen dem 9. und 11. Jahrhundert und rühmt Leben und Taten eines Recken, der sein Volk gegen seine Unterdrücker anführt, es befreit und vereint. Das Gesamtepos besteht aus drei Teilen: Manas, Semetej (der Sohn des Manas) und Sejtek (sein Enkel). Von den mehr als zehn kirgisischen Epen mit zehntausenden Versen ist der Manas das umfangreichste - das Werk ist achtzehnmal länger als Ilias und Odyssee zusammen. Es behandelt sämtliche Lebens- und Wissensbereiche und Wertvorstellungen des kirgisischen Volkes. Auch für die Kirgisen von heute ist der Manas kein Märchen, sondern ein Werk, das historische Fakten behandelt und überdies als eine Art Kulturenzyklopädie bis ins heutige Leben hineinwirkt. Das Manas-Epos hat Künstler aller Genres inspiriert: Maler, Bildhauer, Komponisten.

Manas-Denkmal in Bischkek

Jahrhundertelang wurden die Heldentaten des Manas von bestimmten Barden, den ›Manasči‹, mündlich überliefert. Sie prägten sich das gesamte Epos ein - hunderttausende von Versen, die sie ohne Begleitung von Instrumenten, nur untermalt von Mimik und Gestik, vortrugen. Ein Manasči hat seine Kunst von seinem Lehrer, in vielen Fällen dem Vater, gelernt und vervollkommnet sie mit der Zeit zu einem persönlichen Stil. Die Erzähler sind hoch angesehen und halten ihr Publikum mühelos über Stunden im Bann.

Der kasachische Forschungsreisende Šokan Valihanov und der deutschstämmige Turkologe Wilhelm Radloff, die in russischem Auftrag Kirgistan erkundeten, hielten das Epos Mitte des 19. Jahrhunderts erstmals schriftlich fest und übersetzten es. Die UNESCO erklärte 1995 zur Feier des 1000jährigen Jubiläums zum ›Jahr des Manas‹. In Bischkek wird ein schöner Band mit markanten Illustrationen des deutschstämmigen Künstlers Theodor Herzen verlegt. Auch haben viele kirgisische Opern und Filme den Manas als Vorlage.

Als bekanntester kirgisischer Schriftsteller hat Tschingis Aitmatow seine Heimat weit über ihre Grenzen bekanntgemacht. Seine in mehr als 90 Sprachen übersetzten Erzählungen über die Schicksale der verschiedensten Menschen erfüllen die einsam scheinende Bergwelt Kirgistans mit Leben. Berühmt wurde er mit ›Dschamilja‹, einer Liebesgeschichte. Kirgistan hatte das Jahr 2008, in dem der Autor 80 Jahre alt werden sollte, zum Aitmatow-Jahr erklärt. Doch starb Aitmatow ein halbes Jahr vor seinem Geburtstag im Juni 2008.

Weniger bekannt ist der Uighure Israil Ibragimov, der über das Schicksal seines Volkes - einer Minderheit in Kirgistan - schreibt.

Die Manasči tragen das große alte Helden-Epos der Kirgisen mündlich weiter

Film

Die Entstehung des kirgisischen Films geht auf die Jahre nach dem Zweiten Weltkrieg zurück. Damals wurde überwiegend sowjetische Propaganda gedreht. In den 60er Jahren nahm die kirgisische Filmkunst eine zunehmend eigenständige Richtung, als Filmemacher nach ihrer Ausbildung in Rußland in die Heimat zurückkehrten und dort typische und wichtige Themen verarbeiteten. Der heute bekannteste kirgisische Regisseur Aktan Abdykalykov fand mit seinen Filmen ›Beškempir‹ und ›Majmyl‹ internationale Anerkennung.

Auf der 55. Berlinale 2005 wurde die Komödie ›Saratan‹ von Ernest Abdyšaparov gezeigt. Der Film schildert, nicht ohne Ironie, den Alltag in einem kleinen Dorf, der sich auf das Leben im gesamten heutigen Kirgistan übertragen läßt.

Eine der wenigen ausländischen Produktionen, die in Kirgistan gedreht wurden, ist der Film ›Wo der Himmel die Erde berührt‹ von Frank Müller. Sein Thema sind die Auswirkungen der Goldförderung am Paß Kum-Tor auf die traditionelle Lebensweise der Menschen und die Umwelt.

Der Finne Arto Halonen drehte den Film ›The Stars' Caravan‹. Er handelt von zwei mobilen Filmvorführern, die über die Dörfer ziehen und deren Leben sich durch die Entwicklungen im Land ändern.

Musik

Die Kirgisen singen und musizieren gern. Die kirgisische Musik wird in Instrumentalmusik (küü) und Lieder (yr) getrennt. Sie verfügt über eine deutliche Tonartbasis, und ihr fehlt das, was westliche Hörer als orientalischen Klang empfinden würden. Die Texte haben vornehmlich betrachtenden Charakter. Beinahe jeder Kirgise kann ein Lied komponieren, indem er einfache Reime mit einer typischen Volksmelodie verbindet. Gesungen und gespielt wird meist einstimmig; Chöre und Ensembles kamen erst mit der Kollektivierungssucht der Sowjetunion auf. Traditionell ist aber die Demonstration von virtuosem Spiel und mit dem Instrument vollführten Kunststücken, ohne daß die Melodie unterbrochen wird.

Komus-Spieler

Kirgisische Musikinstrumente sind, wie für die Gebrauchsgegenstände von Nomaden üblich, einfach gestaltet und leicht. Die Komus ist ein dreisaitiges Zupfinstrument, das solo oder als Begleitinstrument für Lieder gespielt wird. Die Temir komus (eiserne Komus) ist eine Maultrommel. Das zweisaitige Streichinstrument Kil kyjak hat die Form einer Kelle und wird aus einem Stück Holz geschnitzt; der Klangkörper ist mit Kamelhaut bespannt. Blasinstrumente sind die Flöte ›čoor‹ und ein der Ocarina ähnliches Instrument aus Ton namens ›čopo čoor‹.

Träger der traditionellen Musik Kirgistans sind die Akyne. Das Wort bezeichnet Volkssänger, die sowohl überlieferte Lieder singen als auch geschickte Improvisatoren sein müssen. Die Akyne genießen hohes Ansehen. Da die Überlieferung mündlich geschah und improvisierte Lieder naturgemäß spontan und ständig anders vorgetragen werden, ist von den Werken auch berühmter Akyne meist weniger übrig als von ihrem Ruf.

Klassische Musik im westlichen Sinne entwickelten kirgisische Komponisten in enger Anlehnung an das russische Vorbild.

Malerei und Kunsthandwerk

Die Malerei kam erst im 20. Jahrhundert nach Kirgistan, denn die traditionellen Kunststile waren Handarbeiten, bei denen schöne und gleichzeitig praktische Dinge entstanden. Die ersten bekannten kirgisischen Maler studierten deshalb auch in Sankt Petersburg und Moskau. Während der Sowjetzeit stand die Malerei im Dienst des Sozialismus, und es war gern gesehen, wenn ein Künstler Traktoren, Weizenfelder und Bauarbeiter als Allegorien auf den Kommunismus malte. Häufig wurden indessen auch mythologische oder folkloristische Motive gewählt.

Einer der heute bekanntesten Maler Kirgistans war der deutschstämmige Theodor Herzen (1935–2003), der eine Übersetzung des Manas-Epos illustriert hat.

Die kirgisische Kunst war früher auf das Kunsthandwerk beschränkt, bei dem aus den Produkten der Nomadenwirtschaft stammende Gegenstände gefertigt wurden, die nicht nur rein dekorative Funktion, sondern auch einen praktischen Nutzen hatten, wie zum Beispiel die traditionellen Filzteppiche.

Im kargen Nomadenleben wurde alles genutzt, bis es weggeworfen werden mußte. Daraus entstand die Verwendung von Stoffresten zu Patchwork, ›Kurak‹ genannt. Im Norden Kirgistans vernähen die Frauen größere Stücke als im Süden, wo auch feinere Stoffe verwendet werden.

Auf fast allen Materialien werden Stickereien gefertigt - auf Stoffen wie auch Leder. Auf kirgisisch heißt diese Handarbeit ›Saima‹.

Čij nennen die Kirgisen eine Matte mit traditionellen Mustern oder Bildern aus den Halmen des Federgrases. Die Motive entstehen, indem die einzelnen Halme mit Wollfäden umwickelt werden. Čijs bilden manchmal die Eingangstür einer Jurte.

Zur Aufbewahrung von Flüssigkeiten wurden früher Ledergefäße namens Kökör benutzt - zum Teil in aufwendigen Formen zusammengenäht und geprägt mit kirgisischen Mustern. Kleinere Exemplare findet man heute in den Souvenirläden.

In traditionelle Kleidung gewandete Kirgisen sieht man heute nur noch auf Volksfesten. Fast jeder Mann trägt aber - im Sattel sitzend oder zum Anzug - die Kalpak, einen weichen Hut aus dickem weißem Filz, der mit althergebrachten Mustern bestickt ist. Die Kalpak ist ein Abbild der Jurte, durch das zum Ausdruck kommt, daß die Jurte dem Kirgisen nicht nur ein buchstäbliches Dach über dem Kopf ist, sondern ein Symbol für die Geborgenheit des heimischen Herdes. Dieses Symbol heißt ›ak orgo‹ - weiße Jurte. Auch Präsident Akaev zeigte sich auf offiziellen Fotos oft mit dem kirgisischen Filzhut.

Mann mit einer Kalpak, der traditionellen Kopfbedeckung der Kirgisen

Filzteppiche

Es gibt zwei verschiedene Arten von Filzteppichen: Šyrdak und Ala Kyjys. Für die Herstellung eines Šyrdak - die bekanntere Variante - wird das Muster mit Kreide auf ein Viertel einer Filzmatte aufgebracht, die dann in der Mitte zusammengefaltet wird. Durch Schlagen auf die Rückseite wird die Kreidelinie spiegelbildlich auf den gegenüberliegenden Teil des Filzes übertragen. Der Filz wird dann geöffnet und quer zur ersten Faltung zusammengelegt. Die nun schon die Hälfte der Fläche bedeckende Zeichnung wird erneut dupliziert und ergibt das komplette, symmetrische Motiv. Sodann legt man eine andersfarbige dünne Matte aus Wollfilz unter und schneidet die Kreidezeichnung durch beide Lagen hindurch aus. Die Stücke werden wie ein Puzzle zusammengesetzt

Filzormament

und auf einer einfarbigen Filzunterlage von der Größe des fertigen Teppichs vernäht. So entstehen immer zwei Teppiche mit demselben Muster, allerdings mit umgekehrter Farbanordnung.

Šyrdaks waren ursprünglich nur zweifarbig, das Muster wurde aus dem Kontrast ungefärbter heller und dunkler Wolle gebildet. Seit den 1960er Jahren sind Teppiche aus in allen Tönen gefärbtem Filz populär. Auch der Musterschatz, dessen Motive traditionell aus dem Umfeld der Jurte abstrahiert wurden, ist durch geometrische Formen ergänzt worden. Charakteristisch ist aber nach wie vor eine Bordüre im weiß-schwarzen Zickzack, eine Darstellung der Bergketten des Tien-Schan.

Die Teppiche werden im Dorf in Gemeinschaftsarbeit hergestellt. Für einen kleinen Šyrdak braucht man etwa zwei Wochen, für einen großen anderthalb Monate. Eine Bildergalerie findet sich im Internet unter www.peopleandnature.de.

Für einen Ala Kyjys wird eingefärbte Wolle in eine lockere Filzgrundlage eingelegt. Diese wird in eine Matte aus Federgras eingerollt und gewalkt, bis sich die Fasern zu einem dichten Teppich verfilzt haben. Das Muster wirkt anders als beim Šyrdak etwas verschwommen. Auf den Teppichen beider Macharten ist die kirgisische Ornamentik am vielseitigsten zu sehen. Das wichtigste Motiv ist der kočkor müyüz - ein stylisiertes Widdergehörn. Werden die Hörner in einer Linie angeordnet, entsteht ein ›Kyjal‹ (dies bedeutet Traum oder Phantasie) genanntes Musterband.

Die Jurte

Ein Haus mit nur einer Wand, ohne Fenster und mit einem Dach ohne Ecken? Das ist die Jurte, das Filzzelt der Nomadenvölker Mittelasiens. Seit Jahrhunderten ist sie zwischen der Mongolei und dem Ostufer des Kaspischen Meers im Gebrauch. Sie ist stabil, wetterfest, schnell auf- und abgebaut und das Baumaterial (Wolle und Holz) ist leicht, robust und fast überall verfügbar.

Die Jurte wird ohne einen Nagel zusammengebaut. Die kirgisische Variante ist drei bis dreieinhalb Meter hoch und hat einen Durchmesser von fünf Metern.

Eine Familie baut ihre Jurte auf

Den Umfang der Jurte begrenzt ein knapp mannshohes jägerzaunähnliches Scherengitter, ›kerege‹ genannt. ›Kerege göz‹ (Auge) heißt der so gebildete Kreis, auf den bis zu drei Meter lange gebogene Stangen gesteckt werden, die wie Speichen das Kuppeldach stützen. In dessen Scheitelpunkt hält der ›tündük‹ - ein Holzring mit kreuzförmigen Verstrebungen - diese ›uuk‹ genannten Stangen und damit das ganze Gebilde zusammen. Der tündük ist als treffendes Symbol für Volk und staatliche Einheit auf der kirgisischen Flagge abgebildet. Auch die Freiheitsstatue auf Bischkeks Ala-Too-Platz hält ihn in der Hand.

Meistens ist das Jurtengerüst aus Birkenholz und zur besseren Haltbarkeit mit roter Farbe gestrichen. Es wird zunächst mit einer Lage aus Schilfrohrmatten bedeckt, bevor man dicke Filzmatten auflegt. Auf den tündük kommt ein Filzlappen, der mit Schnüren geöffnet und geschlossen werden kann, damit Rauch abzieht und bei gutem Wetter die Sonne in die Jurte scheint. Die Konstruktion wird innen und außen mit je nach Zweck verschieden breiten geflochtenen Riemen (›boo‹) verspannt.

Das Innere der Jurte

Das Filzzelt ist meistens grau und heißt auch so: ›bos ui‹ bedeutet ›graues Haus‹. So sieht die Jurte aber nur von außen aus, innen ist sie mit bunten Teppichen und gewebten Bändern geschmückt, die die rote Lattenkonstruktion stabilisieren.

Man betritt die Jurte durch den ›bosogo‹ genannten Türrahmen, vor dem ein Cij (die bereits beschriebene Federgrasmatte) oder der Filzvorhang ›ešik tiš‹ hängt. Dieser wird zum Öffnen nach oben gerollt und über dem Eingang festgebunden. In der Mitte der Jurte, unter dem tündük, liegt die Feuerstelle ›kolomto‹, heutzutage meist ein Kanonenofen. Links befindet sich der männliche Teil der Jurte, ›er-žak‹. Hier bewahrt der Familienvater Zaumzeug und Jagdgerät auf. Im rechten weiblichen Teil, ›epči-žak‹, lagern Geschirr und Haushaltsgeräte. Dieser wird manchmal durch eine Schilfmatte abgeteilt, den ›ašhana čii‹ (übersetzt heißt das etwa ›Küchenvorhang‹).

Auf der Rückseite, gegenüber dem Eingang, werden Truhen mit der Habe der Familie, Teppiche und Decken zum sogenannten ›džuk‹ gestapelt. Ein hoher džuk aus schönen Handarbeiten ist der Stolz der Kirgisin. Vor dem džuk ist der Ehrenplatz für Gäste, ›tyor‹. Ist die Familie unter sich, sitzt dort das Familienoberhaupt.

Ihren Besitz bewahren die Jurtenbewohner in ›tegče‹ genannten Taschen auf, die am Jurtengestell aufgehängt werden.

In der Jurte wird gekocht, gearbeitet und geschlafen. Etwa einen Monat braucht ein Meister zu ihrer Herstellung, etwa 25 Jahre hält sie, bevor sie erneuert werden muß. Selbst Stadtbewohner bauen heute noch Jurten auf, vor allem wenn es wichtige Anlässe zu feiern gilt - die Geburt eines Kindes, die Geburtstage von Eltern oder das Begräbnis von Verwandten. Die Jurte ist somit das Zentrum des Lebens eines jeden Kirgisen - sein Geburtsort, sein Heim und der Ort, an dem die Familie von ihm beim Tod Abschied nimmt.

Das Innere der Jurte wird mit Teppichen geschmückt

Die kirgisische Küche

Die traditionelle kirgisische Küche entstammt dem Nomadenleben und ist gekennzeichnet durch eine begrenzte Anzahl von Zutaten, einfache Zubereitung und Kalorienreichtum. Wichtige Bestandteile sind Teigwaren wie Brot und Nudeln sowie Fleisch. Die Zutaten bleiben weitgehend naturbelassen, und Gewürze sollen den Eigengeschmack nur abrunden. Die Speisen sind recht fett.

Bei Fleisch ist Hammel am verbreitetsten, das vor allem geschätzt wird, wenn es nicht zu knapp mit gewachsenem Fett auf den Tisch kommt. Für besondere Gäste wird auch der gekochte Kopf des Tieres aufgetischt, und die Einzelteile wie Augen, Ohrmuscheln oder Zunge werden mit blumigen Ratschlägen den einzelnen Teilnehmern zum Verzehr gereicht. Pferdefleisch ist besonders bei festlichen Anlässen unentbehrlich. Huhn ist nicht verbreitet, da Federvieh eher in seßhaften Kulturen gehalten wird. Schwein ißt man auch im moslemischen Kirgistan, allerdings nur in Restaurants mit russischer und asiatischer Küche. Für strenggläubige kirgisische Moslems ist Schweinefleisch ebenso tabu wie Eselfleisch oder Blut.

Trotz der wechselvollen Geschichte Kirgistans und der Zuwanderung verschiedenster Völker ist die kulinarische Palette nicht sehr weitgefächert. In Bischkek aber kann man koreanisch essen, bekommt Spaghetti und Steaks, und in Karakol am Issyk-Kul wird die Küche der aus China zugewanderten Dunganen zubereitet. Bekannte Speisen der aus China stammenden Dunganen sind die Nudelgerichte Ašlyamfu und Funčosa, beide kalt serviert und scharf gewürzt. Seinen Hunger kann man auf den Märkten und an Straßenständen schnell im Stehen stillen: im Angebot sind Hošan (eine Art angebratene und mit Dampf fertiggegarte Maultaschen), Samsa (kleine Teigtaschen mit einer Füllung aus Huhn, Rind, Lamm oder Käse), ofenheißes Fladenbrot oder Schaschlik (Шашлык): Hammelfleisch, abwechselnd mit in Stücke geschnittenem Fettschwanz auf Spieße gesteckt und gegrillt. Das in die Glut tropfende Fett verbrennt mit starkem Qualm und Geruch, so daß man einen Schaschlikbrater nicht lange zu suchen braucht.

Schmackhaft ist eine Čučuk (Чучук) genannte Kochwurst aus Schlachtresten und Pferdefleisch, die kräftig mit Kreuzkümmel gewürzt wird.

Aus gesalzenem Quark werden tischtennisballgroße Kugeln namens Kurt (Курт) gerollt, die auch in Usbekistan überall verkauft werden und wie Fetakäse schmecken. Mit Sauerrahm ißt man maultaschenähnliche Manty (Манты), die in Fleischbrühe gegart werden.

Beliebt sind verschiedene Gemüsesalate und Süßwasserfisch. Diese Gerichte werden in Restaurants auch oft nach russischem Rezept zubereitet.

Vor allem an Festtagen wird das in ganz Mittelasien verbreitete Reisgericht Plov serviert. In einem halbkugelförmigen Eisenkessel von der Größe eines Taufbeckens schmoren Reis, Hammelfleisch, Kichererbsen, Möhren und Zwiebeln in reichlich Öl und Fett.

Bei einem festlichen kirgisischen Essen werden auf dem ganzen Tisch (oder dem ›dastorkon‹, einem auf dem Boden ausgebreiteten Tuch) fritierte Teigstücke ausgebreitet, die ›boorsok‹ heißen. Sie dienen als – eßbarer – Schmuck der Tafel und es ist ein Zeichen von Gastfreundschaft, sie möglichst reichlich anzubieten.

Brot

Zu jedem Essen wird Brot gereicht. Auf dem Land bäckt man es meist in der einheimischen Variante als Fladenbrot im holzbefeuerten Ofen. Auch dünne, ungesäuerte Brotfladen namens Kalama gehören zur kirgisischen Kost. In Bischkek bekommt man auch Kommißbrot und Baguette. Auf dem Basar werden die Fladenbrote ofenfrisch angeboten. Warm sind sie luftig und weich, werden am nächsten Tag aber zäh und fad. In Mittelasien wird Fladenbrot mit besonderem Respekt behandelt: Es wird nicht geschnitten, sondern gebrochen, ganze Brote wie auch Stücke sollten nicht umgedreht hingelegt werden, und man wirft Brotreste nicht weg; selbst heruntergefallene Brotstücke werden aus dem Staub aufgehoben und zum Beispiel auf einen Stein neben dem Weg gelegt.

Fritierte Hefeteigfladen

Getränke

Das traditionelle Hirtengetränk Kymys - das Wort bedeutet ›Silber‹ - bekommt man auf dem Land fast überall, am frischesten auf den Bergweiden. Es wird aus Stutenmilch hergestellt - der einzigen Milch, die bei Gärung nicht gerinnt. Sie wird in einem Schlauch aus Schaf- oder Fohlenleder einen Tag lang vergoren und dabei immer wieder umgerührt. Quark setzt sich ab, der Kymys schwimmt oben. Bei der Fermentierung wird das Getränk leicht alkoholisch und läßt sich zu Arak destillieren.

Aus Stutenmilch wird Kymys hergestellt

Beliebt und erfrischend ist das aus Hirse gebraute Getränk Bozo (erhältlich an Straßenständen und überall in Flaschen unter dem Namen Shoro).

Kein Essen oder auch nur kleine Pause kommt ohne Tee aus. Genießen mindestens zwei Personen ihren Tee gemeinsam, gilt eine bestimmte Etikette. Der Tee wird stets frisch in kleinen Kännchen gebrüht, damit er immer heiß bereitsteht. Während die Teeblätter ziehen, gießt man etwas aus dem Kännchen in eine Teeschale und leert diese sogleich zurück, damit sich der Sud besser vermischt. Dem Gast reicht man nur halbvolle Teeschalen, damit der Tee nicht kalt wird, lieber gießt man öfter nach. Bekommt man als Besucher nach einigen geleerten Teeschalen plötzlich eine randvolle, darf man das als dezentes Zeichen verstehen, daß die Zeit zum Aufbruch gekommen ist.

Die russischen Kolonisten brachten nicht nur Elektrizität und das Alphabet mit, sondern führten auch ihre Trinkgewohnheiten in Mittelasien ein. Die meisten hiesigen Moslems nehmen ihren Glauben nicht so streng, daß sie keinen Alkohol trinken würden. Hier geht es allerdings nicht um ein Schlückchen zum Essen und einen Rachenputzer hinterher: Was dem Russen sein Wasserglas, ist dem Kirgisen die Teeschale - und geleert wird das mit Wodka gefüllte Trinkgeschirr stets in einem Zug. Bei gekauftem Wodka sollte man auf Markenqualität achten, denn billige Brände oder Plagiate können böse Kopfschmerzen verursachen.

Wer beim Wodkatrinken nicht mithalten kann oder will, sollte dies gleich zu Anfang klarmachen und standhaft bleiben. Abstinenzler werden bedauert, aber eher respektiert als jemand, der plötzlich das Ritual bricht, weil er ›aussteigt‹.

Rezepte

Bešbarmak

Traditionell kirgisisch ist ein Eintopf mit breiten Bandnudeln und Fleisch, der übersetzt ›Fünf Finger‹ heißt, weil er ohne Besteck gegessen wird.

Zutaten (für vier Personen):
800 Gramm Fleisch
(Lamm, Kalb oder Pferd)
50 Gramm gewachsenes tierisches Fett
1 bis 2 grüne Paprika
400 Gramm breite Bandnudeln
2 Zwiebeln, 3 bis 4 Knoblauchzehen
Lorbeer, Pfeffer, Salz, scharfe Paprika

Zwei Liter kaltes Salzwasser mit Fett aufkochen, Fleisch ins kochende Wasser geben und garen, danach in kleine Stücke schneiden. Brühe durchseihen, 0,5 Liter beiseitestellen. Fett kleinschneiden. In der restlichen Brühe die Nudeln kochen. In der beiseitegestellten Brühe das kleingeschnittene Gemüse eine Viertelstunde kochen. Fleisch, Nudeln und Soße auf einem großen Teller anrichten, das Fett darauflegen.

Plov

Ein in ganz Mittelasien beliebter Reiseintopf, der leicht nachzukochen ist.

Zutaten (für 4 Personen):
500 Gramm Lamm- oder Hammelfleisch
Öl oder Fett, Salz
150 Gramm Zwiebeln
250 Gramm Möhren
300 Gramm Reis

Alle Zutaten kleinschneiden, danach in einem Schmortopf zuerst das Fleisch in heißem Öl (wer mag, in Hammelfett) anbraten, dann die Zwiebeln und Möhren dazugeben, salzen. Reis hinzufügen, umrühren. Mit soviel Wasser aufgießen, daß alles einen Zentimeter hoch bedeckt ist. Deckel drauf, ca. 20 Minuten auf kleiner Flamme köcheln lassen, bis der Reis alles Wasser aufgesogen hat. Wer mag, kann noch weitere Gewürze zufügen, z. B. schwarzen Pfeffer, Kreuzkümmel, Koriander und Paprika. Je nach Region dünstet man auch eine ganze ungeschälte Knoblauchknolle mit, Kichererbsen oder auch Rosinen und kleingeschnittene Trockenfrüchte (Aprikosen, Dörrpflaumen).

Plov-Stand auf der Straße

Bischkek ist sicherlich eine der sympathischsten Hauptstädte Mittelasiens. Der nahegelegene Issyk-Kul-See gilt als das Meer der Kirgisen.

Bischkek und der Issyk-Kul

Bischkek

Wer sich Städte mit sowjetischer Vorgeschichte als deprimierende, gesichtslose Ansammlungen von Plattenbauten vorstellt, wird von den Hauptstädten der zentralasiatischen Länder angenehm überrascht sein. Vielleicht die sympathischste der Hauptstädte ist Bischkek (Biškek/Бишкек), das ehemalige Frunze. Die Stadt liegt in Sichtweite der Viertausender des Kungej-Alatau-Gebirges auf etwa 800 Metern Höhe an den Flüssen Alamedin und Ala-Arča. Durch schmale Gräben, die sogenannten Aryks, fließt Schmelzwasser entlang der Straßen, spendet Kühle und bewässert zahllose Alleen und Parks. Diese sind so allgegenwärtig, daß Bischkek von weitem eher wie ein Park mit einigen Gebäuden erscheint als eine Stadt mit Grünflächen. Hundert Quadratmeter Grün pro Einwohner sorgen auch im heißen Sommer für ein erträgliches Klima.

Das Zentrum wird von einem Gitternetz breiter, schattiger Boulevards durchzogen, die Plätze mit Denkmälern und markanten öffentlichen Gebäuden miteinander verbinden. Deren Architektur ist zwar eindeutig sowjetisch und von Beton dominiert, vereint aber traditionelle Elemente und moderne Bauweise zu einem typischen Stil. Bis auf einige Repräsentationsbauten im russischen Kolonialstil (wie Operntheater und Parlament) trifft man auf wenig Altes.

Die Bischkeker Oper im Winter

Die Wohnviertel Bischkeks wirken mit ihren einstöckigen Häusern und üppigen Gärten geradezu ländlich; besonders gemütlich sind die der Rußlanddeutschen, deren Häuser wie Datschen im Hexenhäuschen-Stil aussehen. Wer aus Taschkent oder Almaty kommt, merkt, daß man es hier etwas gemächlicher als bei den großen Nachbarn angehen läßt. Kein Wunder bei einer Stadt, die so zum Flanieren einlädt wie Bischkek.

Geschichte

Über die Herkunft des Namens der Stadt gibt es ebenso viel Rätselraten wie über den der Kirgisen. Die Sogder sollen diesen Ort bereits gekannt und Peschagach (Ort am Fuß der Berge) genannt haben. Eine andere Variante lautet Beschbek, was ›Fünf Ritter‹ bedeutet.

1825 gründete hier der usbekische Kokander Khan ein Fort, als er das Siedlungsgebiet der Kirgisen allmählich eroberte. 1863 nahmen es russische Truppen ein und errichteten eine Garnison. 1878 entschied der Gouverneur des Siebenstromlands Kolpakovsky, alle Behörden von Tokmak hierher zu verlegen und ließ die Siedlung Pischpek gründen. Der Grund für diesen Schritt war, daß sich hier wichtige Straßen kreuzten: aus Werny (dem heutigen Almaty), aus Karakol am Issyk-Kul, aus Naryn und Taschkent, der alte Karawanenweg aus Kashgar in China und der aus dem Ferganabecken.

Kolpakovsky entwarf bereits im selben Jahr Pläne für den Aufbau einer Hauptstadt, auch wurden die ersten Straßen entsprechend benannt: Tserkovnaja

Auf dem Čuj-Prospekt

(Kirchenstraße), Sudejskaja (Gerichtsstraße), Kupečeskaja (Kaufmannsstraße), Gospitalnaja und Basarnaja.
Umgesetzt wurden diese Pläne ab 1895 vom ersten gewählten Bürgermeister – dem Russen Ilja Fedotovič Terentev. Er war ein Wirtschaftsmagnat und prägte die bis heute bestehende Struktur der Stadt: Er ließ die Straßen begradigen und mehrere Parks, Boulevards und Gärten anlegen, so zum Beispiel den heutigen Erkindik-Boulevard und den Eichenpark. Terentev bewohnte das erste zweistöckige Haus Bischkeks und baute in seinem Garten Hopfen an, für dessen Qualität er sogar auf der Pariser Weltausstellung im Jahr 1900 eine Medaille erhielt. Gutes Bier kannte man in Bischkek also schon früher, und diese Tradition hat nach der Unabhängigkeit die Brauerei ›Steinbräu‹ im bayerischen Stil wiederbelebt.
Pischkek hieß der Ort bis 1926, als ihn die Sowjets nach Michail Frunze umbenannten – dem hier geborenen russischen General, der im Bürgerkrieg die usbekischen Khanatssitze Chiwa und Buchara einnahm und die Bolschewikenmacht gegen die Basmatschen (zentralasiatische Rebellen) festigte.

In Bischkek leben heute offiziell etwa 700 000 Menschen aus 48 Nationalitäten, inzwischen könnten es aber auch eine Million sein. Seit der Unabhängigkeit ist die Zahl der Stadtbewohner um etwa ein Viertel gewachsen. Für die zu Sowjetzeiten auf eine halbe Million Einwohner ausgelegte Infrastruktur der Hauptstadt ist dies eine enorme Belastung.

Sehenswürdigkeiten

Bischkek ist übersichtlich angelegt: die zwei Hauptboulevards kreuzen sich in der Stadtmitte, in der näheren Umgebung liegen die wichtigsten Einrichtungen und die für Touristen interessantesten Anlaufpunkte. Die übrigen Straßen verlaufen jeweils parallel und bilden ein gleichmäßiges Raster. Dies erleichtert zwar die Orientierung, aber Achtung: Nicht nur die Stadt selbst, sondern auch viele Straßen wurden und werden umbenannt. Vor allem werden die russischen Straßennamen zunehmend durch kirgisische ersetzt; dieser Prozeß ist jedoch noch nicht abgeschlossen. Mit einer Stadtkarte, die noch aus Zeiten der UdSSR stammt, wird man sich dennoch nicht mehr zurechtfinden.
Die grüne Stadt besitzt fünf Kultur- und Erholungsparks, darunter einen Eichenpark mit Skulpturen kirgisischer Bildhauer, elf Waldparks, zahlreiche öffentliche Gärten und zwei Boulevards.
Geschäfte, Restaurants und Cafés, inzwischen sogar Internetcafés, säumen die breiten Hauptstraßen im Zentrum.

Denkmäler

Eines der beeindruckendsten Denkmäler Bischkeks ist das **Mahnmal des Großen Vaterländischen Kriegs** auf dem Siegesplatz: eine Frauenfigur, die das ewige Feuer hütet und von drei Bögen überspannt ist. Diese stellen die Stützen des Kuppeldachs einer Jurte dar. Beim Tod eines Familienmitglieds wird gemäß kirgisischem Brauch aus der Jurte eine Stütze entfernt. Daß bei dem Denkmal von vierzig Bögen nur drei übriggebliebenen sind, soll den enormen Blutzoll verdeutlichen, den auch das kirgisische Volk im Kampf der Sowjetunion gegen die Wehrmacht erbringen mußte. Im Zentrum der Granitbögen sitzt wie bei einer echten Jurte der Tündük, allerdings stilisiert als Lorbeerkranz und mit dem Sowjetstern in der Mitte. Das ›ewige‹ Feuer ist gemäß sowjetischer Tradition immer noch ein Platz, an dem Hochzeitspaare sich fotografieren lassen und Blumen niederlegen.

Das Lenin-Denkmal auf dem Ala-Too-Platz wurde durch eine vergrößerte Reproduktion der kirgisischen Variante der **Freiheitsstatue** verdrängt. Sie schwebt auf einer hohen Säule und hält den Tündük, den Rauchabzug der Jurte, der auch auf der Landesfahne prangt, mit einer Hand empor wie einen Lorbeerkranz. Die Urfassung dieser Skulptur stand einige Blocks weiter östlich und wurde durch ein Denkmal für die Revolutionärin Kurmanžan Datka ersetzt. Lenin wiederum mußte auf die Rückseite des Museums umziehen und grüßt nun das Parlament.

Neben der Freiheitsstatue steht ein riesiger Fahnenmast mit der Nationalflagge, vor dem eine Ehrengarde aus zwei Soldaten steht. Es lohnt sich, den stündlichen Wachwechsel abzuwarten, der zackig mit Stechschritt, Hackengeknall und Herumfuhrwerken mit dem Karabiner inszeniert wird wie seinerzeit die Wachablösungen vor dem Moskauer Lenin-Mausoleum.

Der **Kožomkol-Sportpalast** am Panfilov-Park ist nach einem Kirgisen von riesenhaftem Wuchs benannt, der im Suusamir-Tal lebte. Eine Statue des Recken, der seine übermenschliche Kraft mit einem geschultertem Pferd demonstriert, überragt einen Felsbrocken mit einem in Stein gemeißelten Abdruck seiner Hand.

Die kirgisische Freiheitsstatue

Im westlichen Teil des Stadtzentrums liegt am Čuj Prospektisi 253 die **Kirgisische Staatliche Philharmonie**. Vor dem Gebäude trägt eine Säule ein **Denkmal des Helden Manas zu Pferde**, der in vollem Galopp zum Schwertstreich gegen einen Drachen ausholt; die Skulptur ist auch auf dem 20-Som-Geldschein abgebildet. Links und rechts davon stehen seine Frau Kanikey und sein Ratgeber Bakai. Den Vorplatz des Gebäudes flankieren Büsten bekannter Manasči (Rezitatoren der Heldensage) des 20. Jahrhunderts.

Märkte

Einkaufen kann man außer in der Innenstadt auch gut auf den Märkten. Der **Oš-Basar** ist der größte Markt in Bischkek. Er liegt drei Kilometer westlich vom Zentrum an der Ecke Kiev köč. und Beišenaliev köč. und ist täglich geöffnet. Angeboten wird hier alles von Nahrungsmitteln über Kosmetika und Kleidung bis zu Autoteilen. Koreaner, Chinesen und Russen bieten hausgemachte Salate und andere Spezialitäten an. Wer ein kirgisisches Souvenir sucht, findet hier zum Beispiel weiße Filzhüte und Teppiche.

Vor der Weiterreise nach Kasachstan kann man sich auf dem **Alamedin-Basar** in der Nähe des östlichen Busbahnhofs mit Proviant eindecken und die letzten kirgisischen Som gegen kasachische Tenge tauschen.

Im Norden der Stadt etwa sieben Kilometer vom Zentrum entfernt liegt der **Dordoj Basar**, einer der größten Märkte Mittelasiens, auf dem sich Händler aus allen umliegenden Ländern treffen und mit wirklich allem handeln.

Bäder

In den Žirgal-Bädern (Ecke Toktogul/Sultan Ibraimov) lebt die russische Badekultur in Kirgistan fort. Für umgerechnet gut einen Euro kann man hier in der Sauna schwitzen und sich einmal so richtig säubern und entspannen.

Museen

Museum für Nationalgeschichte

Dieses Gebäude war einst das Lenin-Museum und ist in einem für die Sowjetzeit repräsentativen Architekturstil gehalten. Das riesige Lenin-Denkmal auf dem Ala-Too-Platz davor blieb noch bis 2004 stehen, dann mußte es hinter das Museum umziehen und einem Monument für die Freiheit weichen. Immerhin wurde ein Stockwerk des Museums so belassen, wie es war – ungestört von kritischen Anmerkungen kann sich der Besucher in eine noch nicht so weit zurückliegende Zeit zurückversetzen lassen, die auch zur Geschichte des Landes gehört. Zwei Stockwerke wurden von den alten Exponaten geräumt, die Ausstellung stellt mit Funden die vorsowjetische kirgisische Geschichte und die der Seidenstraße dar. Neben einer Jurte ist eine sehenswerte Sammlung verschiedenartiger Volkskunst zu bewundern. Leider sind die Beschriftungen nur in Russisch und Kirgisisch, man kann sich aber einen Führer nehmen, der Englisch oder Deutsch spricht. Das Museum hat ein gutes Souvenirgeschäft. Zweimal im Jahr verkaufen Frauen aus Naryn hier Handarbeiten aus Filz, für die diese Stadt bekannt ist.

Ala-Too-Platz, Di bis So 10 bis 13 Uhr und 13.30 bis 18 Uhr.

Auf dem Ala-Too-Platz

Museum der schönen Künste

Im Kunstmuseum befindet sich eine recht gute Gemäldesammlung: Portraits aus dem 19. und 20. Jahrhundert, Bilder vom Nomadenleben, aber auch viel ›Sozrealism‹. Schön hergerichtet ist die Halle, die traditionellem Kunsthandwerk gewidmet ist. Neben einer Jurte sind dort Taschen und Teppiche ausgestellt, die vom Geschick der Hände kirgisischer Stickerinnen und Teppichnäherinnen zeugen. Neben all diesen einheimischen Kunstwerken gibt es einen Saal mit Reproduktionen griechischer, römischer und ägyptischer Skulpturen.
Baityk Baatyr köč. (frühere Sovjetskaja) 196, Di bis So 9 bis 17 Uhr, Fr 10 bis 16 Uhr. Letzter Einlaß eine Stunde vor Schluß.

Museum der Kunstakademie

Eine Sammlung von Skulpturen des berühmtesten kirgisischen Bildhauers Tinibek Sadykov. Zu seinen Werken zählen das Manas-Denkmal vor der Philharmonie, das Denkmal für die Opfer der Oktoberrevolution und das gewaltige Ensemble auf dem Siegesplatz.
Togolok Moldo köč., Mo bis Fr 9 bis 12 und 13 bis 16 Uhr.

Frunze-Museum

Das Haus, in dem Michail Frunze 1885 zur Welt kam, wurde nach seinem Tod zu einem Museum umgebaut. Frunze war Moldawier, diente als General der Roten Armee im sowjetischen Bürgerkrieg und unterwarf endgültig die zentralasiatischen Rebellen, die sich gegen die Bolschewiken aufgelehnt hatten. Er starb 1925 in Moskau bei einer von Stalin angeordneten Magenoperation. Ein Jahr später wurde die Hauptstadt der Kirgisischen Republik nach ihm benannt. Eine kleine Abteilung des Frunze-Museums beschäftigt sich mit der Geschichte Bischkeks. Da auch hier die Erläuterungen nur in Russisch gehalten sind, benötigt der sprachunkundige Besucher einen Führer.
Ecke Frunze und Razzakov köč., Di bis Fr 9 bis 17 Uhr, Sa und So 9 bis 16 Uhr.

Freilicht-Skulpturenmuseum

Eingeweiht wurde es 1984 anläßlich zu Ehren der Kirgisischen SSR. Bildhauer aus der ganzen Sowjetunion haben Werke zu den Themen Frieden und Arbeit beigesteuert.
Frunze köč. 346, Di bis So 9 bis 17 Uhr.

Aaly-Tokombaev-Gedenkmuseum

Ebenfalls ein zu einem Museum umgebautes Haus. Aaly Tokombaev (geboren 1904) war einer der Begründer der kirgisischen Literatur. Er war Barde, Dichter, Schriftsteller und Komponist und widmete sich der Übersetzung vieler russischer und westeuropäischer Literaturwerke ins Kirgisische. Auch schrieb er das Volksepos Manas nieder. Tokombaev, der fließend alle drei Schriften beherrschte, die im Laufe der Zeit für Kirgisisch verwendet wurden (arabische, lateinische und kyrillische Buchstaben) legte eine einheitliche Schreibweise für die kirgisische Sprache fest – die erst wenige Jahrzehnte zuvor erstmals schriftlich niedergelegt worden war. Er starb 1988. Aus seinem Wohnhaus wurde mit Unterstützung von Präsident Akaev im Jahr 1995 ein Museum.
Bokonbaev köč. (die erste Seitenstraße, die oberhalb des Bahnhofs nach links vom Prospekt Erkindik abgeht), Mo bis Fr 9 bis 17 Uhr, Sa 9 bis 14 Uhr, So geschlossen. Eintritt für Ausländer: etwa ein US-Dollar.

Zoologisches Museum

Einige ausgestopfte Vögel, Säugetiere sowie konservierte Reptilien und Insekten geben einen Überblick über die Fauna Kirgistans.

Puškin köč. 78, Mo bis Fr 10 bis 17 Uhr. Eintritt: etwa 0,25 US-Dollar.

Geologisches Museum

Das Geologische Museum liegt im Inneren des Staatlichen Geologischen Instituts. Die Ausstellung umfaßt Gesteine aus ganz Kirgistan und einige große Bergkristalle sowie Exponate zum Bergbau.

Čuj Prospektisi 14, Mo bis Fr 9 bis 12 Uhr und 13 bis 17 Uhr. Besuch nur nach Voranmeldung. Eintritt frei.

Mineralogisches Museum

In diesem kleinen Museum sind einige sehr schöne Kristalle und Mineralien zu bewundern.

Prospekt Erkindik 1, Mo bis Fr 9 bis 15. 30 Uhr. Eintritt frei.

Galerien

Galerie der Künstlervereinigung Kirgistans: In einer ehemaligen orthodoxen Kirche im Dubovy-Park (Eichenpark) sind Gemälde, Grafik, Schmuck, Puppen und Handarbeiten zu besichtigen und zu erwerben.

Saimalytaš: Hier gibt es Töpferarbeiten und Reproduktionen der 3000 Jahre alten Felszeichnungen von Saimaly Taš. Die Galerie befindet sich im ›Dom Družby‹ (Haus der Freundschaft) neben dem Eichenpark.

Asia: Im Gebäude der Künstlervereinigung werden Bilder (Öl, Grafik, Aquarelle) und Andenken angeboten. Hinter dem Gebäude liegt ein Hof, in dem man Künstlern bei der Arbeit zusehen kann. Man findet es an der Ecke Čuj Prospektisi und Erkindik.

Erkindik-Kunstgalerie: Im Zentrum des Eichenparks verkaufen Künstler unter freiem Himmel ihre Werke.

Im Kunstzentrum Kyjal auf dem Oš-Basar bieten kirgisische Künstlerinnen Handarbeiten an. Čuj Prospektisi 202.

Bischkek-Informationen

Vorwahl: 00996/(0)3 12.

Novi Nomad, Togolok Moldo köč. 28, Tel. 62 23 81, www.novinomad.com. Der Reiseveranstalter fungiert als Anlaufstelle für alle touristischen Fragen, vermittelt Unterkünfte und Touren aller Art.

CBT-Büro, Gorkij köč. 58. Tel. 54 00 69, www.cbtkyrgystan.kg. Die wichtigste Anlaufstelle des Community Based Tourism hält Informationen über alle CBT-Büros in Kirgistan und deren Angebote bereit. Vermittelt Übernachtungen und Touren.

Touristinfo: Staatliches Komitee für Tourismus und Sport, Togolok Moldo köč. 17, 720 033 Bischkek, Tel. 22 06 57, Fax 21 28 45.

Der Manas-Flughafen befindet sich 30 km außerhalb, im Nordwesten der Stadt, Tel. 60 31 09, www.airport.kg. Ein Taxi ins Zentrum kostet ca. 350 Som. Der Linienbus 153 (12 Som) sowie Sammeltaxis (20 Som) zum Airport fahren von der Ecke Čuj-Prospekt und Molodaya (Jaš) Gvardiya; ca. alle 30 Minuten, 45 Minuten Fahrzeit.

In der Stadt gibt es ein paar neue große **Busse, Trolleybusse** und Unmengen **Marschrutki** (Minibusse). Letztere halten sowohl an Haltestellen (es gibt aber kaum noch welche) als auch überall auf Wunsch. Prinzip: Heranwinken zum Einsteigen, »ostanavítes« (Russisch: anhalten!) schreien zum Aussteigen. Bezahlt wird beim Einsteigen (in der Stadt 5 Som) oder bei Überlandfahrten, wenn es losgeht. Man gibt das Geld einfach nach vorn weiter zum Fahrer. Richtung und Nummer stehen auf hinter die Windschutzscheibe geklemmten Pappschildern.

Busbahnhöfe:

Westlicher Busbahnhof: Abfahrten nach Kara-Balta, Talas, Toktogul, Karakol (ca. 8 Std., 170 Som), Čolpon-Ata, Naryn. Hier gibt es auch Sammeltaxis (Minibusse) zu diesen Zielen (z. B.nach Karakol ca. 350 Som pro Person). Die Fahrpläne sind nur bedingt vertrauenswürdig, besser ist es, direkt an den Fahrkartenausgaben nachzufragen. Der Bahnhof ist 24 Stunden geöffnet und hat ein Wechselbüro sowie eine Gepäckaufbewahrung. Für ein Taxi vom Busbahnhof bis ins Zentrum sollte man nicht mehr als 60 Som zahlen.

Bushaltestelle am Oš-Basar: Von hier fahren die Busse nach Oš.

Östlicher Busbahnhof: Abfahrten nach Tokmak, Čong Kemin, Issyk-Ata, Kegeti.

Hyatt Regency Bishkek, Baityk Baatyr köč. (ehemals Sovietskaja) 191, 720011 Bischkek, Tel. 66 12 34, Fax 66 57 44, concierge@hyatt.kg, www.bishkek. hyatt.com; EZ ab 280 US-Dollar.

Hotel Ak-Keme, Prospekt Mira 93, 720044 Bischkek, Tel. 5 40 14-3, -4, -5, Fax 5 42-408, -3 65, -4 04, info@akkemehotel.com, www.akkemehotel.com; EZ ab 160, DZ ab 220 US-Dollar.

Hotel Issyk-Kul, Prospekt Manas 301, Tel. 55 07-46, -63, 45 83 47, Fax 55 04 85, bosteriyeva@exnet.kg, www.issyk-kul.elcat.kg; EZ 50, DZ ab 60 US-Dollar. Großes Hotel am südlichen Stadtrand, in der Nähe des Ala-Arča-Nationalparks.

Business Center Hotel, Panfilov köč. 237, im 4. Stock des Gebäudes, 720044 Bischkek, Tel. 2 22-5 85, Fax -8 43; EZ 60, DZ ab 80 US-Dollar. Nahe dem Parlament. Äußerlich nicht als Hotel erkennbar, freundliche Zimmer.

Silk Road Lodge, Abdumomunov köč. 229, 720033 Bischkek, Tel. 6 61-1 29, Fax -6 55, silkroad@celestial.com.kg, www.silkroad.com.kg; Zimmer ab 75 US-Dollar (Kreditkartenzahlung möglich). Gut ausgestattete Zimmer, Internetzugang. Derselbe Veranstalter unterhält eine Pension in Naryn.

Hotel Dostuk, Frunze köč. 429b, 720044 Bischkek, Tel. 2 84-2 51, Fax -4 66; DZ 76–92 US-Dollar. Am Stadtrand mit guter Aussicht auf Stadt und Berge.

Hotel Korund, Bakaev köč. 53a, Tel. 55 21 73, 48 33 18, korund@elcat.kg; EZ 75, DZ 90 US-Dollar, inklusive Frühstück. 19 Zimmer mit Klimaanlage und SAT-TV, Fitnessraum, Schwimmbad, Sauna, Massagesalon, Restaurant. Außerhalb des Zentrums, im Südwesten der Stadt.

Pension Asia Mountains, Linejnaja 1a, 720021 Bischkek, Tel. 69 40 73, Fax 69 40 75, aljona@mail.elcat.kg, asiamountains@mail.ru, www.asiamountains.co.uk; EZ 30, DZ 50 US-Dollar (jeweils inkl. Frühstück). Ein populärer Treff für Bergsteiger. Unweit vom ›Steinbräu‹ an der Bahnlinie, östlich des Hauptbahnhofs.

Hotel Ak-Saj, Čumabek köč. 117, hinter dem Zirkus, Tel. 26 14 65; DZ ab 10 US-Dollar. Sehr einfache Zimmer mit Etagenduschen.

Hotel Alpinist, Panfilov köč. 113, Tel./Fax 44 15 22, alpinist@elcat.kg, www.alpinisthotel. centralasia.kg. EZ 43, DZ 56 US-Dollar.

Café, Restaurant, Kletterwand. Alle Zimmer mit Kabel-TV, Klimagerät und Kühlschrank.

Bed & Breakfast Nomad's Home, Drevesnaja 10, Tel. 29 99 55, Mobil 772/74 24 20 und 772/52 49 69, nomadshome@gmail.com, http://nomadshome. googlepages.com.

Einfache, aber praktisch ausgestattete Backpacker-Pension gleich hinter dem östlichen Busbahnhof. 2 DZ, eins davon in einer Jurte. Mehrbettzimmer für jeweils 6, 8 und 12 Personen. Auch Selbst-Camper sind willkommen und können ihr eigenes Zelt im Garten aufschlagen. Internet, Kabel-TV, Gemeinschaftsküche, auf Wunsch vegetarische Bewirtung. Organisiert Flughafentransfer, Ausflüge und bei Bedarf Unterstützung bei den Visumsformalitäten für Usbekistan. Übernachtung im Mehrbettzimmer 150 Som ohne, 200 Som mit Frühstück.

Adriatico, Čuj Prospektisi 219, Tel. 21 76 32. Der Italiener von Bischkek an der Flaniermeile der Stadt. Speisen, sehen und gesehen werden.

Lotos, Šukejev/Pudovkin köč., 7. Mikrorayon, Schaschlik, nach Nomadenart auf dem Holz des Saxaulstrauchs gegrillt.

Navigator Bar, Moskva/Razzakov köč., Tel. 66 51 51. Hier trifft sich das schicke Bischkek. Internationale Küche (u. a. Steaks, auch vom Schwein) und Drinks. Die richtige Adresse für einen guten Cappuccino. Gelegentlich Live-Jazz.

Nautilus, Razzakov köč. 55, Tel. 66 28 86. Wie der Name vermuten läßt, gibt es auf der internationalen Speisekarte auch Fischgerichte.

Santa Maria, Čuj Prospektisi 217, Tel. 21 24 84. Für ein koreanisches Restaurant ein etwas seltsamer Name – aber die Küche stimmt. Nach dem Essen kann man zum Karaoke-Mikrofon greifen.

Biergarten Steinbräu Bischkek, Gercen 5/Gogol köč., Tel. 29 38 81. Frischgezapftes Bier (verschiedene Sorten) und bayerische Kost, unter anderem ofenfrische Brezn.

Four Seasons, Tynystanov köč. 116a, Tel. 62 15 48. Neben dem Russischen Dramentheater, längere Wartezeiten, exzellente Küche.

Time Out, Togolok Moldo köč. 7a, Tel. 66 11 39. Beliebt bei Ausländern.

Metro (früher ›American Pub‹), Čuj Prospektisi 168a, Tel. 21 76 65. Große Bar, Faßbier. Beliebt bei in Bischkek lebenden Ausländern.

Yusa, Logvinenko köč. 14, Tel. 62 38 37. Preiswert, türkische Küche.

Faiza, Žibek žolu köč. 555 (Ecke Manas), Tel. 66 37 47, kirgisische und usbekische Küche. Beliebt und mittags meistens voll.

Mimino, Kiev köč. 27, Tel. 66 13 75. Wer die zu Unrecht noch nicht sehr weit verbreitete georgische Küche noch nicht kennenlernen durfte, kann (und sollte) das hier nachholen.

Doka Pizza, Akhunbaeva 97a und Kiev köč. 153, Tel. 69 55 55. Europäische Küche, Pizza-Lieferservice.

Sibirskaja Korona, Čuj Pr. 186 (Ecke Molodoya Gvardiya), Tel. 65 63 49. Küche und Bier aus Rußland.

Tet a Tet, Ibrahimov köč. (schräg gegenüber Dostuk Hotel). Koreanische Küche.

Café Beirut, Ibrahimov köč. 105, Tel. 29 36 71. Libanesische Küche.

Korčma, Ryskulov köč. 12. Ukrainische Küche.

Staryj Edgar, Tel. 66 44 08, Café/Bar im Eichenpark neben dem Russischen Dramentheater. Die Pizza wird auch geliefert. Gute Livemusik.

Boulevard Café, Erkindik köč. 42, Tel. 66 16 98, kleines gemütliches Café mit guten Kuchen und Kaffee.

Café Veranda, Gorkij köč. 27/1, Tel. 596 981, sehr nett, in der 4. Etage des Business Center Vefa (Ramstore-Supermarkt im Erdgeschoß), große Dachterasse mit Blick auf die Berge.

Ziklon, Südwestecke Togolok Moldo köč./Čuj Prospektisi.

Restaurants östlich von Bischkek: Wer ein Auto hat, fährt – gerade in der Sommerhitze – gerne zum Essen ins Grüne. An der Straße zwischen Bischkek und Issyk-Kul kann man uighurische Küche probieren, z. B. in den Restaurants Arsu, Žibek Žolu 311, und Diar.

Bei Kant lockt ein Restaurant mit einem großen Schild ›Deutsche Küche‹ – wer diese vermißt, kann hier probieren, was man sich in Kirgistan so darunter vorstellt.

Die Restaurants liegen im Vorort Lebedinovka, etwa fünf Kilometer außerhalb der Stadtmitte. Erreichbar sind sie mit allen Bussen und Sammeltaxis, die vom östlichen Busbahnhof am Žibek žolu prospekt in Richtung Tokmak/Issyk-Kul fahren.

Staatliches Opern- und Ballett-Theater, Abdurakhmanov köč. 167. Wer Verdi von kirgisischen Sängern oder eine kirgisische Oper erleben will, bekommt hier für wenig Geld ein exotisches Schauspiel geboten.

Staatliches Akademisches Dramentheater, Panfilov köč. 273. Vorführungen in Kirgisisch, häufig Stücke von Tschingis Aitmatow.

Philharmonie (KyrGosPhilharmonija), Čuj Prospektisi 253, Ecke Manas köč., Tel. 21 22 62. Westliche und kirgisische Orchestermusik, ab und zu Folkloreaufführungen. Besonders lohnend sind Auftritte des Ensembles ›Kambarkan‹.

Kyrgyz Style, Bokonbaev köč. 133-12, Tel./Fax 62 12 67, www.kyrgyzstyle.kg, kyrgyzstyle@infotel.kg. Teppiche, Sitzkissen, Pantoffeln, Souvenirs, Mützen... alles aus Filz. Hauptziel der registrierten NRO ist die Bewahrung des kirgisischen Kunsthandwerks.

Asahi Ltd., Gorkij köč., Tunguskaja köč. 7, Tel. Atelier: 45 93 20, Büro: 28 25 30, info@asahikyrgyz.com. Kunsthandwerk aus Textilien: Šyrdaks, Filzpantoffeln, Dekorationen.

Souvenirgeschäft Tumar, Čuj Prospektisi 136-2, Tel. 64 01 80, 21 26 53, www.tumar.com.

Kaufhaus Ayčurek, früher Zentralkaufhaus ›TsUM‹, Čuj Prospektisi 155. Reichhaltige Souvenirabteilung, Fotoarbeiten in guter Qualität.

Mittlerweile sind einige größere Einkaufszentren aus dem Boden geschossen. Sie umfassen meist einen Supermarkt und viele kleine Läden (sogar europäische Marken wie The North Face, Benetton oder Ecco).

Beta-Stores, Ecke Čuj Prospektisi/Isanov köč., hier gibt es auch einen Geldautomaten, an dem man neben der Landeswährung US-Dollar abheben kann.
Ramstore, Ecke Abdurahmanov/Gorkij köč.
Dordoj Plaza, Ibrahimov köč. 115/Ecke Kiev köč. Nicht verwechseln mit dem Dordoj Basar am nördlichen Stadtrand, dem größten Markt Bischkeks.
Supermärkte der Kette Narodny gibt es an fast jeder Ecke.
Empfohlen wird das Geschäft **Ali Baba,** ein Gemüseladen mit erweitertem Sortiment (Ecke Toktogul/Manas köč.) und einer Snackbar: Salate, Kuchen, kleine Speisen (empfehlenswert unter anderem: Quiche mit Pilzen, Quarkkeulchen, kleine Pizzas, gefüllte Teigtaschen). Alles wird frisch zubereitet und schmeckt, und die Verkäuferinnen sind freundlich. Dazu führt der Laden das übliche Lebensmittelangebot.
Stadtpläne verkaufen die meisten Souvenirläden, Schreibwarengeschäfte oder der **Raritet-Buchladen**. Unter den in Bischkek lebenden Ausländern gilt er als bester der Stadt, er liegt (etwas versteckt) rechts neben dem Nationalmuseum im Untergeschoß (Čuj Pr. 271–14)

Die Umgebung von Bischkek

Wie schon die vom Stadtzentrum aus zu sehenden Berge anzeigen, ist der Weg zu den Naturschönheiten Kirgistans nicht weit.

Sokoluk-Schlucht

Etwa 15 Kilometer westlich von Bischkek zweigt eine Straße in die Schlucht des Flusses Sokoluk ab. Hinter dem eine Stunde Fahrtzeit von Bischkek gelegenen Dorf **Taš-Bulak** (den Einheimischen auch bekannt unter seinem früheren Namen Belagorka) beginnt ein Trekkingpfad, auf dem man nach etwa zwei Stunden zum 100 Meter hohen Tauben-Wasserfall gelangt und den Viertausender ›Schwarzer Kreml‹ bewundern kann. Über einen 3775 Meter hohen Paß führt der Trek entlang alter Hirtenpfade in die Suusamir-Syrte. Man sollte drei Tage hierfür veranschlagen und die Wanderung nur mit Führung in Angriff nehmen, da die Orientierung nicht einfach ist.

Herbst im Ala-Arča-Naturpark

Ala-Arča-Naturpark

Der Naturpark Ala-Arča, 30 Kilometer südlich von Bischkek, ist einer der höchstgelegenen der Welt: Er beginnt bei 1600 Metern und umfaßt die größte der zahlreichen Schluchten in der Gegend sowie die umliegenden Berge mit Wasserfällen und Gletschern. Der Ala-Arča-Naturpark hat seinen Namen von dem hier wachsenden Wacholderbaum, der bis zu 600 Jahre alt wird. Es gibt zahlreiche Möglichkeiten zu Wanderun-

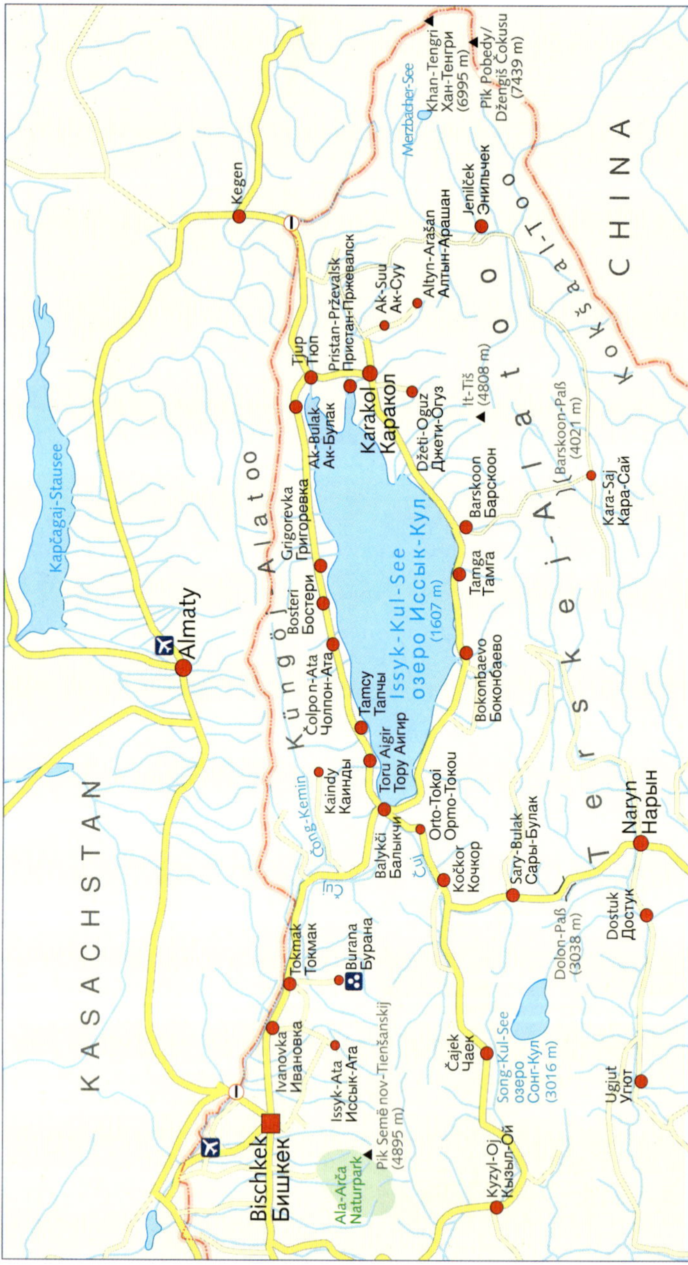

Bischkek und der Issyk-Kul

gen oder kurzen Treks und ein Bergsteigercamp. Auf einem **Gletscher** hoch in den Bergen kann man sogar im Sommer Ski laufen. Am Zugang wird ein Ökosteuer genannter Eintritt erhoben (40 Som pro Person, 80 Som pro Auto). Am Wochenende ist es hier im Sommer sehr belebt, denn die Schlucht ist ein beliebtes Naherholungsziel. Auf dem Gebiet des Parks liegt der höchste Gipfel des Kirgisischen Alatau, der **Pik Semënov-Tienšanskij** (4895 Meter).

Der Naturpark Ala-Arča ist mit öffentlichen Verkehrsmitteln nicht besonders gut zu erreichen. Es fahren nur wenige Busse und meistens nicht bis ganz zum Eingang, so daß man vom Endpunkt für den Rest der Strecke ein Taxi nehmen muß. Einfacher ist es, dieses dann gleich für die ganze Distanz von Bischkek aus anzuheuern. Geführte Wanderungen werden von allen in Bischkek ansässigen Reisebüros (S. 229) angeboten. Auf den Gletscher gelangt man mit einer Seilbahn, es gibt auch eine Skihütte. Die Kirgisische Kartografische Agentur verkauft eine Karte des Naturparks (1:50 000). Auch gibt es inzwischen im gleichen Maßstab eine englischsprachige Spezialkarte für Wanderer und Bergsteiger.

Der sich östlich von Ala-Arča ins Gebirge ziehende **Alamedin-Canyon** ist zwar kein Naturpark, aber landschaftlich ebenso schön. Hier liegt das aus sowjetischer Zeit stammende Sanatorium Tëplye Kluči. Es bietet Unterkunft und Bademöglichkeiten, wird allerdings immer noch vom Energieministerium ›gemanagt‹ und ist so heruntergekommen, daß Reisende vom Besuch abraten.

Čong-Taš

Der Ort Čong-Taš an einer Straße zwischen den Canyons Ala-Arča und Alamedin markiert die Stelle, an der 1938 während des Stalinterrors die gesamte Regierung der Kirgisischen Sowjetrepu-

Landschaft östlich von Bischkek bei Alamedin

blik erschossen wurde. Die Leichen warf man in einen Ziegelofen. Erst 1991, zur Zeit der Perestrojka, informierte einer der wenigen Mitwisser die Behörden, und die sterblichen Überreste wurden in einem Massengrab beigesetzt. Ein schlichter Gedenkstein erinnert an diese Opfer des langen Arms Moskaus, unter denen auch der Vater des berühmten Schriftstellers Tschingis Aitmatow vermutet wird.

Canyon Issyk-Ata

Etwa 45 Kilometer östlich von Bischkek öffnet sich der Canyon Issyk-Ata, der ein Heilbad birgt. Der russische Forscher Semënov bemerkte bei der Quelle eine Buddha-Darstellung und die tibetische Inschrift ›Om mani padme hum‹ und berichtete, der Buddha werde von den Einheimischen zur Verehrung mit Hammelfett eingerieben.

Das **Sanatorium Issyk-Ata** ist das ganze Jahr über geöffnet und bietet 200 Personen Platz. Die Preise sind niedrig: acht US-Dollar pro Tag im Doppelzimmer mit Vollpension, Behandlung in Wasser- und Schlammbädern und Nutzung der Schwimmbecken. Behandelt werden Erkrankungen des Bewegungs- und Stützapparats, nervöse Störungen, Haut- und Frauenkrankheiten. Das Buddha-Bild hat einen Ehrenplatz im Hof des Sanatoriums.

Ak-Bešim

Etwa 50 Kilometer östlich von Bischkek liegt Ak-Bešim, wo zwei buddhistische Tempel mit Malereien, Gipsreliefs und Statuen, zum Teil aus vergoldeter Bronze, freigelegt wurden. Ebenso fand man Überreste einer fünf mal fünf Meter großen nestorianischen Kirche, die nach den syrischen Bauregeln auf kreuzförmigem Grundriß errichtet worden war. Man vermutet an dieser Stelle das legendäre Sujab, das verschiedenen Völkern als Hauptstadt diente, bevor es von Dschingis-Khan zerstört wurde.

Rund um Tokmak

70 Kilometer östlich der Hauptstadt liegt der **Canyon Kegeti**. Dahinter kommt **Tokmak** – heute eine Industriestadt, im Mittelalter Sitz eines nestorianischen Erzbistums. Reisende empfehlen in Tokmak die Restaurants ›Banu‹ und ›Traktir‹ in der Nähe des Marktes. Im etwa zehn Kilometer entfernten **Šamšin-Tal** wurde ein reicher skythischer Goldschatz ausgegraben. In der Nähe – zwölf Kilometer südlich von Tokmak – lag die Stadt Burana.

Rest eines Minaretts in Burana

Die Ausgrabung Burana

Das Siebenstromland war seit alters ein Siedlungsgebiet und Machtzentrum nördlich des Tien-Schan. Nicht mehr genau feststellen läßt sich die Lage von Sujab, das 748 von den Chinesen und endgültig Anfang des 13. Jahrhunderts von den Mongolen zerstört wurde.

Weiter östlich, an einem ebenfalls bislang nicht eindeutig festzulegenden Ort, befand sich Balasagun, Hauptstadt der Karakhaniden und Geburtsort von Jusuf Has-Hacib, dem Autor des ältesten bekannten Literaturwerkes in türkischer Sprache. In der Nähe liegen die Ruinen der Stadt Burana. Burana liegt zwölf Kilometer südlich von Tokmak. Hier gründeten die Karakhaniden, die diese Gegend vom 10. bis 12. Jahrhundert beherrschten, eine ihrer Hauptstädte. Obwohl die Mongolen, die unter Dschingis-Khan einfielen, die Stadt nicht zerstörten, wurde sie im 13. und 14. Jahrhundert allmählich aufgegeben und verfiel.

Das ehemalige Siedlungsgebiet von 570 mal 600 Metern markiert ein Geviert von Wällen. Diese müssen einmal acht bis zehn Meter hoch und am Fuß sieben Meter stark gewesen sein. In Steinwurfweite voneinander standen Wehrtürme.

Das Hervorstechendste, was von der alten Stadt übrig geblieben ist, ist der 24 Meter hohe Stumpf eines Minaretts. Der ursprünglich etwa 45 Meter hohe Bau wurde früher als Steinbruch mißbraucht – auf alten Fotos sieht er aus wie eine riesige ausgedrückte Zigarre. Das solide quadratische Fundament reicht 5,6 Meter in die Tiefe. Inzwischen ist die achteckige Basis mit ihren Spitzbögen wieder hergestellt worden, so daß der Turm bestiegen werden kann. Ihn zieren sechs Ornamentbänder aus versetzt gemauerten Ziegeln. Die dazugehörige Moschee ist spurlos verschwunden.

Ein zehn Meter hoher Hügel mit einer Ausdehnung von 100 mal 100 Metern trug eine Palast- oder Tempelanlage, die wohl schon vor der Stadtgründung existierte. In späteren Zeiten wurde der Hügel mit Wohnhäusern bebaut. Ausgrabungen förderten haus- und landwirtschaftliche Geräte, Schmuck und Tongeschirr zutage.

Zu den gefundenen Bauten zählen auch die Grundmauern von drei Mausoleen aus dem 11. oder 12. Jahrhundert – ein achteckiges und zwei hufeisenförmige. Sie waren gemäß überlieferten Proportionen wahrscheinlich beachtliche 17 Meter hoch. Hier wurden zahlreiche Gräber entdeckt.

Das Museum neben der Ausgrabungsstätte zeigt Schmuck, Waffen, Felszeichnungen und Artefakte aus der alten Stadt und der Umgegend. Besonders interessant sind die im Freien aufgestellten Balbals – Steinfiguren, die aus dem Čuj-Tal, vom Issyk-Kul und anderen Orten Kirgistans stammen. Gesichtszüge und Haartracht der Skulpturen sind sorgfältig gestaltet. Da überwiegend Männer dargestellt sind, nimmt man an, daß es Bildnisse getöteter Feinde sind.

Anderthalb Kilometer südlich von Burana stehen auf einem nestorianischen Friedhof Grabsteine mit Kreuzen und türkisch-syrischen Aufschriften.

Von Bischkek erreicht man Burana, indem man vom östlichen Busbahnhof nach Tokmak fährt (Minibus 353). Von dort fahren drei Busse täglich zu der archäologischen Stätte, man kann aber auch ein Taxi nehmen (hierfür sollte man mit knapp 5 Euro für Hin- und Rückfahrt rechnen).

Čuj-Fluß und Čong-Kemin-Tal

Der Weg von Bischkek über Tokmak zum Issyk-Kul führt durch die **Boom-Schlucht.** Vor langer Zeit mündete der Čuj ebenfalls in den See. Immer tiefer schnitt er die Boom-Schlucht ein, und schließlich kehrte sich die Fließrichtung um, heute fließt er nach Nordwesten in Richtung Kasachstan. Der Seespiegel des Issyk-Kul senkte sich infolgedessen. Uferterrassen und Abbrüche zeigen an, wie hoch er einst stand. Heute besteht zwischen Issyk-Kul und Čuj nur noch eine gelegentliche Verbindung, der sechs Kilometer lange Kutemaldy, der sich bei Hochwasser im Čuj füllt.

Wer nach Zentralkirgistan abzweigen will, kann hier eine Abkürzung südwärts nehmen, die vorbei am kleinen **Stausee Orto-Tokoi** auf die Straße vom Issyk-Kul ins Landesinnere führt. Das Orto-Tokoi-Reservoir wurde zur Regulierung des bei der Schneeschmelze stark anschwellenden Čuj angelegt.

In der Boom-Schlucht mündet in den Čuj der **Čong-Kemin,** der aus einem Tal zwischen den Bergen von Zailijskij- und Kungej-Alatau herabfließt. Grüne Weiden, ockerfarbene Berge und Pinienwälder bestimmen dessen Landschaft.

Das Čong-Kemin-Tal (Долина Чонг-Кемин) ist 80 Kilometer lang und steigt von 1400 auf 2800 Meter Höhe an. Es wird von über 4000 Meter hohen Bergen begrenzt. In diesem Tal, in dem auch Tien-Schan-Fichtenwälder wachsen, wurden der letzte kirgisische Khan Baityk Baatyr wie auch Ex-Staatspräsident Akaev geboren.

Wanderungen im Čong-Kemin-Tal

Das Čong-Kemin-Tal liegt nahe genug an Bischkek für einen Wochenendausflug, von **Kaindy**, einem der Dörfer am oberen Ende des Tals, können aber auch mehrtägige Wanderungen bis an das Talende und weiter zum Issyk-Kul begonnen werden. Die Landschaft ist atemberaubend schön, man wandert durch das breite grüne Tal entlang an vergletscherten Viereinhalbtausendern.

Eine Mehrtageswanderung führt flußaufwärts bis zur Quelle des Čong-Kemin an den Gletschersee Džassyl-Kul, von dort über den östlichen **Ak-Suu-Gletscher** und weiter über den **Ak-Suu-Paß** (4080 Meter). Vom Paß aus geht es entlang des Flusses Čong Ak Suu (nicht mit dem Fluß Ak Suu südöstlich des Issyk-Kul-Sees zu verwechseln) hinab zum

Pferdeherde im oberen Čong-Kemin-Tal

Auf dem Weg von Almaty zum Issyk Kul

Ufer des Issyk-Kul nach Grigorevka. Zu UdSSR-Zeiten war dies ein beliebter Trek; mit 120 Kilometern Länge, mindestens fünf bis sechs Tagen Dauer und einer Gletscherüberquerung ist er aber erfahrenen Wanderern vorbehalten.

Alternativ kann man diese Wanderung in Almaty in Kasachstan beginnen. Vom Stausee oberhalb Almatys erreicht man über den Ozërnij-Paß (3500 Meter) von Norden her das obere Čong-Kemin-Tal. Von hier aus geht es dann ebenfalls über den östlichen Ak-Suu-Gletscher und das Čong-Ak-Suu-Tal zum Issyk-Kul. Diese Tour sollte man wegen des teils unwegsamen Geländes, der erforderlichen Visa und des Grenzübertrittes im Gebirge (eigentlich illegal, in der Regel aber geduldet) unbedingt mit einem ortskundigen Reiseveranstalter bzw. Bergführer unternehmen.

Leichter als diese beiden Touren ist der Übergang über den **Kyzyl-Bulak-Paß** nach **Toru-Aigir** (45 Kilometer, zwei Tage). In der Siedlung Ulan bei Toru-Aigir kann man ein Hüttenlager zur Übernachtung nutzen.

Čuj und Čong-Kemin

Čuj-Tal: Der Bischkeker Reiseveranstalter Silk Road Water Center bietet Floßfahrten (Rafting) auf dem Fluß an (Žibek Žolu 285, Tel. 00996/(0)32/609919, 750972, 750881, kyrgyzraft@mail.ru, www.rafting.com.kg).

Čong-Kemin-Tal: Für die verschiedenen möglichen Wanderungen auf der kirgisischen Seite des Gebirges kann man sich an den Reiseveranstalter Kyrgyz Travel in Bischkek wenden (S. 230), der erfahrene Bergführer zur Verfügung stellt.
Für die Wanderung vom kasachischen Almaty zum Issyk-Kul wendet man sich am besten an den deutschen Veranstalter Kasachstan Reisen: www.kasachstanreisen.de.

Im oberen Tal des Čong Kemin liegt in den Sommermonaten (Anfang Juni bis Ende August) das Lager von Bahyt und seiner Frau Ainura, die hier ihre Pferde, Ziegen, Schafe und Yaks auf der Sommerweide halten. Die Familie bietet müden Wanderern einfache Unterkunft und Verpflegung in einer ihrer Jurten. Außerdem sind Reitausflüge in die landschaftlich äußerst beeindruckende Umgebung des Lagers möglich. Allerdings sollte man, wenn man nicht ohnehin in Begleitung eines ortskundigen Führers ist, Grundkenntnisse des Russischen haben. Außerhalb der Weidesaison ist die Familie in ihrem Winterquartier unter Tel. +996/772/395483 zu erreichen.

Der Issyk-Kul-See

Im Osten birgt Kirgistan seine beeindruckendsten Naturwunder – die höchsten Tien-Schan-Gipfel und den nach dem Titicaca-See zweitgrößten Hochgebirgssee der Welt: den Issyk-Kul (Озеро Иссык-Кул, kirg. Ysyk-köl). Bevor die Kräfte, die den Tien-Schan auftürmten, in der Kasachensteppe verebbten, schoben sie zwei Bergketten in die Höhe und das Schmelzwasser der Gipfelgletscher füllte den tiefen Spalt, der sich zwischen ihnen aufgetan hatte. Mit 702 Metern ist der Issyk-Kul der vierttiefste See der Erde und hat auch sonst beeindruckende Ausmaße: er ist in west-östlicher Richtung etwa 180 Kilometer lang und mißt 60 Kilometer an seiner breitesten Stelle. Er bedeckt 6236 Quadratkilometer, damit ist seine Fläche elfeinhalbmal größer als die des Bodensees (540 Quadratkilometer). Der Issyk-Kul liegt in der nach dem Ferganabecken größten Senke des Tien-Schan, dessen Gipfel, die ihn im Norden und Süden einrahmen, selbst im Sommer mit Schnee bedeckt sind. Wenn das Licht der Abendsonne auf den See fällt, gleichen die Viertausender einer Platinkrone auf dunkelblauem Samt.

Der **Terskej-Alatau** (Терскей Алатау) – die südlich am See entlang laufende Bergkette – beginnt schon 100 Kilometer westlich der äußersten Spitze des Sees, nördlich des Song-Kul-Sees. Er gehört zum Rückgrat des Tien-Schan-Gebirges, das insgesamt 1350 Kilometer lang ist, weit im Westen beginnt und in den Siebentausendern gipfelt, die sich Kirgistan mit China teilt. Geschweift wie ein Axtstiel beschreibt er einen leichten Bogen um den Issyk-Kul und strebt östlich seiner Mitte wieder nordwärts, bevor er in einem scharfen Knick nach Südosten zum Massiv des Khan-Tengri anschließt. Sein Granitkamm erreicht am It-Tiš (Ит-Тиш) südwestlich der Stadt Karakol mit 4808 Metern den höchsten Punkt. Die Vorberge verflachen auf 30 bis 40 Kilometern allmählich zum See hin und sind von Flüssen durchzogen, die im Osten des Tals bewaldete Schluchten, im Westen Terrassen mit Steppen und Wiesen bewässern.

Im Norden riegelt der **Kungej-Alatau** (Кунгей Алатау) den Issyk-Kul gegen die Kasachensteppe ab. 4770 Meter mißt der Berg Čok-Tal (Чок-Тал) im Westen und 4647 Meter der Berg Ešenbulak (Эшенбулак) direkt nördlich der Seemitte.

Die Schönheit des Issyk-Kul ist der Stolz der Kirgisen; ihnen gilt er als heilig. er ist auch im Staatswappen abgebildet.

Die Mongolen nannten den Issyk-Kul ›Temurtu-Nor‹, ›Eisensee‹, denn sie hatten an einigen Stellen eisenhaltigen Sand gefunden.

Im Osten des Issyk-Kul-Gebietes gehen viermal so viele Niederschläge ab wie im Westen, von wo der Wind vorherrschend weht. Er reichert die Luft mit der vom See aufsteigenden Feuchtigkeit an,

Badesteg am Nordufer des Issyk-Kul

Einsamer Strand am Südufer

die dann, von den Bergen in die Höhe gezwungen, ausfällt. Daher entstehen die beiden größten Flüsse im Becken hier: Tjup und Džergalan.

Mit einem Volumen von 1738 Kubikkilometern ist der Issyk-Kul die größte abflußlose Wassermasse Mittelasiens. 80 Flüsse speisen ihn mit Gletscherwasser, doch keiner verläßt ihn. Deshalb ist das Wasser leicht salzig (5,8 Gramm/Liter). Große Sorge macht den Kirgisen, daß giftige Abwässer vom Goldbergwerk Kum-Tor in den See gelangen könnten. 1998 war ein Lkw mit hochtoxischen Chemikalien in einen Zufluß des Sees gestürzt. Das Bergwerk liegt südlich des Issyk-Kul auf 4400 Metern Höhe am Nordhang der Ak-Šyjrak-Bergkette.

Der Issyk-Kul war stets ein bevorzugter Ort für Siedler. An den Zugängen im Osten und Westen zum fischreichen See lockten fruchtbare Täler, Wälder und Weiden, heiße Quellen und Flüsse. 1868 erreichten die ersten russischen Siedler den See und gründeten die Orte am Ostufer. In den folgenden Jahrzehnten stießen Uighuren und Dunganen hinzu, Moslems aus Sinkiang, die vor der Verfolgung in China flüchteten.

Tourismus

Im Durchschnitt scheint hier 2800 Stunden im Jahr die Sonne, und es herrscht das am wenigsten kontinentale Klima im Land. Im Uferbereich ist es etwa 3 bis 5 °C wärmer als in anderen Teilen Kirgistans, die auf gleicher Höhe liegen. Trotz seiner Lage auf 1608 Metern Höhe friert der See nie zu. Seinen Namen trägt er somit zu Recht: Er bedeutet ›heißer See‹. Man vermutet, daß warme Quellen am Seegrund das Wasser über dem Gefrierpunkt halten, denn rund um das Ostende sprudelt heißes Wasser aus der Erde, das für Heilbäder genutzt wird.

Fast die Hälfte der 688 Kilometer langen Küste ist Sandstrand. Zu Sowjetzeiten entstand am westlichen Nordufer des Issyk-Kul die zweitgrößte Badezone nach der Schwarzmeerküste. Heute kommen hierher jährlich etwa eine Million Besucher, hauptsächlich aus Kirgistan und Kasachstan. Entsprechend ist die stellenweise erheblich aufgewertete Infrastruktur – aber auch der Rummel gerade in den großen Ferienanlagen, die Wasserscooter, Parasailing und Tretboote anbieten sowie Restaurants, Strandbars und Discos unterhalten.

Das Nordufer

Kurz bevor man aus der Boom-Schlucht kommend Balykči erreicht, erheben Verkehrspolizisten an einem Kontrollpunkt ein ›Ökologiesteuer‹ genanntes Eintrittsgeld: Seit 1948 sind der See und ein zwei Kilometer breiter Uferstreifen Naturschutzgebiet. Hier überwintern 50 000 Zugvögel – Schwäne, Pelikane, Graugänse und Tauchenten.

Balykči

Auf dem Weg nach Balykči passiert man am westlichen Ortseingang ein Denkmal des russischen Forschers Semënov-Tienšanskij. Balykči ist die kirgisische Übersetzung des ursprünglichen russischen Namens Rybače (›Fisch‹, kirgisisch ›Balyk‹, russisch ›Ryba‹). Nach der Unabhängigkeit hatte man den Ort in Issyk-Kul umgetauft, in einer russophoben Anwandlung, die recht halbherzig gewesen sein muß – es geht das Gerücht um, hier seien mehr Lenin-Denkmäler stehengeblieben als sonst irgendwo in Mittelasien. Übernachten kann man in Balykči im Hotel ›Aliya‹, die Zimmer sind gut ausgestattet, eine Nacht im Einzelzimmer kostet 50 US-Dollar. Leider verdient das Essen kein Lob. Auch das Restaurant ›Iriski‹ hat von Reisenden keine guten Kritiken bekommen. Das ›Arivan‹ an der Komsomol Köčösü 139 ist ein schlichtes Provinzrestaurant, es gibt aber gute koreanische und russische Küche.

Tamčy und Kara-Oj

In der Ortschaft Tamčy (Тамчы) sollte man nach dem Schild zum Hotel ›Old Castle‹ Ausschau halten, einem Hotel, das einer Ritterburg nachempfunden ist. Auch wer hier nicht übernachten will, sollte diese Kuriosität, die sich ein Neureicher an den See gebaut hat, besichtigen.

Tamčy-Informationen

In Tamčy befindet sich das bislang einzige CBT-Büro (siehe auch S. 229) an der Nordküste des Issyk-Kul. Der Koordinator Kudaibergen Kurenov bringt Reisende in seinem Haus unter und vermittelt weitere Übernachtungsmöglichkeiten im Dorf und in Jurtensiedlungen im Vorgebirge. (Isabekov köč. 27/Ecke Batikov köč., Tel./Fax: 00996/(0)3943/21339)

Čolpon-Ata

Auf Höhe der Mitte des Sees liegt der Ort Čolpon-Ata (Чолпон-Ата), das bekannteste Touristikzentrum am See. Der Name bedeutet ›Hüter des Morgensterns‹; so nennen die Kirgisen den Schutzgeist ihrer Schafe. Ein sich auf Pferde beziehender Name wäre auch passend, denn hier befindet sich die beste Hengstzucht Kirgistans und am östlichen Ortsausgang die dazugehörige Pferderennbahn. Auf einem kleinen Basar kann der Reisende Proviant nachladen und sich nach Unterkunftsmöglichkeiten umhören. Privatleute bieten Zimmer an, inklusive Verpflegung.

Bucht bei Čolpon-Ata

Die Sandstrände laden zum Baden ein, und man kann Ruder- und Segelboote mieten. Sehenswert ist das **Issyk-Kul-Museum** an der Hauptstraße, das eine gute Ausstellung historischer und neuer Artefakte aus der Issyk-Kul-Region und dem Čuj-Tal bewahrt: skythischen Schmuck, Töpfe, Werkzeuge und Balbals (Steinfiguren). Qualitätvoll ist auch die Sammlung von Kleidungsstücken und Musikinstrumenten.

In den Bergen zwei Kilometer nördlich des Städtchens sind **Felszeichnungen** erhalten, vermutlich von den Skythen. Ein großes Schild begrüßt Besucher in mehreren Sprachen (sogar auf Deutsch: ›Staatliches Historisches Freilichtmuseum Issyk-kul‹). Die spektakulärsten Felsritzungen sind in Englisch und Russisch beschildert. Im Museum kann man Führungen buchen. Die beste Tageszeit für einen Besuch ist kurz vor Sonnenuntergang, wenn die Bilder plastisch hervortreten. Eintritt: ein US-Dollar. In der Post neben dem Museum gibt es öffentlichen Internet-Zugang

Weiter im Gebirge, schon in Kasachstan, liegen die drei Granitgipfel des Berges Talgar (4878 Meter). Sie gehören zum Zailijskij-Alatau, der parallel zum Kungej-Alatau verläuft und sich hier mit diesem zu einem Gebirgsknoten vereint. Hier liegt das Zentrum des Almaty-Naturschutzgebiets. Nach beiden Seiten erstrecken sich je 50 Kilometer ewiger Schnee, in dem die meisten der 110 Gletscher des Kungej-Alatau nisten. Der größte ist mit etwa zwölf mal drei Kilometern Ausdehnung der Bogatyr, dessen Name auf Russisch ›Gigant‹ bedeutet. Aus den Gletschern entspringen zwei Flüsse, deren tiefe Schluchten die Ketten trennen.

Bei Bosteri steht ein Sanatorium für Bessergestellte, die sich am Issyk-Kul auskurieren wollen. Der Betonkoloß trägt den Namen ›Aurora‹, da er an den Panzerkreuzer erinnert, dessen Kanonenschuß 1917 in Sankt Petersburg die Oktoberrevolution einleitete. Zu dem Komplex gehören eine 47 Hektar große, gepflegte Gartenanlage und ein eigener Strand. Ausländer müssen ihren Aufenthalt in US-Dollar zahlen und sind daher willkommene Gäste. Vollpension gibt es ab etwa 65 Dollar pro Person und Tag (http://eng.concept.kg/issykresorts/aurora/).

Weiter östlich beginnt der 15 Kilometer lange Grigorevka-Canyon, Endpunkt eines beliebten Wanderwegs zwischen Almaty und Issyk-Kul (s. S. 126). Er ist geschmückt von einem pilzreichen Nadelwald. Hier befindet sich ein kleines Hotel, das von Čolpon-Ata per Bus zu erreichen ist.

Čolpon-Ata-Informationen

Privatzimmer: Am Weg zum See, der zwischen Basar und Bushaltestelle von der Hauptstraße abgeht, liegen eine Reihe kleinerer Ferienunterkünfte, die einfach, aber günstig (100 bis 250 Som pro Nacht inklusive Frühstück) und freundlich sind. Einfach schauen, wo ein entsprechendes Schild am Haus hängt (Комнаты/Komnaty) und anklopfen.

Entlang dem Nordufer des Issyk-Kul gibt es insgesamt 70 Pensionate, Hotels und Sanatorien.

Reisende empfehlen das **Pensionat Rohat-NBU** am See in Kara-Oj, fünf Kilometer von Čolpon-Ata entfernt. Auf einem über 18 Hektar großen bewaldeten Gelände stehen Gebäude mit Ein- bis Vier-Bettzimmern für insgesamt 650 Gäste und wohnliche Ferienhäuser. Zur Anlage gehören mehrere Restaurants, Hallenbad und Tennisplatz. Rafting, Schiffs- und Hubschrauberflüge, Paragliding und Drachenfliegen sind im Angebot. Die Preise beginnen mit ca. 1400 Som für ein EZ in der Vor- und Nachsaison (Juni und September) und steigen in der Hochsaison (Juli, August) auf ca. 2400 Som. Ferienhäuser der Kategorie ›Luxus‹ kosten entsprechend von ca. 6000 bis ca. 9500 Som. In den Preisen ist Vollpension inbegriffen. Tel. 00996/(0)3943/52282, Fax 45025, http://eng.concept.kg/issykressorts/rohat.

Karkara-Tal

Der östliche Zugang zum Issyk-Kul von Kasachstan führt durch das Karkara-Tal, einen hervorragenden Weideplatz. Mitte Juni feiern kirgisische und kasachische Hirten hier ein mehrtägiges Fest mit Reiterspielen. Bemerkenswert ist ein großer Steinhaufen, der mit dem Feldzug des Eroberers Timur nach China in Verbindung gebracht wird: San-Taš (was soviel bedeutet wie ›Steine zählen‹). Als Timur nach Osten aufbrach, ließ er jeden Soldaten vor der Überquerung des Gebirges einen Stein auf den Haufen legen. Die Überlebenden nahmen auf dem Rückweg je einen Stein weg. Was übrigblieb, ist ein Mahnmal für die Gefallenen aus dem Heer des blutrünstigen Herrschers. Vor Tjup kann man links (ostwärts) auf die Straße abbiegen, die den Kungej-Alatau umgeht und nach Almaty führt.

Tjup

Tjup (Тюп) ist ein verschlafener Ort mit einem Basar sowie einer bescheidenen Anzahl von Geschäften. In der Nähe soll die Hauptstadt Tschigu der Usunen gelegen haben, die vor 2000 Jahren den Tien-Schan beherrschten. Ausgrabungen am Ufer des Issyk-Kul zeigen an, daß Reste der Stadt am Südufer der Tjup-Bucht zum Teil heute noch unter Wasser erhalten sind.

Am östlichen Ende des Sees beim Dorf Ak-Bulak liegt das Dorf **Svetly Mys** (Helles Kap). Von den angrenzenden Hügeln aus ist erkennbar, daß die Straßen des Dorfs ein orthodoxes Kreuz formen. Weil gemäß einer Legende der Apostel Matthäus hier begraben liegt, wurden im Laufe der Jahrhunderte acht Klöster an dieser Stelle gegründet. Viele Gebäude im Dorf sind Überbleibsel eines russisch-orthodoxen Klosters, das bei den Aufständen der Kirgisen gegen die Herrschaft des Zaren 1916 zerstört wurde. Zwei davon – eine Herberge und das Refektorium – hat ein kirgisisches Ehepaar renoviert, das dort auch Touristen bewirtet. Rund um das Dorf liegen Katakomben und unterirdische Priesterzellen. Sie sind überwiegend mit Schutt gefüllt, zum Teil aber noch zugänglich.

Von hier gelangt man zu einer Ansammlung von in Linien aufgereihten Grabhügeln. Diese **Kurgane** genannten Kuppen bergen die Gräber skythischer Krieger und Edelmänner. In den Grabkammern von Kurganen in Kasachstan und südlich des Issyk-Kul fanden sich Beigaben in Form von Schmuck, Bronzegefäßen und Waffen. Der großartigste Fund war eine aus über 4000 verzierten Goldplättchen gefertigte Schmuckrüstung. Viele der Kurgane bei Svetly Mys sind noch nicht erforscht. Wer weiß, welche Schätze sich in ihnen verbergen mögen?

Am Issyk-Kul beginnt ein beliebter Trek über die Grenze nach Kasachstan zu den drei in einem Naturpark gelegenen **Kol-Saj-Seen** an der Nordflanke des Kungej-Alatau: vom Dorf Balbaj steigt man zum 3274 Meter hohen Paß Sarybulak. Der Obere Kol-Saj liegt auf 2700 Meter und ist locker umstanden von Tien-Schan-Fichten. Der mittlere See liegt acht Kilometer weiter und 600 Höhenmeter niedriger. Hier hat sich der Baumbestand bereits zu einem geschlossenen Wald verdichtet. Noch zehn Kilometer weiter und 800 Höhenmeter unter dem zweiten See liegt der erste See. Er ist mit dem Auto erreichbar, weshalb es einen Campingplatz und Cottages gibt. Für diese Wanderung braucht man ein Visum für Kasachstan und eine gebührenpflichtige Erlaubnis von kirgisischer Seite, sich im Grenzgebiet aufzuhalten (siehe ›Reisetips von A bis Z‹, Stichwort ›Allgemeines‹).

Karakol und das Südufer

Ein Abstecher ans Ostende des Issyk-Kul lohnt sich wegen Karakol und seiner reizvollen Umgebung. Karakol (Каракол) wurde 1864 von den Kosaken als Garnisonsstadt unter seinem heutigen Namen gegründet, der ›Schwarze Hand‹ bedeutet – wegen des fruchtbaren Ackerbodens. Karakol hat das typische Aussehen eines russischen Kolonialstädtchens mit seinen verzierten, in freundlichen Farben gestrichenen einstöckigen Häusern und den im Schachbrettmuster angelegten schattigen Alleen. Nachdem 1888 hier der russische Forschungsreisende Prževalskij gestorben war, wurde Karakol zu seinen Ehren umbenannt, was allerdings nach der Unabhängigkeit Kirgistans wieder rückgängig gemacht wurde. 1916 griff die antizaristische Rebellion der Einheimischen im Fergatal hierher über. 2000 Russen wurden gelyncht, was die Kosaken grausam vergalten.

Die Stadt ist das Verwaltungszentrum des Issyk-Kul-Gebiets und bietet neben dem gutsortierten **Ak-Tilek Basar** viele Geschäfte, die Lebensmittel, Hausrat und Kunsthandwerk verkaufen. Besonders sonntags lohnt sich der Besuch des **Viehmarkts** im Nordwesten des Stadtzentrums. Wegen der Nähe zu den Tälern der Umgebung mit ihren heißen Quellen, den Tien-Schan-Fichtenwäldern und zahllosen Wandermöglichkeiten ist Karakol ein guter Ausgangspunkt für Erkundungen. Da sich dies allmählich herumspricht, hat sich auch das Angebot an Pensionen und Verpflegungsmöglichkeiten in den letzten Jahren deutlich vergrößert.

Eine originelle Sehenswürdigkeit ist die dunganische (oder chinesische) **Moschee**, die wie ein buddhistischer Tempel aussieht. Die Dunganen, chinesische Moslems, hatten sich 1883 hier niedergelassen und die Moschee im Jahre 1910 ganz aus Holz errichtet.

Ebenfalls ganz aus Holz ist die **russisch-orthodoxe Dreifaltigkeitskirche,** die 1896 erbaut wurde und idyllisch in einem Rosengarten gleich hinter dem

Die russisch-orthodoxe Dreifaltigkeitskirche

kleinen Jaškilik Basar liegt. Wie so viele andere wurde auch dieses Gotteshaus von den Sowjets zweckentfremdet – in diesem Fall zu einer Turnhalle –, aber in den 90er Jahren restauriert.

NABU-Artenschutzzentrum

Der NABU hat 2004 den ehemaligen Zoologischen Garten von Karakol – den einzigen Zoo des Landes – übernommen und dort ein Artenschutzzentrum gegründet. Hier finden Tiere bedrohter Arten Zuflucht, die von der ebenfalls durch den NABU gegründeten Anti-Wilderer-Einheit ›Gruppa Bars‹ (Russisch: Schneeleopard) bei illegalen Jägern und Tierhändlern beschlagnahmt wurden. In den großzügig und soweit möglich artgerecht umgebauten Gehegen und Volieren leben Isabell-Braunbären, Wölfe,

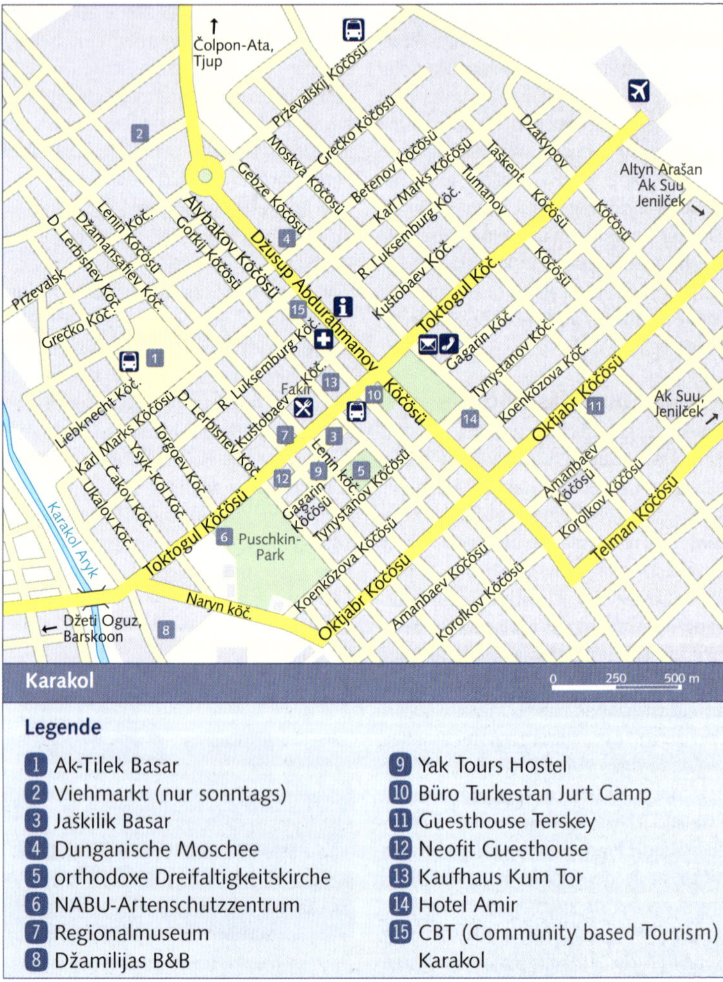

Karakol

Legende

1 Ak-Tilek Basar
2 Viehmarkt (nur sonntags)
3 Jaškilik Basar
4 Dunganische Moschee
5 orthodoxe Dreifaltigkeitskirche
6 NABU-Artenschutzzentrum
7 Regionalmuseum
8 Džamilijas B&B
9 Yak Tours Hostel
10 Büro Turkestan Jurt Camp
11 Guesthouse Terskey
12 Neofit Guesthouse
13 Kaufhaus Kum Tor
14 Hotel Amir
15 CBT (Community based Tourism) Karakol

Luchse, Sibirische Steinböcke, das durch die Großwildjagd stark bedrohte Marco-Polo-Schaf und Greifvögel wie Sakerfalke und Steinadler. Insgesamt können derzeit über 100 Tiere und 29 Arten besichtigt werden.

Gleichzeitig ist dies das einzige Umweltbildungszentrum seiner Art in Mittelasien. Sein Programm richtet sich besonders an die heranwachsende Bevölkerung, und jedes Jahr besuchen zahlreiche Schulklassen die Einrichtung. Demnächst soll in einem Gebäude ein Informationszentrum eröffnet werden. Die Anlage befindet sich am westlichen Ende der Toktogul köč., nördlich des Puschkin-Parks.

Am Nordufer des Issyk-Kul hat der NABU in den Bergen bei Ananevo das weltweit größte Freigehege für Schneeleoparden eingerichtet. Für Besucher ist es allerdings nicht zugänglich. Die NABU-Repräsentanz für Mittelasien hat ihren Standort in Bischkek, gleichzeitig ist dies die Hauptvertretung des NABU Kirgistan.

Karakol-Informationen

Vorwahl: 00996/(0)3922.

Touristeninformation Džusup Abdurahmanov köč. 130, Infos auch unter www.karakol.kg (engl., franz.).

CBT Karakol, Džusup Abdurahmanov köč. 123-20, Tel. 55000, cbtkarakol@rambler.ru. Koordinatorin: Natalia Ovčarova.

Der Busbahnhof befindet sich an der Prževalsk köč. Zwischen 7 und 15 Uhr sowie abends zwischen 20 und 23 Uhr fahren stündlich Busse nach Bischkek (8 Stunden, ca. 150 Som). Sie halten in Čolpon-Ata und in Balykči.

Busse entlang der Südküste des Issyk-Kul mit Endstation Balykči fahren mehrmals täglich von der Bushaltestelle in der Togtogul köč. ab. Sie halten auch in Bokonbaevo und Tamga.

Busse in die nähere Umgebung, z. B. nach Ak-Suu, Džeti-Oguz, Pristan-Prževalsk oder Barskoon fahren vom Busbahnhof am Basar.

Salam Taxi, Tel. 22222.

Džamilijas B&B, Šopokov köč. 34, 722360 Karakol, Tel. 43019, 56000, Fax 54000; DZ 8 US-Dollar. Hier hat eine freundliche Kirgisin mit guten Englischkenntnissen ihr Haus für Reisende geöffnet. Wegbeschreibung: Entlang der Toktogul köč. passiert man in westlicher Richtung vom Jaškilik Basar den Puschkin-Park, das Stadion und den ehemaligen Zoo (jetzt NABU-Artenschutzzentrum). Die Šopokov köč. biegt sodann vor dem Karakol-Fluß nach links ab, anschließend rechts halten.

Yak Tours Hostel, Gagarin köč. 10, Tel. 56901, Mobil +996/(0)503/762011, Yaktours@infotel.kg; ab 7 US-Dollar pro Person mit Frühstück. Einfache Herberge mit Gemeinschaftsküche, beliebt bei Wanderern. Das Hostel bietet Gepäckaufbewahrung, Ausrüstungsvermietung und Ausflüge an. Yak Tours unterhält auch eine Unterkunft an den heißen Quellen im Altyn-Arašan-Tal.

Turkestan Jurt Camp, Toktogul köč. 273 (erkennbar am in großen Lettern auf der Gartenmauer prangenden Fir-

БИЛЬЯРДНЫЙ
КЛУБ „ИНТЕРЕС
НОТАРИАЛЬНАЯ
НОТАРИУС
149
Ленина
Орозова 16

mennamen), Tel./Fax 59896, Tel. 26489; in Bischkek: 00996/(0)312/ 511560, turkestan@karakol.kg. Wie der Name sagt, Unterbringung in Jurten. Betreiber ist der Reiseveranstalter ›Turkestan‹. Der hilfsbereite und erfahrene Inhaber Sergey Pyshnenko kennt sich gut in der Gegend aus.

Hotel Amir, Amanbaev köč. 78, Tel. 51315 oder Bischkek 00996/ (0)312/622381, Mobil: +996/(0)502/ 693215. Fax für Reservierungen: 51315 oder Bischkek 00996/(0)312/ 622380, www.hotelamir.kg.

Kontaktbüro in der Schweiz: 0041/ (0)4194800, swiss@hotelamir.kg.

Das Hotel wurde 2006 eröffnet, modern und nach westlichem Geschmack eingerichtet. Kirgisisch-schweizerisches Management – zum Frühstück gibt es Schweizer Käse, Brot und Wurst. Preis pro Person inkl. Frühstück ab 25 US-Dollar.

Guesthouse Terskey, Asanaliev köč. 44 (Nähe Oktjabr köč.), Tel. 26268, Mobil: +996/(0)502/801411, teskey@mail.ru, http://teskey.narod.ru. Diese familiär geführte Pension ist CBT-Mitglied. Reisende loben die Küche und generell die Gastfreundschaft der Inhaber. Den Gästen stehen ein im Sommer üppig blühender Garten und eine russische Banja (Dampfbad) zur Verfügung. ÜN 600 Som inkl. Frühstück, 120 Som Zuschlag für Halbpension.

Neofit Guesthouse, Džamansarieva köč. 166, 72360 Karakol, Tel. 20650, 25730, Fax 21902, neofit@issyk-kul.kg, www.neofit.kg; ab 10 US-Dollar pro Person. Gästehaus der gleichnamigen Reiseagentur, mit Restaurant und Sauna.

Fakir, Ecke Gorkij/Kustobaev, gegenüber dem Kaufhaus. Internationale zentralasiatische Küche.

Viele **Imbißstände** gibt es auf dem Ak-Tilek Basar.

Internetcafé in der Lenin köč., ein Stück südlich des Jaškilik Basars

Rund um Karakol

In die Täler des Terskej-Alatau südlich von Karakol führen Wanderwege, die in den Höhen jeweils gut 3800 Meter hohe Pässe miteinander verbinden. Man kann also hinauf in ein Tal wandern, hinunter durch ein anderes und gewinnt dabei großartige Eindrücke von der Gebirgslandschaft in der Übergangszone zwischen Issyk-Kul-Senke und Zentralem Tien-Schan.

Direkt südlich und etwa fünf Kilometer von der Stadt entfernt liegt der **Karakol-Nationalpark,** für den Eintritt verlangt wird. Von der Stadt ist er per Bus erreichbar. Im Sommer ist dies ein beliebtes Ausflugsziel für die Einheimischen, man findet dann einfache Cafés und Schaschlik-Bratereien. Die Straße folgt zunächst dem Gebirgsfluß Karakol und zweigt ab in das Tal des Flusses Kaška-Suu, wo sie an der ›Karakol Ski Basa‹ endet. Weiter oberhalb liegt eine weitere kleine Ski-Basis. Das Skigebiet ist mit fünf Schleppliften erschlossen. Wintersportler können in einem kleinen, allerdings nur während der Skisaison betriebenen Hotel absteigen. Die Verwaltung

In Karakol

Mauer mit traditionellen Ornamenten am Südufer des Issyk-Kul

hat ihren Sitz in der Südecke des Puschkin-Parks in Karakol. Das Hotel Amir in Karakol bietet seinen Gästen vergünstigten Transfer ins Skigebiet an.

Entlang der Karakol-Schlucht kann man zu den Bergcamps Sirota und Ai Tör aufsteigen. Östlich von diesen führt der Pfad zum in felsiger Einsamkeit gelegenen Ala-Kul-See. Weiter kommt man über den Ala-Kul-Paß (3860 Meter) zur Schlucht des talwärts schäumenden Gebirgsflusses Arašan. Auf etwa 3000 Meter liegt das **›Heilbad‹ Altyn Arašan** (Алтын Арашан), grandios überragt vom Gipfel des 4260 hohen Pik Palatka im Süden. Der Veranstalter Yak Tours unterhält hier ein spartanisches Camp. Gleich nebenan liegt das hoffnungsvoll benannte ›Arašan Travel Hotel‹ von Tante Lena, die auch die Mineralquellen verwaltet, auf deren verjüngende und gesundheitsfördernde Wirkung die Einheimischen schwören. Direkt neben den Badehütten aus den 60er Jahren, in denen man ins gerade noch ertragbar heiße Wasser steigen kann, rauscht der eisige Fluß, in den man zur Abkühlung eintauchen kann. Wer bei Tante Lena logiert, darf umsonst baden, Tagesgäste zahlen 150 Som.

Nach Altyn Arašan gelangt man von Karakol auf zwei Wegen, deren gemeinsamer Ausgangspunkt das im Tal gelegene **Dorf Ak-Suu** ist (das Dorf hieß bis zur Unabhängigkeit Tëploključenka und bietet die letzte Möglichkeit, Vorräte für den Badbesuch aufstocken – hierzulande üblicherweise Bier, getrockneter Fisch und Wodka). Eine Variante für den Aufstieg ist die nur mit dem Geländewagen zu meisternde Piste entlang des Flusses Ak-Suu, die zweite ist ein Wanderweg, der am Zusammenfluß mit dem Arašan abzweigt und diesem durch eine mit Tien-Schan-Kiefern bestandene Schlucht nach Altyn Arašan folgt. Für diesen Fußweg sollte man sechs Stunden einplanen.

Jenilček und Barskoon

Östlich Karakols führt der Weg über Ak-Suu (früher Tëploključenka) durch eine großartige Schlucht zu der verlassenen Bergbaustadt Jenilček (Енилчек). Dort füllt eine heiße Quelle ein Bassin, das aber zum Baden nicht zu gebrauchen ist, da kein kaltes Wasser zuläuft. Die nicht immer befahrbare Straße beschreibt eine Schleife durch verschachtelte Bergketten, am Fluß Ak-Šyjrak vorbei und über drei Pässe – der höchste davon über 4000 Meter hoch – zurück zum Südufer des Issyk-Kul, nach Barskoon, der ältesten schriftlich bezeugten

Restaurant in Barskoon

Stadt am See. Aus diesem heute unbedeutenden Ort stammte Mahmud Al-Kashgari, der erste türkische Sprachkundler (1008–1105). Er nannte in seinen Werken die Kirgisen als einen der 22 turksprachigen Stämme.

Džeti-Oguz-Felsen

15 Kilometer westlich von Karakol schlängelt sich eine Straße südlich in die Berge zu einer der Hauptsehenswürdigkeiten Kirgistans. Nach zehn Kilometern ist eine Gruppe gerillter roter Felsen mit dem Namen Džeti-Oguz (Джети-Огуз) erreicht. Der Sage nach waren sie sieben (kirgisisch: džeti) wilde Ochsen, die das Land verwüsteten und zur Strafe in Stein verwandelt wurden. Durch Erosion sind es inzwischen eher neun Ochsen geworden. Auf dem Weg kommt man an einem gespaltenen Felsen aus demselben ziegelfarbenen Gestein vorbei, den man das ›Gebrochene Herz‹ (Разбитое Сердце) nennt.

Hinter dem aus den 1930er Jahren stammenden – und in vergangenen Zeiten verharrenden – Sanatorium Džeti-Ogus steigt ein Pfad durch das Blumental (Kirgisisch: Kok-Džayik, Russisch: Цветов долина) mit seinen im Spätfrühling blühenden Wiesen ins Gebirge. Er gabelt sich an einem Zusammenfluß zweier Gebirgsbäche. Ostwärts gelangt man von hier aus über den Teleti-Paß Richtung Ala-Kul-See und weiter nach Altyn Arašan. In Kok-Džayik veranstaltet CBT am letzten Julisonntag ein ›Fest der kirgisischen Folklore und nationalen Küche‹ mit Vorführungen der Filzherstellung, Musik- und Tanzaufführungen, Präsentationen der Gerichte der verschiedenen in Kirgistan lebenden Völker und Wanderungen.

Die Džeti-Oguz-Felsen

Kirgisische Wandermarkierung

Tamga

In der Ortschaft Tamga, einige Kilometer westlich von Barskoon, erholten sich die Kosmonauten der Sowjetunion in einem Sanatorium am Dorfrand. An Juri Gagarin, den ersten Menschen im All, erinnert sogar ein Denkmal. Auch in den umliegenden Gebirgstälern sind mehrere skurrile Gagarin-Denkmäler zu sehen. Das Dorf selbst besteht überwiegend aus kleinen Holzhäusern (manche sind zu mieten), es gibt einen Laden, ein Postamt und ein einfaches Restaurant. In der Nähe von Tamga gibt es schöne Strände (ca. 20 Minuten Fußweg) und eine Bootsanlegestelle. Die Ortschaft bietet eine angenehme Unterkunftsmöglichkeit: Das ›Tamga Guest House‹. Vom See ist es durch einen Obstgarten getrennt. In Zwei- und Dreibettzimmern sowie mehreren Schlafplätzen im Garten und in diversen Anbauten können insgesamt 40 Personen untergebracht werden. Zu den Gemeinschaftseinrichtungen zählen Duschen und eine Sauna. Das Gästehaus gehört dem Familienunternehmen Kyrgyz Travel aus Bischkek. Es werden Exkursionen und Wanderungen aller Art in die reizvolle Umgebung und in die Berge angeboten, unter anderem zum etwa sechs Kilometer entfernt in den Bergen liegenden Tamga Taš, dem Buchstabenstein: ein in zwei Teile gespaltener Findling, auf dessen Hälften das Mantra ›Om mani padme hum‹ in tibetanischer Schrift eingeritzt ist.

Bokonbaevo

Westlich der Mitte des Issyk-Kul liegt an dessen Südufer – etwa 300 Kilometer von Bischkek entfernt – Bokonbaevo, ein Städtchen mit reizvoller Umgebung. Diese ist für Touristen recht gut erschlossen durch das örtliche CBT-Büro, das Übernachtungen in Bokonbaevo selbst und in Jurten ringsum vermittelt. Auch unterhält der Bischkeker Reiseveranstalter Ecotour im 40 Kilometer entfernten Tal Kongur-Ölön am Fuße des Terskej-Alatau mehrere Jurtencamps.

Tamga und Bokonbaevo

Tamga Guest House, Ozërnaya 3 (am Ortseingang rechts), Tel. 0996/(0)3946/95333; Übernachtung mit Frühstück 700 Som (14 Euro) pro Person. Man kann sein Zimmer auch über ›Kyrgyz Travel‹ in Bischkek buchen (s. a. S. 230).

Jurtencamps von ›Ecotours‹ in Ak-Sai, bei Džeti-Ogus und in Temir-Kanat (s. a. S. 230).

Mann kann sich auch im alten **Militärsanatorium** am südöstlichen Dorfrand von Tamga einquartieren.

CBT Bokonbaevo, Bolot Mambetov köč. Im 1. OG über dem Café Agyrmak, Tel. 00996/(0)3947/93166. Koordinator: Bakyt Čojtonbaev, Tel. 91312

Nikolaj M. Prževalskij

In Pristan-Prževalsk an der Mihailovka-Bucht (etwa sieben Kilometer nördlich von Karakol) steht ein Denkmal für den Forschungsreisenden Nikolaj Mihailovič Prževalskij in einem Park mit seinem Grab, einer kleinen Kapelle und einem Museum. Prževalskij wurde am 12. April 1839 in Smolensk geboren. Sein Vater war Offizier und wollte, daß auch sein Sohn diese Laufbahn einschlug. Prževalskij sah darin eine Chance, zu reisen. Er überzeugte die Russische Geographische Gesellschaft, seine erste Expedition zu finanzieren, die ihn von 1867 bis 1869 zum Fluß Ussuri führte. Die hervorragenden Erkenntnisse, die er zurückbrachte, sorgten dafür, daß die Geographische Gesellschaft ihn weiterhin unterstützte und die Armee ihn freistellte - jedoch unter der Bedingung, als erste seine Informationen auswerten zu können.

Prževalskij unternahm in den folgenden 15 Jahren vier Expeditionen, die jeweils zwei bis drei Jahre dauerten und ihn nach China, Tibet, in den Tien-Schan und die Mongolei und die Taklamakan-Wüste in Sinkiang führten. Rußland wollte ihn über die Mongolei eine Route nach Tibet finden lassen; in Lhasa erhielt der Reisende eine Audienz beim Dalai-Lama. In Sinkiang entdeckte er das kleine Steppenpferd, das nach ihm benannt wurde, heute aber in freier Wildbahn ausgestorben ist.

Während Prževalskij sich in Bischkek auf eine weitere Expedition vorbereitete, ging er auf Tigerjagd am Čuj. Er trank aus dem Fluß, erkrankte an Typhus und wurde zur Behandlung nach Karakol gebracht, wo er am 20. Oktober 1888 starb. Wie es sein letzter Wunsch war, wurde er in seinen Expeditionskleidern am Issyk-Kul beigesetzt.

Im Terskej-Alatau ist ein Berg nach ihm benannt, der Pik Prževalskij (4159 Meter).

Das Prževalskij-Denkmal bei Karakol

Zentraler Tien-Schan

Das Herz des Tien-Schan liegt zwischen dem See Issyk-Kul und China. Vom See geht die Landschaft von bewaldeten Tälern mit warmen Quellen über in Gipfel, zwischen denen sich gewaltige Gletscher eingeschnitten haben. Südlich davon erstreckt sich ein Teil der Grenze von Kirgistan zu China entlang der längsten Bergkette des Tien-Schan (Kokšaal-Too, 582 Kilometer) mit seinen höchsten Gipfeln. Ausländern war der Zugang zum zentralen Tien-Schan lange verwehrt. Hier war ein kaum zu überwachender Punkt der Grenze zwischen China und der Sowjetunion. Das von Natur aus schwer zugängliche, unnahbare Zentrum des Himmelsgebirges ist außer zu Fuß nur mit dem Hubschrauber erreichbar.

Erste europäische Erkundungen dokumentierte 1857 der Russe Pëtr Semënov (1827–1914). Für seine Leistungen im Auftrag der Russischen Geographischen Gesellschaft zeichnete ihn der Zar mit dem Titel ›Tienšanskij‹ aus. 1902/03 bereiste Professor Gottfried Merzbacher, der einer Münchner Kürschnerfamilie entstammte, den Tien-Schan. Er war in seinem Beruf so wohlhabend geworden, daß er sich seiner Leidenschaft, dem Alpinismus, widmen konnte. Außer nach Mittelasien führten ihn seine Reisen auch in den Kaukasus.

Khan Tengri und Pik Pobedy

Das Zentralmassiv trägt auch den Namen Mustagh, was ›Eisberge‹ bedeutet. Der zweithöchste Gipfel, der 6995 Meter hohe Khan-Tengri (Хан-Тенгри), sieht aus wie der große Bruder des Matterhorns. Drei scharfe Grate, an deren Flanken sich mühsam der Schnee klammert, steigen im Zickzack himmelwärts und stoßen zu einer Spitze zusammen, die wie ein Keil die dünne Luft spaltet. Vielleicht inspirierte diese elegante, machtvolle Form zu seinem Namen: ›Herr der Geister‹. Wer auf dem Gipfel des Khan Tengri steht, befindet sich gleichzeitig in drei Ländern: in Kirgistan, Kasachstan und China.

Er wurde 1931 erstmals bestiegen und galt lange als höchster Berg in diesem Gebiet. Spätere Messungen ergaben jedoch, daß dem Khan-Tengri noch fünf Meter zur Krönung mit dem Prädikat ›Siebentausender‹ fehlen – wobei dies nach wie vor umstritten ist und einige die Höhe des Bergs mit 7010 Metern angeben.

1938 bezwangen drei sowjetische Alpinisten den weniger auffälligen Nachbargipfel. Sie irrten sich ebenfalls – sie dachten, der Berg sei unter 7000 Meter hoch. Doch sie hatten den nördlichsten Siebentausender der Erde bestiegen; man hatte seine Höhe (7439 Meter) um fast einen halben Kilometer unterschätzt. Pik Pobedy (Пик Победы), Siegesgipfel, wurde er benannt, nachdem die Sowjetunion gegen das Dritte Reich gesiegt hatte. Dieser Name wurde zum Synonym für die größte Herausforderung, die der Tien-Schan Bergsteigern zu bieten hat.

Das Zentralmassiv des Tien-Shan

Khan Tengri - der Herr der Geister

Inzwischen hat das unabhängige Kirgistan seinen höchsten Punkt in Žengiš Čokusu (Женгиш Чокусу) umgetauft, was dasselbe bedeutet wie auf Russisch. Der alte Name des Khan Tengri lautete Blutberg (Kan-Too), was angesichts der nicht wenigen Todesopfer in den Bergen eine makabre neue Bedeutung erhalten hat, eigentlich jedoch von der Färbung des Gipfels bei Sonnenuntergang herrührt. Von einem Camp aus, das mit Hubschraubern angeflogen wird, werden im Sommer Wettbergsteigen veranstaltet. Der DAV Summit Club (s. a. S. 226), der Besteigungen dieser Gipfel organisiert, verlangt von Teilnehmern Achttausender-Erfahrung, denn in diesen Breiten sind die Bedingungen auch unter 8000 Metern so extrem wie im weiter südlich liegenden Himalaya. Hier trifft die eisige Bergluft auf den Wüstenhauch der Taklamakan - häufig toben Blizzards um die Berge, die den aufgetürmten Schnee in enormen Lawinen abschütteln. Anfang August 2004 kamen am Khan-Tengri elf Bergsteiger in einer Lawine ums Leben.

Jenilček-Gletscher

Um den Fuß des Khan-Tengri legt sich, im Umriß einer Stimmgabel ähnlich, der Jenilček-Gletscher, einer der größten Eisströme außerhalb der Polargebiete. Der nördliche Teil ist 35 Kilometer lang und 203 Quadratkilometer groß, der südliche Teil ist über 58 Kilometer lang und bedeckt 613 Quadratkilometer. Als Folge der Verwitterung durch das Trockenklima sind die unteren 20 Kilometer des Gletschers bis zu 100 Meter hoch mit Felstrümmern bedeckt. Das Eis ist zwischen 20 und 40 Meter dick und bewegt sich im Jahr bis zu 250 Meter talwärts, sehr viel langsamer jedoch unterhalb des Merzbacher Sees.

Der **Merzbacher See** zwischen Nord- und Südjenilček ist ein Phänomen inmitten all dieses gefrorenen Wassers. Er besteht aus einem oberen eisfreien See und einem unteren, in dem vom Gletscher weggebrochene Eisbrocken schwimmen. Dieses Tauwasser birst einmal jährlich, zwischen dem 10. und dem 20. August, durch den Eisdamm, der ihn aufstaut. Anschließend führt der Fluß, der sich aus dem Gletscher speist, drei Tage lang die doppelte bis dreifache Wassermenge. Unter www.bielefeldt.de/map_ts_d.htm gibt es eine genaue Karte dieser Region.

Der Jenilček-Gletscher

Die Gipfel des Tien-Shan umgeben die Ferganasenke, deren Ränder zu Kirgistan gehören.
Richtung Norden erreicht man das Čatkal-Tal mit dem Beš-Aral-Naturschutzgebiet.

Im Süden erstreckt sich an der Grenze zu Tadschikistan das Alaj-Tal mit seiner grandiosen Landschaft.

Rund um das Ferganatal

Das Ferganabecken

Das Ferganabecken (Ферганская Долина) gehört größtenteils zu Usbekistan. Die gebirgigen Randgebiete liegen in Kirgistan, ein kleiner Teil im Westen ist tadschikisches Staatsgebiet. Hier lebt der größte Teil der usbekischen Minderheit in Kirgistan, und der Einfluß ihrer Kultur ist deutlich zu spüren – vor allem in der zweitgrößten und ältesten Stadt des Landes, dem ganz im Osten des Tals gelegenen Oš. Zudem ist dieser südwestliche Teil Kirgistans vom übrigen Land durch die Ferganaberge geographisch getrennt und auch die internationalen Grenzen zum ehemaligen sozialistischen Bruderland sind nach den politischen Entwicklungen der letzten Jahre weniger durchlässig geworden. Trotz der günstigen Voraussetzungen für Landwirtschaft und Handel ist der Süden Kirgistans deshalb eine Region, die sich verarmt und von der Zentralregierung vernachlässigt fühlt. Wahrscheinlich hatten deshalb hier die Proteste ihren Ausgangspunkt, die 2005 zum Sturz des damaligen Präsidenten Akaev führten.

Im Westen spaltet sich der Tien-Schan in zwei Arme, die sich um das Ferganabecken legen – mit einer Fläche von 22 000 Quadratkilometern die größte Niederung in diesem Gebirge. Bester Ackerboden, viel Wasser und ein warmes, beschirmtes Klima machen sie zu einem natürlichen Gewächshaus, das schon im Altertum eine große Bevölkerung ernährte. Nach der Oktoberrevolution wurde das Ferganabecken industrialisiert, mit seinem fruchtbaren Land und seinen Arbeitskräften zur einer riesigen Baumwollplantage und zur am dichtesten besiedelten Region der UdSSR. Zeitweise produzierte es fast ein Viertel des sowjetischen ›weißen Goldes‹. Noch heute ist Usbekistan, auf dessen Staatsgebiet das Ferganabecken größtenteils liegt, der drittgrößte Baumwollerzeuger der Welt.

Solche Ernten erzielte man nicht allein aufgrund des günstigen Klimas und des Wasserreichtums. Bis heute werden die Felder getreu sowjetischer Tonnenideologie mit einem Regen verschiedener Chemikalien gedüngt, von Ungeziefer befreit und entlaubt. Dies trägt zusammen mit etlichen Fabriken zur Umweltverschmutzung im Ferganabecken und zur gesundheitlichen Belastung seiner Bewohner bei.

Trotzdem ist dies wahrscheinlich der authentischste Teil Usbekistans. Hier entfaltet sich die Garten- und Ackerbaukultur dieses Volkes am besten und ist auf alltägliche Art lebendig – anders und deutlicher als in den touristischen Aushängeschildern Buchara und Samarkand. Ebenso prägt der Islam das Leben im Ferganatal stärker als in anderen Landesteilen. Besucher spüren dies, wenn man ihnen, den ›Ungläubigen‹, die Besichtigung von Moscheen verweigert und wenn sie die Kühnheit haben, der Hitze

Auf dem Weg zur Teestube

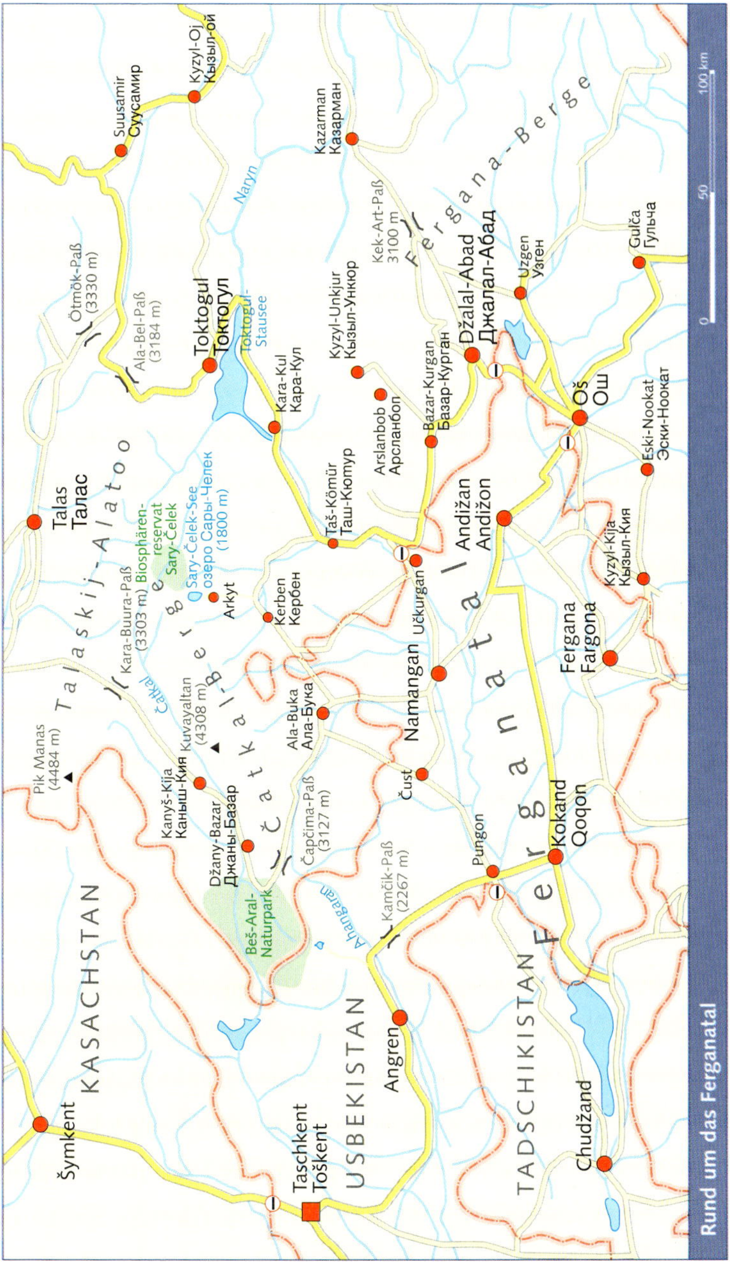
KASACHSTAN
USBEKISTAN
TADSCHIKISTAN
Ferganatal
Čatkal-Berge
Talasskij-Alatoo
Fergana-Berge
Šymkent
Taschkent
Toškent
Angren
Chudžand
Kokand
Qoqon
Pungon
Čust
Namangan
Fergana
Fargona
Andižan
Andižon
Učkurgan
Kyzyl-Kija
Кызыл-Кия
Eski-Nookat
Эски-Ноокат
Oš
Ош
Gulča
Гульча
Uzgen
Узген
Džalal-Abad
Джалал-Абад
Bazar-Kurgan
Базар-Курган
Arslanbob
Арсланбоб
Kyzyl-Unkjur
Кызыл-Ункюр
Kek-Art-Paß
3100 m
Kazarman
Казарман
Naryn
Toktogul
Токтогул
Toktogul-Stausee
Kara-Kul
Кара-Кул
Taš-Kömür
Таш-Кюмур
Kerben
Кербен
Arkyt
Sary-Čelek-See
озеро Сары-Челек
(1800 m)
Biosphären-reservat
Sary-Čelek
Ala-Buka
Ала-Бука
Talas
Талас
Kara-Buura-Paß
(3303 m)
Ala-Bel-Paß
(3184 m)
Ötmök-Paß
(3330 m)
Suusamir
Суусамир
Kyzyl-Oj
Кызыл-Ой
Pik Manas
(4484 m)
Kuvayaltan
(4308 m)
Čatkal
Kanyš-Kija
Каныш-Кия
Džany-Bazar
Джаны-Базар
Čapčima-Paß
(3127 m)
Beš-Aral-Naturpark
Ahangaran
Kamčik-Paß
(2267 m)
0
50
100 km

im Sommer durch allzu knappe Kleidung zu entgehen – schon kurze Hosen sind im konservativen Ferganatal ein Affront. Auch sind hier seit Mitte der 90er Jahre extremistische Gruppen entstanden, die von der Taschkenter Regierung streng beargwöhnt werden. Hiermit in Verbindung stehen die Ereignisse von Andižan im Mai 2005, als usbekisches Militär eine Demonstration durch rücksichtslosen Waffeneinsatz auflöste – mit vermutlich mehreren hundert Toten.
Kurz vor dem Ende der Sowjetunion lag hier der Brennpunkt der Streitigkeiten zwischen den verschiedenen ansässigen Ethnien: 1989 mußte im östlichen Teil, dem Kirgistan zugehörigen Oš-Gebiet, die Minderheit der Meßchet-Türken vor marodierenden Usbeken gerettet und evakuiert werden. Im folgenden Jahr brachen blutige Krawalle zwischen Usbeken und Kirgisen aus. – die Berichte hierüber klingen so erschreckend, als entstammten sie der Zeit der Mongoleninvasion. Doch braucht der Reisende nichts zu befürchten. Ausländern begegnet man tolerant. Die Menschen leben zusammen, ohne daß Feindseligkeiten zu merken wären; ein friedliches Nebeneinander ist ihnen wichtiger als nachtragender Groll.
Von dieser Senke stoßen sternförmig viele Straßen ins Gebirge vor. Das Ferganabecken ist wegen seiner Lage ein guter Ausgangspunkt für Reisen, die die Verschiedenheit der Kulturen der zentralasiatischen Völker spürbar machen.

Das Čatkal-Tal

Das Čatkal-Tal liegt direkt nördlich des äußersten Westzipfels der Ferganasenke, doch sind einige früher geöffnete Grenzübergänge zwischen Usbekistan und Kirgistan mittlerweile für Reisende aus Drittstaaten nicht mehr durchgängig. Somit muß man von Usbekistan kommend zunächst das Ferganatal weitgehend durchqueren, bevor man östlich der usbekischen Stadt Namangan beim Kontrollpunkt Učkurgan auf kirgisisches Territorium wechseln kann. Anschließend muß man zurück – über sich westwärts am Nordrand der Ferganasenke entlangschlängelnde Nebenstrecken, bis man bei **Ala-Buka** auf den Fluß **Kasan-Saj** trifft, der hier in den gleichnamigen Stausee mündet.
Die Straße folgt dem Verlauf des Flusses in eine Schlucht durch das **Čatkal-Gebirge** (Чаткальский Хребет). Zwischen den steilen Felswänden, die gut 100 Meter senkrecht emporragen und stellenweise sogar überhängen, reicht der Platz nur für die staubige Fahrbahn und den reißenden Fluß, an dem kräftige Pappeln wachsen. Der Kasan-Saj sammelt auf nur 50 Kilometern viele Gebirgsbäche zu einer tobenden Flut. Sie entspringen in Seitentälern, in denen oft Hirten ihre Jurten aufbauen. Dort findet man schöne Übernachtungsplätze.
Wo der Kasan-Saj aus zwei kleineren Flüsse entsteht, beginnt die Auffahrt zum **Čapčima-Paß** (Перевал Чапчима, 2840 Meter), der sich entlang saftiger Hochweiden über die Čatkal-Kette schlängelt. Die Abfahrt endet auf der anderen Seite an einem der mächtigsten Flüsse des Tien-Schan – dem **Čatkal** (Чаткал). Westlich verschwindet dieser in einer nur zu Fuß zugänglichen Schlucht, hinter der er in Usbekistan in den Čarvak-Stausee mündet. Er durchquert auf diesem Weg den Hauptteil des

Blick ins Čatkal-Tal

Das Holzgerüst eines Hauses in Lehmbauweise

Beš-Aral-Naturschutzgebietes im westlichen Zipfel Nord-Kirgistans. Der Rest des insgesamt 63 200 Hektar großen, 1979 gegründeten Schutzgebiets liegt auf einige Flecken im Tal verstreut, in das man nach rechts abbiegt.

Bis die Straße 100 Kilometer weiter den nächsten Paß erklimmen wird, begleitet sie den Čatkal – durch eines der malerischsten Täler Kirgistans, aber auch eines der abgelegensten. Dabei liegt es von dem dicht bewohnten Ferganatal und den Städten in der Hungersteppe keine Tagesreise entfernt. Auf der ganzen Strecke findet man jedoch kaum ein Geschäft und keine Tankmöglichkeit. Auch die sonst allgegenwärtigen Schaschlikbrater und fliegenden Händler fehlen. Abgeschieden von der Außenwelt und abseits der Verkehrsströme birgt das Čatkal-Tal (Чаткальская Долина) einen Platz für die Entdeckung einer kaum berührten Bergwelt.

Džany-Bazar

Die größte Ansiedlung Džany-Bazar (Джаны-Базар) hat nur 2000 Einwohner und ist nach etwa 15 Kilometern erreicht. In der Dorfmitte liegt die Verwaltung des Beš-Aral-Naturschutzgebietes (Беш-Аральский Заповедник), kenntlich an handgemalten Tafeln mit seltenen Tieren und ihren kirgisischen Namen. Zweck des Naturschutzgebiets ist die Bewahrung des Lebensraums verschiedener Tier- und Pflanzenarten des westlichen Tien-Schan. In den eisigen Höhen über den grünen Vorgebirgen soll der Schneeleopard umherstreifen – das wäre das westlichste Vorkommen dieser Großkatze.

Für den **Zutritt zum Beš-Aral-Naturschutzgebiet** muß man sich bei der Verwaltung in Džany-Bazar registrieren lassen und – als ausländischer Besucher – den Gegenwert von 10 US-Dollar als Eintrittsgeld zahlen. Teile der Schutzzone sind mit dem Auto zugänglich, der größte Teil nur per Pferd oder zu Fuß. Die Schutzgebiet-Verwaltung kann Transport und Führer organisieren. Tel. 009 96/(0)37 59/212 22.

Hinter dem Ortsausgang liegt am Hang über der Straße das Mausoleum eines Heiligen namens Idris Paygambar aus dem 18. Jahrhundert. Gegenüber stoßen zum Čatkal die Wasser des Čandalaš (Чандалаш). Seinen Namen tragen auch die Berge, hinter denen er entspringt und die sich ab hier vor die Pskem-Kette schieben, die das Tal weiter westlich abgrenzt.

Kanyš-Kija

Hinter dem Dorf Kanyš-Kija (Каныш-Кия) steigt die Straße über einen Hügel, von dem der Nordteil des Tales gut zu überblicken ist – die Berge liegen weit auseinander, und sanft gerundete Steppenterrassen senken sich zu ihren Füßen zum Fluß hinab. Diese sogenannten ›Adyre‹ wurden bei der Gebirgsauffaltung von der Hebung mitgezogen. Abtragungen aus der Erosion der Berge lagerten sich auf ihnen ab und wurden später – ebenfalls durch Erosion – von Rinnen durchzogen.

Vorbei an dem großen Adler aus Beton, der über diesen kleinen ›Paß‹ wacht, zweigt ein steiler Fahrweg in die Vorberge der **Čandalaš-Kette** ab, eigentlich nur eine LKW-Spur. Sie führt zu den Sommerweiden der Kirgisen. Hoch über dem Tal wellt sich Buschland, abgestuft zu Senken, Hügeln und Terrassen, den Bergen entgegen. **Sieben kleine Seen,** verbunden vom Flüsschen Čukurčak unter den dichten Kronen alter Birken, schmücken diesen Ort, der im Norden durch eine mächtige Felswand abgeschlossen wird, an der ein Wasserfall wie ein Silberfaden herabrieselt. Im Panorama der Čatkal-Berge auf der anderen Seite des Tals dominiert der Kuvajaltan (4308 Meter), eine Phalanx steilwandiger Felsauswüchse. In der ersten Tageshälfte wirken die zerklüfteten Zacken basaltschwarz und düster, nur durchbrochen von den Spitzlichtern einiger Schneefelder. Die Abendsonne enthüllt den warmen Ziegelton des Gesteins und die plastische Tiefe seiner Formen.

Der Kuvajaltan (4308 Meter)

An den Sieben Seen

Die sieben Seen gehören zum Beš-Aral-Naturschutzgebiet. Sie erreichen trotz der intensiven Sonneneinstrahlung auch im Sommer keine Badetemperatur – zu stark ist wohl der Durchsatz aus dem schnell bergab rauschenden Čukurčak. Auch dem Besucher ohne botanisches Wissen fällt die Vielfalt an Pflanzen auf, die an dieser wasserreichen Stelle gedeihen. Hier lebt das seltene, nach einem österreichischen Forscher benannte Menzbier-Murmeltier.

Die Landschaft lädt zum Verweilen und Wandern ein. Die beste Zeit hierherzukommen ist im Juni, wenn das Gras in vollem Saft steht und alle Blumen blühen. Die Kirgisen sind dann noch im Tal – nur ein gelegentlicher Reiter und ein alter Hirte, der schon im Frühjahr seine Jurte hoch über dem Čatkal aufschlägt, teilen die Einsamkeit mit dem Reisenden.

Auf der Weiterfahrt durch das nördliche Čatkal-Tal kann man stellenweise von der holprigen Straße auf eine Piste ausweichen, die weniger uneben ist und näher am Fluß vorbeiführt, der meistens unerreichbar, eingefaßt von schroffen Abbrüchen, durch sein eingeschnittenes Bett fließt. Das glasklare, leicht türkise Wasser braust über vielfarbige Felsen. Die Bäume sind so mächtig, daß ihre Wipfel sich manchmal sogar bis zum Niveau der Talsohle über dem schluchtartigen Flußbett erheben. Einige Bischkeker Reiseunternehmen bieten Rafting auf dem Čatkal an.

Entlang etlicher Bäche führen Pfade über die Vorberge den Viertausendern entgegen, von denen der höchste der **Pik Čatkalskij** (Пик Чаткальский – 4503 Meter) im Osten des Tals ist. An seinen Flanken und entlang der Gipfelkette, die sich nach Nordosten fortsetzt, liegen viele kleine Gletscher im stark zerklüfteten Fels. Ein Pfad, der dem Fluß Aflatun (Афлатун) folgt und an dem gleichnamigen kleinen See vorbeiführt, überquert die Berge zum See Sary-Čelek.

Kara-Buura-Paß

Der Talaskij-Alatau, dem der Čatkal entspringt, schließt das Tal nach Norden ab. Die Straße überquert ihn am 3303 Meter hohen Paß Kara-Buura (Перевал Кара-Буура) in Richtung Talas-Tal (s. S. 180). Wo sie einen Seitenarm des Čatkal-Tals erreicht, hat sich der Kara-Kuzpak (Кара Кызпак), ein Zufluß des Čatkal, tief eingeschnitten. An einem großen Straßenschild, das durch Witterungseinflüsse unlesbar geworden ist, zweigt eine Piste nach Osten ab, die am Toktogul-Stausee enden soll.

An zwei Stellen überqueren den Bach rohe Brücken aus von Eisenhaken zusammengehaltenen Baumstämmen. Die Reste älterer Konstruktionen liegen ausgefranst wie zerkaute Zahnstocher im schäumenden Wasser. Die Brücken müssen öfters erneuert werden – wenn der Paß durch Lawinen an der steilen Bergflanke im Winter beschädigt wurde, repariert man ihn mit Raupenfahrzeugen, deren Ketten das Holz zerreißen. Die Südseite des Passes Kara-Buura (schwarzer Kamelhengst) ist kürzer als die Nordseite, da das Čatkal-Tal fast 1000 Meter höher liegt als der Marktflecken Kyzyl-Adyr am Talas. Die Abfahrt von der Paßhöhe schlängelt sich über endlose in die Bergflanke gefräste Serpentinen. Im Tal läuft der Paß zwischen verkarsteten Hügeln aus. Ihre Brauntöne mögen düster und kahl wirken, doch im Wechsel von Licht und Schatten erscheinen sie wie schimmerndes Tigerauge.

Die Auffahrt zum Kara-Buura-Paß vom Talas-Tal aus

In den Schluchten um den Sary-Čelek-See

Südwestlich des Kara-Buura-Passes wurde 2005 ein knapp 60 000 Hektar großes Naturschutzgebiet gegründet. Es grenzt an die Schutzgebiete Aksu-Džabagly (in Kasachstan) im Westen und Ugam-Čatkal (in Usbekistan) im Süden. Es ist geplant, unter Einbeziehung eines Gebiets am Fluß Čandalaš im Čatkal-Tal diese Schutzzone zu erweitern, um das Lebens- und Wandergebiet verschiedener Tierarten, vor allem des Argalischafs, unter besondere Obhut zu stellen.

Der Sary-Čelek-See

Wie ein Juwel, von der Natur in einem Geheimfach verborgen, liegt der Sary-Čelek (Озеро Сары Челек) am Ende eines tiefen Tals im Südhang des Čatkal-Bergzugs. Der kleine See wurde vor vermutlich 2000 Jahren aufgestaut – Geologen sind sich nicht sicher, ob dies durch einen Bergrutsch geschah oder aufgrund von Verschiebungen in der Erdkruste. Zugänglich ist er vom Ferganabecken durch eine langgezogene Schlucht oder – zu Fuß – über Pässe und Saumpfade im Angesicht der Drei- und Viertausender.

Der See ist 7 Kilometer lang und 1,8 Kilometer breit und taucht auf großmaßstäbigen Karten deshalb oft nur als ›Fliegendreck‹ auf. Das Wasser ist 234 Meter tief, die Oberfläche liegt auf 1873 Meter über Meereshöhe. In ihr spiegeln sich Steilhänge, in deren Fichten- und Wacholderwäldern etwa 1000 Pflanzen- und 190 Wirbeltierarten vorkommen. Zusätzlich zu den teilweise endemischen Arten wurden Rot- und Damhirsche sowie Wisente angesiedelt, die sich erfolgreich angepaßt haben.

Zum Schutz dieses Biotops gründete man 1959 ein 240 Quadratkilometer großes Naturschutzgebiet mit dem Sary-Čelek als Zentrum. Die Grenze verläuft entlang der Bergspitzen, die über der wassergefüllten Schlucht emporragen. 1978 wurde die Schutzzone in den Status eines UNESCO-Biosphären-Reservats erhoben.

Wenn im Frühjahr der See auftaut, die Bäche wieder anfangen zu sprudeln und die Natur erwacht, blühen zahllose Blumen in den Nuß- und Apfelwäldern. Dies ist die beste Zeit, hierher zu kommen. Ein Rundwanderpfad südöstlich des Sees führt zu sechs weiteren winzigen Seen und Teichen.

Nördlich des Sary-Čelek beginnt ein Pfad entlang des gleichnamigen Flusses zum 2620 Meter hohen **Paß Kara-Tokoi** (Перевал Кара-Токои, auch Aflatun genannt) über die Wasserscheide des Čatkal-Gebirges. Auf der anderen Seite gelangt man in die malerische, kaum berührte Landschaft des Čatkal-Tales (s. S. 148).

Die Straße zum Sary-Čelek verläßt das Ferganatal an dessen nördlichstem Zipfel hinter Karavan (Караван). Von Aflatun sind es noch einige Kilometer bis zur Nebenstrecke zum See.

Die **Anfahrt zum Sary-Čelek** ist – der Abgelegenheit dieses Reiseziels angemessen – langwierig. Von Taš-Kömür besteht eine Busverbindung, bei der man aber in Kerben (früher Karavan) umsteigen muß. Angesichts dessen sollte man erwägen, ob man nicht ein Taxi für die gesamte Strecke anheuert.

Übernachtungen und Touren in der Umgebung des Sary-Čelek arrangiert der örtliche **CBT-Koordinator** (c/o NGO Ecotourism Sary-Chelek, Bazarkul Džošbaev, Dorf Kyzyl-Kul, Bezirk Kara-Suu, Kontakt über die Bischkeker Zentrale des CBT (S. 229) oder Mobil +996/(0)772/50 15 27).

Im **Dorf Arkyt** noch ca. 9 Kilometer südlich des Sees an der Grenze zur Schutzzone – hat die Verwaltung des Nationalparks ihren Sitz (Tel. 009 96/(0)37 42/2 22 84). Ein kleines naturkundliches Museum gibt Aufschluß über die örtliche Natur. Die Parkverwaltung erhebt 400 Som Eintritt von ausländischen Reisenden pro Tag. Als Unterkunft empfehlen Reisende, Kontakt mit Sultan Čukotaev aufzunehmen, der in Arkyt ein abgetrenntes Haus für Übernachtungen zur Verfügung stellt. Am See darf gecampt werden, wofür man natürlich entsprechend ausgestattet sein muß.

10 Kilometer vor Arkyt im **Dorf Džylgyn** befindet sich als Ausweichmöglichkeit für Notfälle die noch aus sowjetischer Zeit stammende Tourbasa Sary-Čelek. Übernachtungen dort können über die Nationalparkverwaltung gebucht werden.

Der Toktogul-Stausee

Der Naryn ist der längste und wasserreichste Fluß im Tien-Schan. Vom Zentrum des Gebirges bahnt er sich seinen 600 Kilometer langen Weg ins Ferganabecken, wo er sich mit dem Syr-Darja vereint. Von dieser Stelle folgt die hier beschriebene Route flußaufwärts dem wichtigsten Verkehrsweg Kirgistans, dem Abschnitt der M 41 zwischen Oš und Bischkek. Hinter Taš-Kumir (Таш-Кумир) stößt eine Nebenroute zum im vorangegangenen Abschnitt beschriebenen Sary-Čelek hinzu. Allmählich beginnen die Berge zusammenzurücken, und das sanfte Kulturland der usbekischen Ackerbauern geht in die urwüchsige Heimat der kirgisischen Bergnomaden über. Bald verengt sich das Flußbett zur Schlucht, über der sich die Straße an hohe Felswände klammert. Stellenweise wird es so eng, daß sie sich durch finstere Tunnel bohrt, dann wieder weichen die Hänge zurück – was dazu genutzt wurde, Gehöfte oder jetzt verfallende Fabriken in die Enge zu pferchen.

Am Togtogul-Stausee

Nach 45 Kilometern ist **Kara-Kul** (Кара-Куп) erreicht, wo der Staudamm des Toktogul-Reservoirs (Токтогульское Водохранилище) den Naryn abklemmt. Die Sowjets beschlossen, die Kraft des Flusses zu nutzen und setzten zwischen 1962 und 1976 einen 215 Meter hohen Betonkeil als Bremsschuh in die Schlucht. Dahinter ertrinkt der Naryn auf 50 Kilometern Länge in seinem eigenen Wasser, das zu einem See mit 20 Kubikkilometer

Inhalt angestaut ist. Das Reservoir ist mit einer Oberfläche von 284 Quadratkilometer das zweitgrößte Gewässer Kirgistans. Benannt wurde es nach Toktogul Saltynganov, einem Volksbarden, der 1861 in der Gegend geboren wurde.

Was aus dem See abfließt, muß unter der Staumauer hindurch und treibt dort die Turbinen des mächtigsten Hydroelektrizitätswerks Kirgistans an, das eine Leistung von 1,2 Millionen Kilowattstunden hat. Die Anlage ist von Kara-Kul aus nicht zu sehen, denn sie liegt hinter einem Bergrücken. Sie kann mit Einwilligung des Direktors besichtigt werden (im ›Büro Kaskada‹ im Zentrum der Ortschaft). Fotografieren sollte man ebenfalls nur mit Erlaubnis oder wenn man unbeobachtet ist – es könnte als Spionage ausgelegt werden; heute nicht mehr für den Westen, aber für die Usbeken, auf deren Felder das Wasser fließen wird. Mit dem Ende der Sowjetunion hat auch deren Vision von Völkern ausgedient, die brüderlich und ungeachtet irgendwelcher Grenzen die knappen Ressourcen miteinander teilen.

Der Volkssänger Toktogul

Hinter Kara-Kul steigt die Straße in karge Berge, hinter deren Kuppen bald die türkisfarbene Wasserfläche des Stausees hervorlugt. Nördlich begrenzen ihn wie mit zarten Pinselstrichen gestreifte Lößhügel. Im Sommer, wenn Sonnenblumenfelder diesem Kontrast einen knalligen Farbtupfer aufsetzen, hat der See angenehme Badetemperatur.

Die M 41 führt um das östliche Ende des Stausees herum, wo sie den Naryn überquert und zum Ort Toktogul weiterführt. Etwa 20 Kilometer vor Toktogul mündet bei Torkent (Торкент) eine Nebenroute ins Landesinnere Richtung Osten. Diese wenig benutzte Strecke ist jedoch nur scheinbar eine Abkürzung – die 200 Kilometer lange Rüttelei über rauhe Pisten nimmt mindestens einen Tag in Anspruch und ist nur etwas für harte Offroader. Die Hauptroute über den Paß Ala-Bel (Перевал Ара-Бель, 3184 Meter) und durch die Suusamir-Syrte ist in jeder Hinsicht, vor allem aber auch landschaftlich vorzuziehen.

Über Džalal-Abad in die Ferganaberge

Die Straße von Oš ins Herz Kirgistans ist auf manchen Karten fälschlicherweise als Sackgasse eingezeichnet, da sie über den schneereichen **Ferganabergzug** (Ферганский Хребет) verläuft, deshalb schwer instandzuhalten ist und wenig genutzt wird. Sie durchquert auf einer Länge von 15 Kilometern den östlichsten Zipfel Usbekistans in Richtung der kirgisischen Kleinstadt Džalal-Abad (Джалал-Абад), die drittgrößte Stadt Kirgistans und Heimat von Staatspräsident Bakiev. Touristen sollten allerdings den Umweg über Uzgen fahren, da die

Bizarre Flußlandschaft bei Džalal-Abad

Überschreitung der usbekischen Grenze dort problematisch sein könnte und außerdem dann ein kirgisisches Visum für zweimalige Einreise erforderlich ist.

Džalal-Abad wurde 1860 als russische Garnisonsstadt unweit der schwefel- und eisenhaltigen Mineralquellen und Schlammbäder von Ayub-Too, dem ›Hiobsberg‹, gegründet. Bis zur Machtergreifung der Sowjets war der Berg ein Wallfahrtsort, weil sich hier nach dem Volksglauben das Grab des Propheten Hiob befinden sollte. Danach kamen Gesundheitspilger, um Schlamm- und Mineralbäder zu nehmen. Das Sanatorium fünf Kilometer östlich der Stadt bietet diese Möglichkeit bis heute.

Džalal-Abad-Informationen

Vorwahl: 00996/(0)3722

CBT-Büro, c/o NRO South Mountains, Toktogul köč. 20-3, Koordinatorin: Ruhsora Abdullaeva, Tel. 21962, 25463, Mobil +996/(0)772/376602, cbt_ja@rambler.ru. Vermittelt Bed & Breakfast bei mehreren dem Programm angeschlossenen Haushalten sowie Touren in die Umgebung (auch Pferdetreks zu den Felsbildern von Saimaly-Taš).

Hotel Navrus im zentral gelegenen Toktogul-Park, sehr neu und modern mit dem besten Restaurant der Stadt. Einzelzimmer ab ca. 20 Euro, etwas mehr für Zimmer mit Fernseher. Tel. 20840.

Hotel Mölmöl, Lenin köč. 17 (westlich des Toktogul-Parks), Tel. 55059. Dieses Überbleibsel aus der Sowjetzeit sei hier als Notlösung genannt – die Räume sind sauber, aber die Ausstattung ist arg verschlissen. Zimmer mit oder ohne Bad ab ca. 10 Euro.

Privatzimmer gibt es auch bei Matlyba, gegenüber dem CBT-Büro, ca. 7 Euro pro Person, netter Garten. Toktogul köč. 33. Tel. 23370.

Die Felszeichnungen Saimaly Taš

Nordöstlich von Džalal-Abad wurden 1903 in über 2000 Meter Höhe in den Fels der Ferganaberge eingeritzte Zeichnungen entdeckt – Wildtiere, Jagdszenen, Fahrzeuge, Pflüge, Haustiere und Menschen. Die Saimaly Taš (›bestickte Steine‹) genannte Fundstätte wurde erst im Jahr 1948 erforscht. Man nimmt an, daß die meisten der mehr als 10000 in den Fels geritzten Bilder aus dem 3. bis 8. Jahrhundert nach unserer Zeit stam-

men. Der Platz war über Jahrtausende als Kultstätte in Gebrauch: Die ältesten Zeichnungen stammen aus der Jungsteinzeit, die jüngsten von den Skythen aus dem frühen Mittelalter.
Die Zeichnungen sind über zwei Moränenhänge von je etwa drei Kilometern Länge verstreut. Die Hauptansammlung (Samaily Taš Nr. 1) umfaßt etwa 9900 Zeichnungen, die kleinere (Nr. 2) ungefähr 1300. Zwei Drittel der Abbildungen stellen Tiere dar, die übrigen zeigen Szenen aus Jagd und Kampf sowie Symbole aus dem Schamanentum. In der Mitte von Nummer 1 liegt ein kleiner Teich, der bei den Kirgisen als heilig gilt.
Die Fundstätte ist schwer zu erreichen und außer im August und September völlig unzugänglich. Von der Landstraße Džalal-Abad–Naryn muß man etwa 60 Kilometer hinter Džalal-Abad in der Siedlung Kalmak-Kirčin nach rechts (in südliche Richtung) abzweigen. Etwa 20 Kilometer weiter östlich ist an einer Imkerstation Schluß mit Fahren, die restlichen zehn Kilometer muß man zu Fuß zurücklegen. Für die Weiterfahrt ins Innere Kirgistans kann man auf einem anderen Weg zurückkehren, der an einem näher an Kazarman liegenden Punkt zur Straße über das Gebirge anschließt.

Saimaly-Taš-Informationen

Touren nach Saimaly Taš organisieren die **CBT-Büros in Džalal-Abad** (s. o.) und **Kazarman**: Džeenaliev köč. 20-3, Koordinatorin: Budžamal Arykmoldoeva, Tel. 009 96/(0)37 38/412 53, E-Mail (Kontakt nur über die Bischkeker Zentrale): marketing@cbtkyrgyzstan.kg.

Am Fluß Këk-Art

Këk-Art-Paß

Hinter dem Ort Këk-Art (Кëк-Арт) führt die Straße zum gleichnamigen Fluß, über dem sich eine hohe Lehmwand emportürmt wie die Ruine einer gewaltigen Stadtmauer. Die Wiesen auf dem Plateau über dem Fluß bieten Campern einen schönen Übernachtungsplatz mit Blick auf die Ferganaberge.
Der ›Ferganskij Hrebet‹ ist der niederschlagsreichste Gebirgszug in Kirgistan. Die gewaltigen Schneemassen, die im Winter bis zu zwei Meter Höhe erreichen, tauen erst im Frühsommer ab. Der Paß Këk-Art (auch Kaldama, 3100 Meter) ist deshalb nur wenige Monate geöffnet. Er fährt sich wegen der vielen Flickstellen und Ausweichstrecken beschwerlich – doch welch begeisternde Ausblicke kann man von oben genießen! Von der Paßhöhe schweift der Blick weit nach Osten ins Tien-Schan-Gebirge, wo sich Hügel und Berge wie zerknitterter grüner Samt ausbreiten. Im Westen glitzert tief in seiner Schlucht wie ein Silberfaden der Fluß Këk-Art.
Zehn Kilometer hinter **Kazarman** (Казар-

ман), einem gesichtslosen Nest, in dessen Nähe ein kanadisches Unternehmen nach Gold schürft, überquert die Straße den größten Fluß Kirgistans, den Naryn. Hinter gelben Lehmkegeln führt sie durch malerische Wiesen über einen 2800 Meter hohen Paß zur Stadt Naryn. Die Aussicht vom Paß auf die zart gestreiften Lößhügel um Naryn vor den bis zu 4786 Meter hohen At-Bašy-Bergen (Хребет Ат-Баши) in der Ferne ist ein weiteres, in dieser Form einmaliges Beispiel für die Vielfalt und Schönheit der Landschaften Kirgistans.

Arslanbob

Das fast ausschließlich von Usbeken bewohnte Dorf Arslanbob (Арсланбоп, kirgisisch Arstanbap/Арстанбап) liegt auf 1800 Metern am westlichen Rand der Ferganaberge und ist umgeben von den weltgrößten Walnußwäldern, die von einer Stelle südlich des Dorfes zu überblicken sind. Wie die Legende sagt, sind sie aus Nüssen gewachsen, die Alexander der Große aus Mazedonien mitführte. Die ältesten Bäume sind 600 Jahre alt. Geringe und schlechte Durchforstung (nur für Brennholz) hat den Bestand geschwächt. Daß amerikanische Holzhändler einen Teil der schön gemaserten Bäume zu Furnier für Möbel und Autointerieurs verarbeiten werden, wird hoffentlich nicht zum Raubbau ausarten, solange überalterte Bäume mit schonenden Methoden eingeschlagen werden. Die Einheimischen sammeln in den Wäldern im Herbst hunderte Tonnen Walnüsse und ernten tausende Tonnen Obst.

In der Sommersaison (Mai/Juni bis September) wird in Arslanbob eine ›Tourbasa‹ betrieben – ein Gelände mit einfachen Ferienhäuschen, Gemeinschaftsanlagen und Kantine. Ausflüge können unternommen werden zum Berg Babaš-Ata (4427 Meter) mit Wasserfällen und Höhlen sowie zu den Seen Ket-men-Kul und Gubban-Ata (2800 Meter), wovon letzterer als heilig gilt (Baden verboten). Imker verkaufen guten Honig. Weiter hinten in dem Tal, von dem der Weg nach Arslanbob abzweigt, liegt Kyzyl-Unkjur – ein weniger besuchter und wie man sagt (wohl deswegen) noch schönerer Ort.

Arslanbob-Informationen

Nach Arslanbob bestehen Busverbindungen von Džalal-Abad. Nicht alle fahren die gesamte Strecke, möglicherweise muß man in Bazar-Korgon umsteigen.

NGO Relict Forests, Koordinator: Hayat Tarikov, Tel. 00996/(0)3722/54798, Mobil +996/(0)773/342476, arslanbob_2003@rambler.ru Dieses CBT-Büro am zentralen Dorfplatz, wo auch der Bus aus Bazar-Korgon hält, steht im Ruf, eines der umtriebigsten im Land zu sein – vielleicht spielt hier die Geschäftstüchtigkeit mit, für die die Usbeken bekannt sind? Es vermietet Campingausrüstung, vermittelt Pferde, Bergführer und – für längere Treks – sogar Köche. Dem CBT-Programm gehören 15 Unterkünfte an, zum Teil in weiterer Entfernung vom Zentrum.

Lobend hervorgehoben haben Reisende das Haus von Mukarram Mirzamaksudova an der Vodopad köč. (Wasserfallstraße). Das Essen wird auf einer Terrasse mit schönem Blick serviert.

Reisverkauf auf dem Basar in Uzgen

Uzgen

55 Kilometer nordöstlich von Oš liegt Uzgen (Узген, kirgisisch Özgön) - ein unscheinbares Städtchen, das aber einige sehr alte und charakteristische Baudenkmäler besitzt, deren Besuch lohnt. In die Presse kam Uzgen Anfang der 90er Jahre, als Landstreitigkeiten zwischen Usbeken und Kirgisen eskalierten. Bei den pogromartigen Unruhen wurden mehrere hundert Menschen getötet.

Die Stadt nahm ihren Anfang als Lager für die Truppen Alexanders des Großen. Bei Ausgrabungen wurden Spuren von 2000 Jahre alten Zitadellen gefunden. Das Tal des Flusses Karadarja verengt sich hier, was die Stelle günstig für die Errichtung eines Zollpunkts machte. Wahrscheinlich wählten die Karakhaniden deshalb Uzgen als Hauptstadt, nachdem sie 999 die Türken besiegt hatten. Von den Profanbauten der alten Stadt Uskent ist nichts übrig geblieben. Nur vier Baudenkmäler religiösen Ursprungs, die für Kirgistan einmalig sind, stehen auf einer Wiese im sanften Vorgebirge - drei Mausoleen und ein Minarett, die aus der Karakhanidenzeit stammen.

Minarett

Das Minarett war vermutlich ein Vorbild für die ebenfalls von den Karakhaniden erbauten Minarette, die heute noch in Buchara und dessen Nachbarort Vabkent zu bewundern sind. Der Turm war ursprünglich wohl höher, ragt jetzt aber gerade noch 27,5 Meter empor - der obere Teil brach bei einem Erdbeben im 16. Jahrhundert zusammen. Am Sockel beträgt der Durchmesser 8,5 Meter. Die Verzierungen beschränken sich auf zu Ornamenten vermauerte Ziegel, denn zur Entstehungszeit war es noch unbekannt, Glasuren aufzutragen.

Mausoleen

Eine wichtige Phase in der Entwicklung der Mauer- und Wandornamentik belegen die drei Mausoleen, die auf den ersten Blick aussehen wie ein einziges Bauwerk. Sie sind eine Vorstufe zur großartigen Architektur der Timuriden, deren Höchstleistungen in Samarkand zu bewundern sind. Eine Neuerung waren damals die Säulenvorhallen. Das älteste Mausoleum ist das mittlere - das des Karakhaniden Nasr-ben-Ali (gestorben 1031). Es trägt eines der frühesten be-

Mausoleen in Uzgen

kannten Girikhs (geschnitzte Terrakotta). Nördlich davon wurde 1152 das Dschelal-ad-Din Al Husain-Mausoleum erbaut. Dieses frühislamische Bauwerk ist das erste, bei dem - durch Flächenornamente - die Fassade betont wird. Bis dahin war immer die Verzierung des Innenraums die Hauptsache gewesen. Das südliche Mausoleum, von dem heute niemand mehr weiß, für wen es erbaut wurde, stammt aus dem Jahre 1186 und ist das kleinste, aber noch reicher verziert - mit einer Vielzahl von Ornamenten, Arabesken und Schriftfriesen.

Blick vom Tacht-i-Suleyman auf Oš

Oš

Wo der chinesische Gesandte Zhang Qian auf der Suche nach den ›himmlischen Rössern‹ im Jahr 138 vor unserer Zeit aus den unwirtlichen Bergen in die Gärten der Fergana-Oase hinabstieg, lag damals schon die Stadt Oš (Ош). Sie ist die historisch bedeutsamste Stadt des Landes und so alt, daß ihre Gründung Legende ist: Diese wird König Salomo, aber auch Alexander dem Großen zugeschrieben. Der Volksmund sagt, Oš sei so alt wie Rom. Andere Quellen äußern, daß Oš so alt ist wie Samarkand, das auf zweieinhalb Jahrtausende zurückblicken kann. Die früheste urkundliche Erwähnung der Stadt ist in arabischen Dokumenten des 9. Jahrhunderts zu finden.

Wegen seiner günstigen Lage an antiken Handelswegen, zum Beispiel an der Lasuritstraße aus dem Pamir im 3. und 2. Jahrtausend vor unserer Zeit, und in der Nähe erschlossener Bodenschätze wurde Oš zu einem Stützpunkt der Seidenstraße. Im 16. Jahrhundert war die Stadt das religiöse Zentrum des Ferganabeckens und ist heute mit über 250 000 Einwohnern die zweitgrößte Stadt Kirgistans. Als die Araber dieses Gebiet beherrschten, hatte Oš eine Zitadelle mit Palast und Gefängnis, außerhalb der Stadtmauer mit drei Toren lagen Vororte.

Im Sommer 1990 führten Landstreitigkeiten im Gebiet Oš zu Unruhen zwischen Kirgisen und Usbeken, bei denen etwa 300 Menschen getötet wurden. Zum Glück wiederholten sich solche Auseinandersetzungen nicht, als das Land unabhängig wurde und eine politisch wie wirtschaftlich schwierige Zeit anbrach.

Legende

1. Džayma-Basar I
2. Džayma-Basar II
3. Shait-Tepa-Moschee
4. Baburs Haus
5. Städtisches Museum für Geschichte und Kultur
6. CBT-Büro (Community Based Tourism)
7. Aviakassa
8. Alter Busbahnhof
9. Telekommunikationsgebäude
10. Hauptpostamt

Seitdem hat sich die durch Oš führende Handelsstraße wieder belebt, zumal der südliche Grenzübergang Erkečtam nach China 2002 geöffnet wurde. Über den Pamir-Trakt, die alte russische Poststraße ins Alaj-Tal, die durch den Pamir und schließlich zur afghanischen Grenze führt, rollt aber auch so mancher Lastwagen mit heißer Fracht – Opium, das von bitterarmen Bergbauern in Tadschikistan und Afghanistan angebaut wird. Ab und zu wird ein Schmuggler erwischt, doch es kommen genug durch, um Oš zu einem Umschlagplatz für das Rauschgift zu machen, das schließlich auch in Westeuropa landet.

In Oš steht die älteste noch funktionierende Seidenfabrik der ehemaligen Sowjetunion, die schon vor der Oktoberrevolution den Betrieb aufnahm. Neben Baumwolle wird im Ferganabecken nämlich auch viel Seide erzeugt, aus der die leuchtend bunten Kleider der Usbekinnen geschneidert sind. Auch hier hat die Konkurrenz des Weltmarktes, vor allem aus China und Japan, nach dem Fall des Schutzwalls der Planwirtschaft für einen wirtschaftlichen Einbruch gesorgt. Die Zahl der Beschäftigten ist auf ein Fünftel gefallen. 1996 kaufte eine irische Firma das Unternehmen.

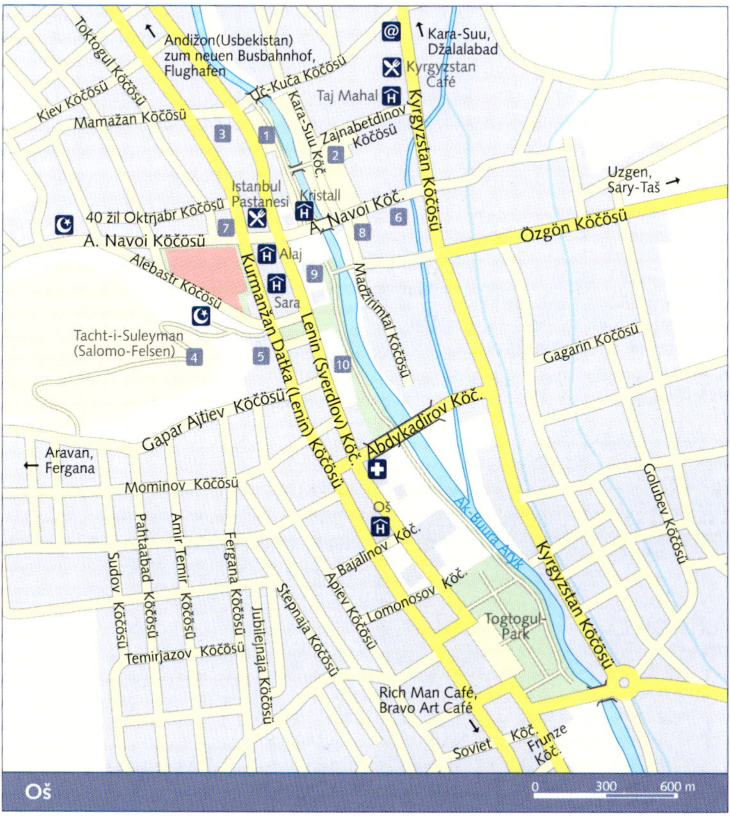

Sehenswürdigkeiten

Trotz des Alters der Stadt sind fast keine Architekturdenkmäler erhalten geblieben. Als Dschingis-Khan im 13. Jahrhundert nach Westen gegen den Schah von Choresm zog, schickte er einen Teil seiner Streitmacht auf einen mühseligen, gefährlichen Marsch über die Pässe des Tien-Schan. Oš hatte das Unglück, auf dem Weg zu liegen und wurde von den Mongolen, die ausgezehrt von den Bergen herabkamen, erobert und zerstört. Doch erholte sich die Stadt wieder, und bis heute wird der **Džayma-Basar von Oš** im ganzen Ferganatal gerühmt; in Bischkek heißt sogar ein Markt ›Ošskij Basar‹. Hier treffen sich usbekische Bauern, kirgisische Halbnomaden, russische Arbeiter, Tataren, Tadschiken und viele andere. Man feilscht um Pferde und Vieh, Gemüse, Brot, Teppiche, Werkzeug und die neuen Waren aus West und Ost – Dosenbier und dubiosen Wodka, Zigaretten, Schokoriegel, T-Shirts und Trainingsanzüge aus China. Sonntags ist der Džayma-Basar, der sich am Ak-Buura-Fluß zu beiden Seiten des Ufers erstreckt, am lebendigsten; montags ist er hingegen wie ausgestorben.

Felsformation zwischen Oš und Pamir

Einen Besuch wert ist die **Shait-Tepa-Moschee** im Norden des Stadtzentrums. Sie ist die älteste Moschee der Stadt.

Tacht-i-Suleyman

Die Stadtsilhouette von Oš beherrscht ein Hügel, der Tacht-i-Suleyman (Salomo-Felsen). Eine Legende bringt ihn mit dem Namen der Stadt in Verbindung: Der biblische König Salomo habe mit Ochsen gepflügt und an diesem Berg gesagt: ›Chosch‹ (genug). Die Einheimischen vergleichen seine Form mit der einer liegenden Schwangeren. Frauen pilgern zum Berg, um Fruchtbarkeit zu erflehen. Auf dem Hügel sind Felsbilder eingeritzt, die wahrscheinlich 4000 Jahre alt sind. Die zahlreichen russischen Graffiti sind natürlich wesentlich jünger.

Oš ist die Geburtsstadt des letzten Timuridenherrschers Zahiruddin Babur, der 1526 von den Usbeken vertrieben wurde und in Nordindien die Moguldynastie gründete, die bis 1857 herrschte. In seinen Memoiren, dem ›Babur-Name‹, erinnerte er sich an die Heimat: »In ganz Fergana gibt es keine Stadt, die Oš an Annehmlichkeit und Bekömmlichkeit des Klimas gleichkommt.«

Im Jahr 1497 baute Babur eine Hütte und eine kleine Moschee auf dem Ostgipfel des Tacht-i-Suleyman. Dreieinhalb Jahrhunderte später brach der Bau bei einem Erdbeben zusammen. Die Rekonstruktion wurde 1960 durch eine Explosion zerstört – wie die Bevölkerung argwöhnte, von den Behörden, die versuchten, den seit Jahrhunderten üblichen Pilgerfahrten ein Ende zu setzen und den offenbar auch 40 Jahre nach Etablierung der Sowjetmacht lebendigen ›Aberglauben‹ des Islam zu unterdrücken.

Nach der Unabhängigkeit Kirgistans wurde **›Baburs Haus‹** (Babur Uij) wie-

Zwischen Oš und Pamir

derhergestellt. Der Aufstieg von der Kurmandžan-Dakta-Straße dauert eine halbe Stunde.

Im Westgipfel des Tacht-i-Suleyman fällt ein merkwürdiges silberglänzendes Objekt ins Auge, das von weitem einer Radioantenne oder einem riesigen Lüftungsgitter ähnelt. Bei dem Fremdkörper handelt es sich um die Zweigstelle des **Städtischen Museums für Geschichte und Kultur.** Das Haupthaus befindet sich unterhalb des Hügels neben der kleinen Moschee Rawat-Abdulla Khan aus dem 17. Jahrhundert. Unter anderem sind zehn antike Grabsteine mit arabischer Schrift, die auf dem muslimischen Friedhof am Berg gefunden wurden, im Museum zu besichtigen.

Oš-Informationen

Vorwahl: 00996/(0)3222.

CBT, im Handelszentrum Keleček Plaza, 1. OG (über dem Möbelgeschäft), Ališer Navoi köč., Koordinator: Asel Ikramova, Tel. (Mobil) + 996/502/574940, osh_cbt@mail.ru. Das Büro unterhält in seinen Räumen ein Souvenirgeschäft.

Im Zentrum von Oš gibt es zahlreiche **Internet-Cafés,** Banken mit Geldautomaten und Wechselstuben.

Flugtickets nach Bischkek gibt es bei der ›Aviakassa‹, Kurmandžan-Dakta köč. 287 (200 Meter nördlich vom Hotel Alaj), Tel. 22211.

Vom **alten Busbahnhof** am Bazar fahren Busse nach Uzgen/Özgön (stündlich) und Džalal-Abad (halbstündlich) sowie in alle Orte im Süden (z. B. Gulča, Sary-Taš, Daroot-Kurgan).

Alle anderen Verbindungen bedient der **neue Busbahnhof**, ca. 6 km nördlich des Stadtzentrums.

Taj Mahal, Ecke Zaina Betinova köč./Kyrgyzstan köč., Tel. 39652; Zimmer 8–15 US-Dollar. Sauber, angenehme Atmosphäre.

Hotel Sara, Kurmanžan-Datka köč. 278a, Tel. 22559, 22998, 56998, Fax 59129.

Hotel Alaj, Kurmanžan Datka köč. 180, Tel. 577 33; DZ etwa 9 US-Dollar. Mit China-Restaurant.

Kristall, Ališer Navoi köč. 50a, Tel. 204 47, 738 96, Fax 738 94
EZ 30 US-Dollar, DZ 50 US-Dollar. Neues Hotel in der Nähe des Basars.

Hotel Oš, Bajalinov 1 köč., Tel. 756 14. Das ehemalige Intourist-Hotel wurde 2006 renoviert und nimmt seitdem unangemessen hohe Preise.

Kyrgyzstan Café, Kyrgyzstan köč., nördlich des Hotels Taj Mahal. Bis spätnachts kann man sich hier an Boeuf Stroganov sättigen. Livemusik.

Mamyrdian Činar, Išak Razzakov köč. Im Biergarten gibt es Schaschlik, Eintopf und andere kirgisische und russische Gerichte.

Bravo Art Café, Kurmanžan Datka köč. 44, Tel. 575 04, Mo bis Sa 9 bis 23 Uhr. 2007 eröffnete das in der usbekischen Stadt Fergana populäre Café eine Zweigstelle in Oš. Auf der Terrasse im Rosengarten oder in den mit traditionellen Textilien ausgestatteten Räumen kann man neben Getränken auch eine Wasserpfeife genießen. Das Café veranstaltet Ausstellungen örtlicher Künstler und in den Sommermonaten Filmvorführungen.

Rich Man Café, Kurmanžan Datka köč. 60, Tel. 243 03. Umfangreiche Speise- und Getränkekarte, guter Service. Preise etwas über dem Durchschnitt. Etwa 2 Kilometer südlich des Bazars.

Istanbul Pastanesi, Ališer Navoi köč. 22, Tel. 224 51. Türkische Snacks und (vor allem) Süßigkeiten!

Milchbar Moločnaya, links neben dem Südeingang zum Basar: Reispudding, Pfannkuchen, Grießbrei, Käsekuchen

Zwei Euroshopper-Supermärkte, einer neben dem ›Univermag‹-Kaufhaus, der andere auf der Kurmanžan-Datka-Straße, bieten ein bescheidenes westliches Warenangebot.

Šahrimardan

Im Bezirk Batken in Kirgistans Süden liegen drei usbekische Enklaven, im usbekischen Ferganabecken sogar sieben kirgisische. Diese Inseln in fremdem Territorium entstanden, als Stalin – seinerzeit noch sowjetischer Kommissar für Minoritäten – höchstpersönlich auf einer Landkarte im fernen Moskau die Siedlungsgebiete der alteingesessenen Völker Mittelasiens gegeneinander abgrenzte. An einigen Stellen mit Einwohnern, die vorwiegend nicht zur Titularnation der neugegründeten Republiken gehörten, entstanden winzige Einschlüsse, rechtlich Bestandteil der jeweiligen Nachbarrepublik. Eine davon ist Šahri-

Mausoleum des Dichters Hamza

Jahrmarkt in Šahrimardan

mardan. Nach dem Zerfall der Sowjetunion wurde deutlich, mit welch diabolischer Weitsicht der listige Politiker geplant hatte: die unnatürlich verschachtelte Grenzziehung im Ferganabecken entpuppte sich als Zankapfel zwischen den Ländern. Der kleine Flecken Land rund um das Dorf Šahrimardan ist einer davon. Kirgisische Parlamentarier haben wiederholt die Rückgabe der Enklave gefordert. Šahrimardan (Шахимардон) – auch Hamza-Abad (Хамза-Абад) – wurde offiziell in den 1930ern bei einem Gebietsaustausch Usbekistan zugeschlagen, aber angeblich ohne Zustimmung der Zentralregierung übergeben. Es kursiert eine Legende, wonach ein kirgisisches Parteimitglied sie beim Kartenspiel an seinen usbekischen Kollegen verloren habe. Während der Sowjetzeit hatte die Grenze rein administrative Bedeutung; seit das Verhältnis zwischen den Ländern gespannt ist, Visa erforderlich sind und die Übergänge kontrolliert werden, ist sie für Einheimische und noch mehr für Reisende ein Hindernis.

Šahrimardan schmiegt sich 55 Kilometer südlich von Fergana an die Ausläufer des Alaj-Gebirges. Der Ort ist ein beliebtes Ausflugsziel. Er liegt auf 1500 Meter Höhe an einem Nordhang, umgeben von Bergen, das Klima ist hier selbst im Hochsommer – wenn im Ferganatal die Hitze brodelt – angenehm und die Luft rein. Auf Persisch bedeutet Šahrimardan ›König der Menschen‹ – die Bezeichnung für Ali, den Schwiegersohn des Propheten Mohammed und vierten Kalifen.

Jahrhundertelang war das **Ali-Mausoleum** auf dem Hügel über Šahrimardan (in der islamischen Welt gibt es weitere sechs) ein bedeutendes Pilgerziel, unter anderem für die Khane von Kokand. Mit der Zerstörung des Mausoleums 1921 endeten die Pilgerfahrten, ganz im Sinne der atheistischen neuen Machthaber. Doch 1993 wurde eine kleine Moschee aus ockergelbem Backstein mit schön geschnitzten Holztüren fertiggestellt, und seither kommen nicht nur Ausflügler, sondern auch wieder Pilger.

An Wochenenden wird die Hauptstraße zu einem Jahrmarkt mit vielen Ständen, wo Süßigkeiten, Spielzeug und Souvenirs verkauft werden. Man kann sich auf

einem Rummelplatz vergnügen und bei Fotografen mit Motorrädern, Bären (ausgestopft) oder Pfauen und Adlern (lebendig) zum Andenken porträtieren lassen. Auf den meist selbstgemalten Fotohintergründen sind die Sehenswürdigkeiten Šahrimardans abgebildet, zu denen unter anderem ein finsteres **Sowjetdenkmal** zählt, das auf einem Hügel hoch über der Ortsmitte den Blick auf die Moschee verstellt - ein in Bronze gegossener Sowjetheld reckt drohend gegen einen imaginären Konterrevolutionär die Faust, während er mit der anderen Hand einen gefallenen Kameraden stützt und ein Dritter die Flanke mit dem Karabiner sichert.

Das Denkmal unterstützt die sowjetische Fassung der Erklärung, wieso das Ali-Mausoleum niederbrannte - Widerstandskämpfer gegen die Sowjetmacht, sogenannte Basmatschen, wollten angeblich 48 Rotarmisten ausräuchern, die sich dort verschanzt hatten. Die usbekische Version lautet: Die Bolschewiken zündeten das Bauwerk selbst an. Auf den steilen Hügel mit dem martialischen Trio gelangt man zu Fuß und über eine Rolltreppe.

An der ›Talstation‹ der Rolltreppe hat man einen Park zum Gedenken an den Kokander **Dichter Hamza Hakimsade Niyasi** angelegt, und oben, ebenfalls in einer kleinen Parkanlage, wurde ihm in den 60er Jahren ein ansprechend gestaltetes Mausoleum aus rotem Granit und Stuck errichtet. Hamza schrieb auch Bühnenstücke und ermunterte Frauen, ihre Schleier abzulegen und seiner Theatergruppe beizutreten. Dafür soll er 1929 von erzürnten Mullahs gesteinigt worden sein - Wasser auf die Mühlen der Sowjets! Es wird aber auch gemunkelt, Hamzas Interesse an den Frauen sei nicht nur künstlerisch motiviert gewesen. Jedenfalls ist die Vielzahl der unterschiedlichen Schilderungen genau der richtige Stoff für eine der Legenden, die sich um diesen Ort ranken.

■ Ausflug ins Gebirge

Hinter Šahrimardan führt rechts eine Straße oberhalb des Parks ins Gebirge. Sie durchquert das **Dörfchen Jordan** (Йордан), durch dessen baumbestandene Gassen gemütlich Kirgisen und Usbeken spazieren. Der **Fluß Ak-Suu** im Tal trägt einen passenden Namen - ›weißes Wasser‹; er ist milchig vom Staub zermahlenen Gesteins. In der Nähe einiger Schrebergärten hinter der Ortschaft steigt die Asphaltstraße einen Hang hinauf einem Feriengelände entgegen, hinter dem eine Schotterpiste durch die Ak-Suu-Schlucht zu einem Bergsteigerlager führt. Folgt man in der Kurve vor dem Hang geradeaus dem Fluß und überquert die primitive Brücke, gelangt man - vorbei am Pionierlager mit dem seltsamen Namen A3OT (Azot - Stickstoff) - auf ein ins Tal vorspringendes Hochplateau mit der ›Tourbasa‹ des freundlichen Usbeken Said. Das mit einigen Hütten bestandene Gelände ist umzäunt und bietet einen sicheren, abgeschiedenen und gemütlichen Lagerplatz mit eigenem Bach und schattenspendenden schlanken Pappeln. Said freut sich über Gäste und ist gerne bereit, bei Versorgungsfragen zu helfen.

Die geradeaus hinter Šahrimardan weiterführende Straße endet nach 4,5 Kilometern an der Talstation einer Seilbahn, über der schon wieder die

Am Blauen See bei Šahrimardan

In der Ak-Suu-Schlucht

kirgisische Flagge weht. Aber wie in dem Ort trifft man fast nur Usbeken. Aus den zwei Personen fassenden Gondeln kann man die Geröllmassen überblicken, die von den Bergen zu beiden Seiten herabgestürzt sind und den Grund der Schlucht mit Felsbrocken bis zur Größe von Häusern bedeckt haben. Auch ein Fußpfad führt hinauf. Die Bergrutsche haben einen Fluß verschüttet und zum 1740 Meter hoch gelegenen **Blauen See** (Кок-Суу) angestaut, der türkisfarben zwischen den Gipfeln schimmert. Rechts führt ein Pfad ans hintere Ufer. Dorthin kann man auch mit großen motorisierten Schlauchbooten übersetzen, die Wochenendausflügler hin- und herbefördern.

Ein Schotterstrand mit Büschen und dem Zufluß schließt den See zur Schlucht hin ab. In dieser liegt ein weiterer kleiner See. Am Ufer picknicken die Besucher auf einer Wiese unter alten Bäumen und lassen sich die Speisen aus einer Plovküche schmecken.

Anreise nach Šahrimardan

Der Hauptzugang nach Šahrimardan ist von der usbekischen Stadt Fergana aus. Von dort fahren Busse, allerdings ist der Grenzübergang für Ausländer gesperrt (und man sollte tunlichst den Versuch unterlassen, sich durchzumogeln). Die einzige für Reisende nutzbare Straßenverbindung führt über die Strecke von Oš nach Batken, auf der Sammeltaxis und Busse verkehren. Für eine Fahrt nach Šahrimardan benötigt man ein **usbekisches Visum** und muß ein **kirgisisches Visum für mehrmalige Einreise** im Paß haben, um nach Kirgistan zurückkehren zu können!

Šahrimardan ist ein Ausgangspunkt für Treks, in einer Woche kann man zum Beispiel über einen hohen Paß ins Alaj-Tal hinüberwandern. Dies sollte unbedingt mit einer Reiseagentur geplant werden, die den unentbehrlichen Führer stellt und die Zahlung der Gebühr regelt, die Kirgistan für Wanderungen im Grenzgebiet erhebt.

Das Pamirgebirge

Der Pamir, der südwestlich an den Tien-Schan anschließt und erst in einer Höhe beginnt, bei der die deutschen Alpen schon aufhören, ist eine Hochlandwüste von abweisender Schroffheit. Im Süden schneiden die noch höheren Gipfel von Hindukusch und Himalaya den Pamir von den feuchten Luftmassen des Monsun ab. Und noch immer drückt Indien, das sich vor vielen Millionen Jahren an Asien anschloß, die Berge höher. Zwischen den stark vergletscherten Zacken schneiden sich Trogtäler tief ein. Das Hochland von Pamir mißt 250 Kilometer von Norden nach Süden und 275 Kilometer von Osten nach Westen und ist nach Tibet das zweitgrößte der Welt. Ein Achtel der Fläche liegt unter Gletschern und ewigem Schnee. Im Nordwesten hat sich die größte Ansammlung von Eis und Schnee außerhalb polarer Breiten gebildet.

Für die Bedeutung des Wortes Pamir, das erstmals in den Schriften des chinesischen Reisenden Xuanzang auftaucht, wurde nie eine zweifelsfreie Erklärung gefunden. Manche erklären das Wort einfach als Gattungsnamen für Hochgebirgssteppen. Semënov-Tienšanskij, ein russischer Forscher, zählte Anfang des 20. Jahrhunderts verschiedene Deutungsversuche auf: zum Beispiel die Ableitung vom göttlichen Berg der Inder ›upa Meru‹. Eine andere Ableitung könnte aus dem Sanskrit stammen: Das Wort ›Mir‹ bedeutet dort Meer oder See. Das gebräuchliche Synonym für den Pamir – ›Dach der Welt‹ – lautet ins Persische (das mit dem Tadschikischen verwandt ist) übersetzt: bam-i-dunia. Ebenfalls aus Persien könnte die Bezeichnung ›Pa-i-Michr‹ stammen, Schemel des (Sonnengottes) Mitra. Im Tschitral, einem Tal des südlich an den Pamir angrenzenden Hindukusch, wurden zur Zeit Semënov-Tienšanskijs Eisenringe getragen, die ein den Tod symbolisierendes Emblem und die Aufschrift ›Po-i-mor‹ trugen: ›Sockel des Todes‹.

Ebene am Fuß des Pamirgebirges

Marco Polo, der um 1271 hier durchgereist war, berichtete über das unwirtliche Land: »Durch diese Ebene reitet man zwölf Tage. (...) Während dieser zwölf Tage findet man weder Haus noch Herberge, sondern nur Wüste entlang des ganzen Wegs, und man findet nichts zu essen. (...) Dort gibt es keine Vögel, wegen der Höhe und großen Kälte und weil sie dort kein Futter finden würden. Außerdem brennt wegen der großen Kälte auch das Feuer nicht so heiß (...), und so kann das Fleisch nicht richtig gar werden. «

Koh-i-Garmo (Pik Lenina)

Der höchste dieser Berge ist der Koh-i-Garmo, bekannter unter seinem ehemaligen Namen: Pik Lenina (Пик Ленина). Nach dem ersten russischen Generalgouverneur hieß er zur Zarenzeit Pik Kaufmanna. Mit 7134 Metern ist er der dritthöchste der vier Siebentausender der GUS, von denen zwei in Kirgistan liegen.

Campen vor der Kulisse des Koh-i-Garmo (7134 m)

Der Pik Lenina ist ein beliebter Gipfel, da spezialisierte Veranstalter eine gute Transport- und Lagerlogistik aufgebaut haben: Sie befördern Bergsteiger mit eigenen Transportmitteln, bringen sie in einem – schon zu UdSSR-Zeiten gegründeten – Basiscamp unter, sorgen für komplette Verpflegung und medizinische Grundversorgung. All dies schützt indessen nicht vor den Naturgefahren – im Sommer 1990 riß eine Lawine an der Nordflanke 43 schlafende Bergsteiger in den Tod.

Eine Karte des Pamir im Maßstab 1:500 000 und eine Karte vom Pik Lenina im Maßstab 1:100 000 kann man bei ›Geckomaps‹ bestellen, www.gekkomaps.com.

Koh-i-Samani (Pik Kommunisma)

Tief im Pamir, bereits in Tadschikistan liegt der höchste dieser Siebentausender – der Koh-i-Samani. Bekannter ist er unter seinem alten Namen Pik Kommunisma (Пик Коммунизма, 7495 Meter). Seine Südwand ist doppelt so hoch wie die Eigernordwand. Als mächtigster Berg des Sowjetreiches trug er bis 1960 den Namen Stalins. Vergleicht man die drei höchsten ›ex-sowjetischen‹ Siebentausender mit einem Siegerpodest, so stand Lenin interessanterweise erst an dritter Stelle – noch hinter dem Sieg, nach dem der Pik Pobedy im Zentrum des Tien-Schan benannt ist. Kenner der Geschichte sehen hierin einen Ausdruck des Personenkults, der Stalin sogar über den Gründer der UdSSR stellte.

Alaj-Berge

Die Pamir-Nordfront, der Čon-Alaj (großer Alaj oder Trans-Alaj), begrenzt den äußersten Süden Kirgistans. Die Gipfel dieser 250 Kilometer langen Kette, im Durchschnitt 5460 Meter hoch, gleichen Riesen, die sich Kapuzen aus Eis und Schnee über die Köpfe gezogen haben und für immer im Kälteschlaf erstarrt sind. Selbst die Glut des Sommers kann dem weißblauen Panzer nichts anhaben, der wie zähflüssige Schlagsahne die scharfen Konturen abrundet.

Zu Füßen dieses Massivs aus Fels, Firn und Eis liegt das 165 Kilometer lange Alaj-Tal (Алайская Долина). Ungemildert durch vorgelagerte Hügel steigen die Felshänge an seiner Südseite den bis über 7000 Meter hohen Gipfeln entge-

Im Alaj-Tal, im Hintergrund der Pamir

gen. Im Westen setzt sich das Hochtal nach Tadschikistan fort, im Osten grenzt es an China. Entlang seiner Nordseite verläuft im Abstand von 25 Kilometern zu den Pamir-Giganten die Alaj-Bergkette (350 Kilometer), deren höchste Spitze 5539 Meter erreicht. Die grandiose, das Tal auf seiner gesamten Länge beherrschende Trans-Alaj-Bergkette, die Weite der kahlen Ebenen um den Fluß Kyzyl-Suu (Кызыл-Суу) und der Kontrast zu den saftigen, von bizarren Lehm- und

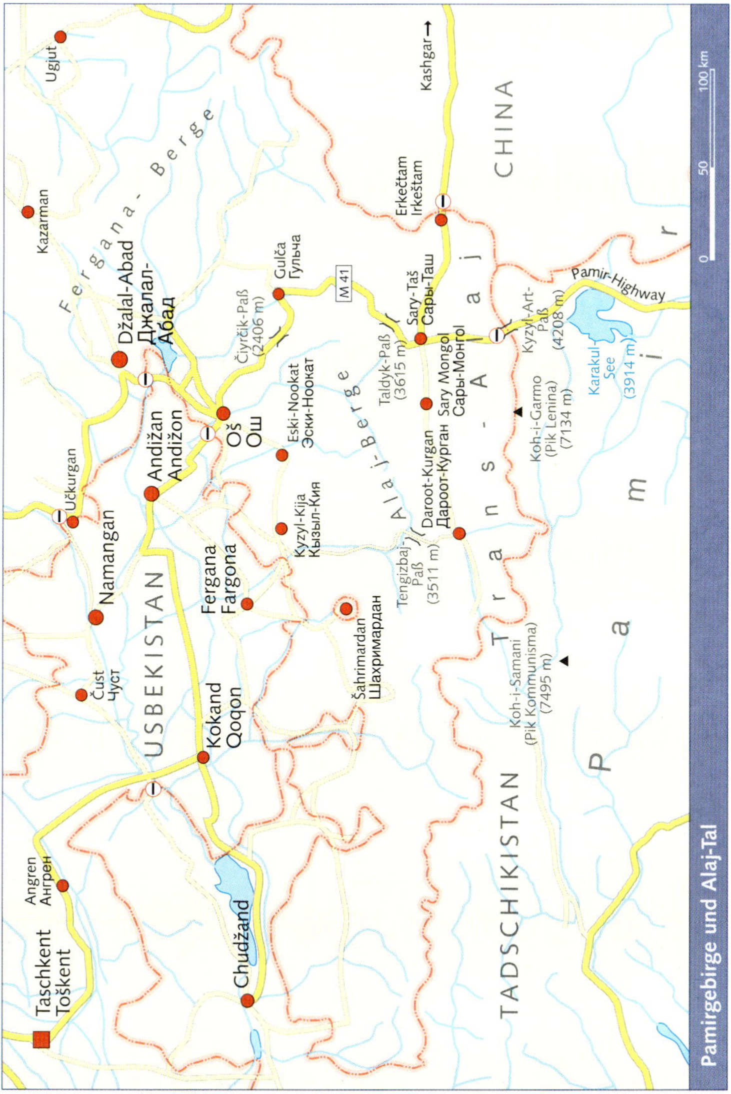

Pamirgebirge und Alaj-Tal

Felsformen abgegrenzten Seitentälern machen das Alaj-Tal zu einem der landschaftlichen Höhepunkte Kirgistans.
Der Hauptweg ins Alaj-Tal, entstanden aus der alten russischen Poststraße, dem **Pamirskij Trakt**, beginnt hinter Oš im östlichen Ferganabecken. In den grünen Hügeln, die zum Alaj-Gebirge überleiten, findet der Camper gemütliche Übernachtungsplätze. Weiter südöstlich schneidet der **Paß Čiyrčik** (Перевал Чиырчик – 2406 Meter) durch die Grasnarbe in die rote Erde. Am Fuß der Paßstraße liegt das Dorf Gulča, von den Russen während der Eroberung Turkestans als Garnison gegründet. Neben einem primitiven Hotel aus sowjetischer Zeit kann man über das örtliche CBT-Büro Unterkunft für einen ›Boxenstop‹ finden (CBT Alaj, Koordinator: Talant Toksonbaev; Kontakt über die Zentrale in Bischkek s. S. 229). Die dahinterliegende Schlucht des Flusses Kuršab wirkt zunächst düster, erweitert sich aber im letzten Drittel und weist beeindruckend schöne Stellen auf: grüne Almen, von einem Schleier gelber Blumen überhaucht, zu Füßen schneegepuderter 4600er des östlichen, niedrigsten Teils der Alaj-Kette, die sich hier wie der Griff eines Regenschirms nach Norden biegt. Entlang der Straße, die dem breiten Schotterbett des Flusses folgt, ragen Berge in Schichten um 45 Grad gekippt empor wie von den Karatehieben eines Riesen zerteilte Ziegelstapel. Im Kontrast zu ihren rauhen Kanten stehen die Formen sanft abgerundeter niedriger Felsen und Lehmsäulen.
Ein vergessener Weg soll von Sufi-Kurgan über den uralten Paß Terek-Dawan (4090 Meter) nach Erkečtam an der kirgisisch-chinesischen Grenze führen. Dies war vermutlich die Strecke, die den Pilger Xuanzang und Dschingis-Khans Soldaten ins Ferganabecken führte.

Sary-Taš

Der Taldyk-Paß (Перевал Талдык, 3165 Meter) klettert am Ende des Tals über die Berge. Dahinter begrüßt der triste Ort Sary-Taš (Сары-Таш) die Besucher des Alaj-Tals. Wer tanken muß, kann sein Glück an einem Betriebshof versuchen, der eine ›Tankstelle‹ für Diesel besitzt: zwei halbvergrabene Tanks mit Handpumpe. Sonst können Privatleute aushelfen, die nach China fahren und dort Treibstoff vom Straßenbau abzweigen. 1996 wurde der Grenzübergang bei Erkečtam (kirgisisch Irkeštam) für den internationalen Reiseverkehr

Begegnung in Sary-Taš

Am Kyzyl-Art-Paß

nach China geöffnet, und so führt ein wiederbelebter Zweig der Seidenstraße von den Oasen im Ferganatal zu denen in Turfan. Dies läßt auch für die Versorgung von Sary-Taš auf Besserung hoffen. Zwei Kilometer hinter Sary-Taš befindet sich die einzige Kreuzung in diesem Tal. Auf der weiten Ebene vor dem Hintergrund der Pamir-Berge fallen Radarschirme von Horchposten aus UdSSR-Zeiten auf – nur 80 Kilometer sind es bis zur Grenze im Osten, an der sich zwei Giganten argwöhnisch beobachteten.

Kyzyl-Art-Paß

Von dort ist es nicht mehr weit bis zum noch im Tal liegenden Grenzposten, der signalisiert, daß Tadschikistan nahe ist; hinter den Bergen liegt die Provinz Berg-Badahšan. Wer dorthin reisen will, muß 45 Kilometer südlich der Kreuzung über den 4280 Meter hohen ›Roten Paß‹ Kyzyl-Art (Перевал Кызыл-Арт), auf dem die Grenzlinie verläuft. Sie ist markiert durch zwei Betonmonumente aus den Silhouetten des jeweiligen Nachbarstaates und großen Schriftzügen, als würden hier Weltmächte einander gegenüberstehen und nicht zwei abgelegene, verarmte Überreste der Sowjetunion. Früher war der Paß den Kirgisen heilig – Semënov-Tienšanskij berichtete von Steinhaufen mit Ästen und daran als Amuletten festgebundenen Lappen und Roßhaaren.

Durch das Alaj-Tal

Das Klima im auf 2000 Meter liegenden Alaj-Tal ist streng. Im September fällt der erste Schnee, und erst im Mai ist der letzte Rest davon abgetaut. Die Thermik durch die starke Erwärmung der Atmosphäre über der Taklamakan-Wüste in China saugt immerfort Luft aus dem Tal an. Ständig verbirgt ein starker, kalter Wind den Trans-Alaj hinter Schleiern aus Staub und Sand, die aus der Halbwüste zu dessen Füßen in die Luft wirbeln. Vor diesem rauhen Wind geschützt liegen in den Felsbuchten des Alaj von Bächen getränkte Wiesen, Äcker und kleine Gehöfte. Trotz des unwirtlichen Klimas ist das Alaj-Tal seit Jahrhunderten als vorzüglicher Weidegrund bekannt. Abgemagerte Pferde, so erzählen sich die Kirgisen, werden hier in den wenigen Sommermonaten schnell wieder wohlgenährt. Der hohe Zuckergehalt, mit dem sich die Gräser vor Frost schützen, mästet die Tiere gut. Vielleicht hat das Tal daher seinen Namen – Alaj bedeutet ›Paradies‹. Das Alaj-Tal versorgte zur Zeit der Zarenherrschaft ganz Turkestan mit Fleisch. Damals wurde auch in Taschkent der Alajskij Bazar eingerichtet. Auf den Weiden leben nicht nur die Schafe und Pferde der Hirten. Unter dem Gras haben dicke Langschwanz-Murmeltiere ihre Gänge gegraben. Sie strecken häufig in sicherem Abstand zu eventuellen Beobachtern den Kopf aus dem Bau, um die Lage auszuspähen. Manchmal sieht man die rostroten Pelztiere von der

Weidegrund im Alaj-Tal

Größe einer Bulldogge schwerfällig und mit wippendem Schwanz über die Hänge hoppeln.

Während der Fahrt durch das Alaj-Tal zieht ein Sechstausender nach dem anderen vorbei – jeder vom Sockel bis zur Spitze in reines Weiß gehüllt. Die meisten dieser Berge sind bislang unbenannt, denn nur die prestigeträchtigen Siebentausender, in deren Schatten sie liegen, wurden von Bergsteigern erklommen. Die Straße ist schlecht; etwa 15 Kilometer hinter Sary-Taš endet die Asphaltdecke und geht in eine staubige Wellblechpiste aus grauem Schotter über. Es lohnt sich, nach Abfahrten auf die Sandpiste am Kyzyl-Suu Ausschau zu halten, die wohl beim Bau der Stromleitung entstand. Das Fahren auf der kurvigen, für Geländewagen wie geschaffenen ›Rennbahn‹ macht mehr Spaß als die Mensch und Material zermürbende Rüttelei auf der Straße.

30 Kilometer westlich von Sary-Taš befindet sich in Sary-Mongol ein CBT-Büro, das Unterkünfte bei Privatleuten in Häusern oder Jurten vermittelt (Koordinator: Umar Tašbekov, Kontakt über die Bischkeker Zentrale, s. S. 229).

Daroot-Kurgan

100 Kilometer westlich von Sary-Taš liegt die Ortschaft Daroot-Kurgan (Дароот-Курган). Hier setzte der Kokander Khan Chudojar während der Eroberung Kirgistans Ende des 19. Jahrhunderts eine seiner Garnisonsfestungen ins Gebirge. Was von dem Fort übriggeblieben ist, wird heute als Lagerhaus genutzt. Doch geht die Geschichte des Ortes wahrscheinlich viele hundert Jahre weiter zurück. Ausgrabungen haben Spuren einer Ansiedlung aus dem 1. Jahrtausend vor unserer Zeit zutage gebracht. Man vermutet sogar, daß hier der von Ptolemäus erwähnte Steinturm an der Straße zwischen Kashgar und Balkh gestanden haben könnte, wo levantinische und chinesische Karawanen ihre Waren tauschten. 1871 startete der russische Forscher A. P. Fedčenko von hier aus eine Pamir-Expedition. Acht Jahre später entdeckte sein Landsmann V. F. Ošanin einen 75 Kilometer langen Gletscher, der sich unter dem Pik Kommunisma durch den Fels wälzt und den er nach Fedčenko benannte. Dieser Eisstrom mit einer Fläche von 1346 Quadratkilometern ist der Rest des alten Muksu-Gletschers, dessen Moräne anzeigt, daß er einmal 164 Kilometer lang

Nickerchen auf dem Asphalt

war. Hier liegt auch der Pik Korženevskaja (7105 Meter). Als niedrigster der vier Siebentausender der ehemaligen Sowjetunion wurde er als letzter – im Jahr 1953 – bestiegen.
60 Kilometer westlich von Daroot-Kurgan liegt die Grenze zu Tadschikistan, wo der Kyzyl-Suu zunächst Surhob und dann Vahš heißt. Kirgistan, das man dort verläßt, setzt sich noch 210 Kilometer nach Westen fort, allerdings als unwegsames Gebirge. Beim Knoten Kok Suu am Pik Skaliskij (5261 Meter) spaltet sich das Alaj-Gebirge in die Bergzüge Turkestan und Zerafšan.

Über den Tengizbaj-Paß (Šiman-Bel)

Anspruchsvoll, doch lohnend ist die Überquerung der Alaj-Kette im Westen über den Paß Tengizbaj (Перевал Тенгизбай, 3511 Meter) ins Ferganabecken. Der Paß hieß früher Šiman-Bel und ist den Einheimischen wahrscheinlich auch unter diesem Namen geläufig. Etwa zwei Kilometer vor Daroot-Kurgan biegt eine Straße Richtung Norden ins Gebirge ab. Hinter einem Dörfchen aus Lehmhäusern und einer Schlucht befindet sich ein von markanten grauen und roten Felsen eingefaßtes Tal. Die Straße gabelt sich und zweigt vor einem Bauernhof nach links zum Paß ab. Immer höher winden sich die Serpentinen durch Bergwiesen, auf denen gelegentlich Langschwanz-Murmeltiere umherlaufen. Der steile Abschnitt endet zwischen einem Berg und einem Hügel aus rotem Schutt. Von jenem hat man einen überwältigenden Ausblick: Unten schlängelt sich die sandgelbe Straße durch rote und grüne Hügel. Rechts durchstoßen die Felsen eines Berges wie Igelstacheln die Schneedecke. Links schweift der Blick ins Alaj-Tal – am Pamir entlang, von dem nun auch die Gipfel weiter im Inneren zu sehen sind. An klaren Tagen reicht die Sicht über 100 Kilometer weit, und die verschiedenfarbigen Streifen der Berge und des Tals verschmelzen auf einem Fluchtpunkt in China.
Als Nebenstrecke wird der Weg über den Tengizbaj-Paß nicht besonders gepflegt. Noch im Frühsommer kann die Fahrbahn durch Felsbrocken und verharschte Schneereste blockiert sein. Die Nordseite jedoch ist noch wesentlich rauher: weggespülte Streckenabschnitte, tiefe Flüsse und allenfalls dubiose Brükken – so geht es 50 Kilometer lang. Wer vom Ferganabecken diesen fordernden

Bis in den Frühsommer gibt es Schnee auf den Pässen

Weg ins Alaj-Tal nehmen will, muß kurz vor Kyzyl-Kija (Кызыл-Кия) südöstlich von Fergana nach Südwesten in Richtung Uč-Kurgan (Уч-Курган) abbiegen. Über vier kleine Dörfer – das letzte vor dem Paß heißt Ljangar (Лянгар) – entlang dem Fluß Isfairam-Saj umgeht die Straße den Kiči (kleinen) Alaj, wonach die Bezwingung des Alaj selbst beginnt.

Der Österreicher Gustav Krist, der 1937 allein und incognito durch Mittelasien reiste, überschritt den Paß vom Ferganatal aus. Er fand heraus, daß 20 Jahre zuvor seine in Kriegsgefangenschaft geratenen Landsleute angefangen hatten, diesen Weg auszubauen. Die Arbeiten wurden jedoch mit den einsetzenden Wirren infolge des Umsturzes des Zarenreichs eingestellt. Krist fand bei einem Dorf namens Surmač die Gräber von 37 Österreichern und Ungarn vor.

Übernachtungsmöglichkeiten im Alaj-Tal vermittelt das ›Mountain Societies Development Support Programme‹ (MSDSP), das der Aga-Khan-Stiftung affiliiert ist. In Sary Mongol unterhält das Projekt eine Relaisstation im Haus eines älteren Kirgisen, wo man für 15 bis 20 US-Dollar übernachten kann. Auch im tadschikischen Teil des Kysyl-Suu-Tals im Dorf Džirgatal findet man über MSDSP Unterkunft (mit Halbpension 30 US-Dollar), Kontaktadressen finden sich unter www.pamirs.org/help_for_tourists.htm.

Der Wind ist so rauh wie die Landschaft

Die tadschikisch-kirgisische Grenzregion

Der oben geschilderte Teil Kirgistans ist wegen der höchst eindrucksvollen Landschaft sicher einer der Orte, die man auf seiner Reise gesehen haben sollte. Das Alaj-Tal grenzt an den ärmsten Teil Tadschikistans, Berg-Badahšan (in der Landessprache: Badahšan-i-Kuhistani). Seit dem Bürgerkrieg 1992 bis 1997, der etwa 100 000 Menschen den Tod brachte und durch den Tadschikistan vorübergehend für Reisen gänzlich ungeeignet war, hat sich die Lage grundlegend verbessert.

Dies hat zur erfolgreichen Entwicklung verschiedener ›community based tourism‹-Projekten im Ost- wie im West-Pamir geführt. Mit Hilfe der UNESCO und Schweizer Geldern beginnen nachhaltige Schutzmaßnahmen der einmaligen Natur sowie des historischen und kulturellen Erbes, auch als mögliche Einkommensquelle für arme Bevölkerungsschichten Badahšans.

Knapp 60 Kilometer hinter dem Kyzyl-Art-Paß erreicht man das Dorf Karakul am gleichnamigen Hochgebirgsee, eine türkise Einlassung in einer vegetationslosen Hochgebirgswüste, dessen Horizont von den Gletschern des Transalaj begrenzt ist. Im Dorf gibt es zwei Bed & Breakfast, die mit Unterstützung der ›Murghab Ecotourism Association‹ geführt werden. Informationen gibt es unter murghab@acted.automail.com, über diese Adresse kann man auch Jurtenaufenthalte auf den Sommerweiden der Umgebung und Besichtigungen mesolithischer Steinlegungen organisieren.

Berg-Badahšan (Tadschikistan)

Berg-Badahšan nimmt 45 Prozent der Fläche Tadschikistans ein, dort leben aber nur drei Prozent der Bevölkerung. Die Region war seit dem ›Great Game‹, bei dem das Russische Reich und das britische Empire im 19. Jahrhundert um Einflußgebiete in Süd- und Mittelasien kämpften, von überregionaler geopolitischer Bedeutung. Zu Sowjetzeiten geriet die dünn besiedelte und unzugängliche Hochgebirgsregion in Vergessenheit. Das änderte sich schlagartig, als 1992 der tadschikische Bürgerkrieg ausbrach. Anlaß war, daß die Regierung in Duschanbe, hervorgegangen aus der kommunistischen Machtelite der Sowjetzeit, der ›Vereinigten Tadschikischen Opposition‹ die Beteiligung am Regierungsgeschäft verweigerte. Deren Kern war die Partei der islamischen Wiedergeburt, und der Konflikt verschärfte sich schnell zu einer Art Glaubenskrieg. Erst als die Staatsmacht durch Vermittlung Rußlands einen Kompromiß mit der islamischen Opposition schloß, konnte der Bürgerkrieg beendet werden. 1997 wurde ein von der UNO vermittelter Frieden in Moskau geschlossen. Der Bürgerkrieg, der Tadschikistan zerrissen und die politischen Strukturen geschwächt hatte, gab Rußland auch nach der Auflösung der Sowjetunion einen Grund, politisch und militärisch präsent zu bleiben.

Auf dem Pamir Highway

Wie die zentralasiatischen GUS-Republiken hatte Rußland Sorge, von der 1200 Kilometer langen, unübersichtlichen Grenze zum ehemaligen Kriegsgegner Afghanistan könnten Islamismus, Drogenhandel und Chaos die Region überfluten. Rußlands Präsenz stand bei den Einheimischen jedoch auch im Verdacht der Erhaltung alter Machtansprüche. Die Regierung in Duschanbe beendete den Vertrag mit Moskau über die Bewachung der afghanischen Grenze erst 2004.

Auf der einmalig schönen M41 von Oš nach Chorog, dem ›Pamir Highway‹, hat mit der Öffnung der chinesischen Grenze bei Murghab für den Handel und der allmählichen Entdeckung des Pamirs für den Tourismus der Verkehr vor allem in den Sommermonaten von Juni bis Oktober zugenommen. Waren früher Armeelaster mit der russischen Trikolore oder Versorgungsfahrzeuge des ›World Food Project‹ und des Aga Khan für seine Glaubensbrüder, die im Pamir lebenden Ismailiten, unterwegs, rollen heute chinesische LKW, private Sammeltaxis und Busse über Paßstraßen in der nur gelegentlich durch Jurten, Yaks und vereinzelte Kamele belebten Einöde.

Diese Route führt entlang des Talaskij-Alatau durch die Suusamir-Syrte nach Naryn und weiter zur chinesischen Grenze.

Durch den Norden nach Zentralkirgistan

Das Talas-Tal

Im äußersten Nordwesten Kirgistans liegt die die kleinste und am dünnsten besiedelte Provinz Talas. Sie ist vom restlichen Land durch Bergzüge abgeteilt, die nur auf mehr als 3300 Meter hohen Paßstraßen zu überwinden sind. Im Westen öffnet sich das Talas-Tal zur kasachischen Hungersteppe und geht von der vorwiegend hochalpinen Landschaft Kirgistans über in die kargen, sonnendurchglühten Weiten Mittelasiens.
Das Talas-Tal mag als peripheres Hinterland gelten, kann jedoch beanspruchen, daß sich auf seinem Boden ein Ereignis abgespielt hat, das für die Geschichte nicht nur Kirgistans, sondern ganz Mittelasiens wichtig war. Mitte des 8. Jahrhunderts besiegten die Araber die Chinesen in einer Schlacht, die für Mittelasien entschied, daß der Islam das vorherrschende Glaubensbekenntnis wurde. Zudem liegt hier die Heimat der beiden berühmtesten Söhne Kirgistans: des sagenhaften Recken Manas, dem die kirgisischen Stämme ihre Einigung zu einem Volk verdanken, und des international bekannten Schriftstellers Tschingis Aitmatow.

Mausoleum im Talas-Tal

Das Talas-Tal gewährt Reisenden viele unverfälschte Einblicke in die kirgisische Natur, Geschichte und Alltagskultur. Wer hierher reisen will und dazu nicht über die Gebirgspässe fahren möchte, kann das auch von Kasachstan aus; die meisten Überlandbusse zwischen Bischkek und Talas fahren diese Strecke. Für Einheimische ist es zwar kein Problem, daß man dabei internationale Grenzen überschreitet, Touristen brauchen allerdings ein kasachisches (Transit-)Visum - und sicherheitshalber ein kirgisisches für die zweifache Einreise. Von der Stadt Taraz (früher Džambul) führen zwei Straßen nach Kirgistan. Reisende berichten, davon sei nur die über Kyzyl-Jyldyz (Кызыл-Йылдыз) für Drittstaatler als Grenzübergang zugelassen. Vom westlichen Busbahnhof in Bischkek fahren aber auch Minibusse den gänzlich durch Kirgistan führenden, indessen deutlich längeren Weg durch die Suusamir-Syrte.

Die Stadt Talas

Die Bezirkshauptstadt Talas gründeten russische Siedler 1877 unter dem Namen Dimitrëvka. Sie hat heute gut 30 000 Einwohner und bietet zwar keine Sehenswürdigkeiten, aber einiges für Reisende Nützliche: Tankstellen, einen Bazar im Zentrum und in dessen Umgebung Wechselbuden, Imbißstuben sowie ein Internet-Café. Auch hat das CBT-Programm in Talas einen Koordinator, der Unterkünfte in der Gegend und im nahe der Stadt liegenden **Nationalpark Beš-Taš** vermittelt sowie Pferde und Führer für Treks arrangieren kann.
15 Kilometer südlich von Talas zieht sich das Beš-Taš-Tal fünfzig Kilometer in die Berge. Der untere Teil ist ein populäres

Ausflugsziel. 1996 wurden im Tal 324 Quadratkilometer unter Naturschutz gestellt. Mittlerweile wird von Touristen Eintrittsgeld erhoben. Der CBT-Koordinator in Talas vermittelt Jurtenübernachtungen im Tal. Für Wanderer empfiehlt sich der Aufstieg zu den zwei Bergseen auf 2994 Metern Höhe, die einen talwärts rauschenden Fluß speisen.

Rund um Kyzyl-Adyr

Zwischen der Grenze zu Kasachstan und dem Dorf Kyzyl-Adyr (Кызыл-Адыр) ist der Fluß Talas, der das Tal auf ganzer Länge durchzieht, zum **Kirovskoje-Reservoir** (Кировское водохранилище) gestaut, das im Frühsommer – durch Schmelzwasser aufgefüllt – seine volle Ausdehnung von 15 mal 5 Kilometern

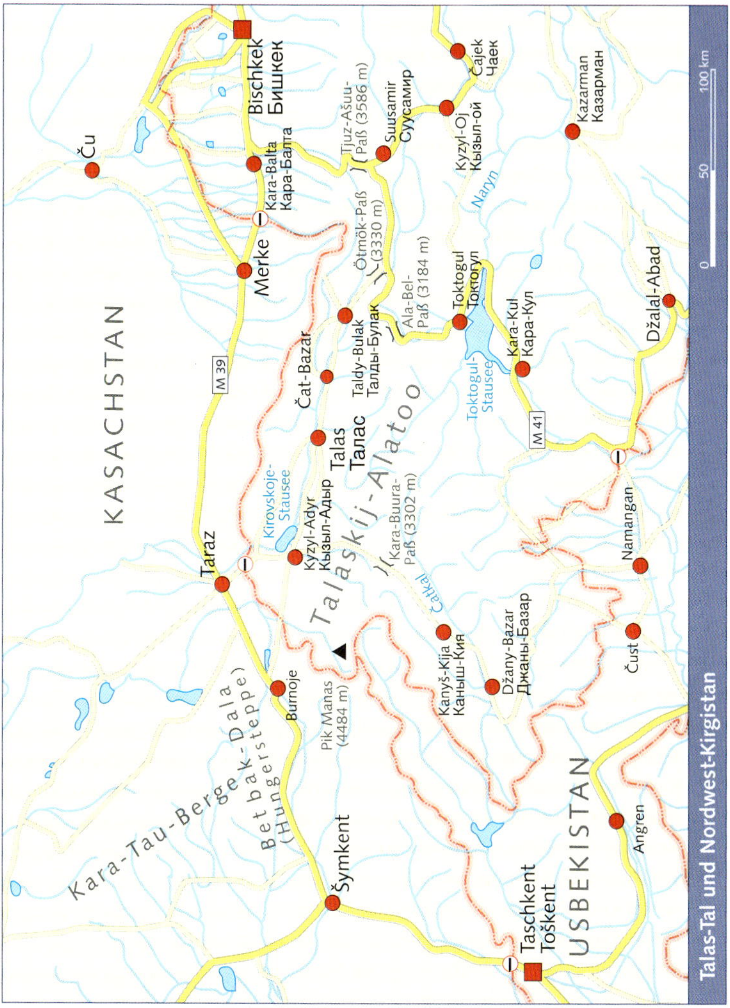

Auf dem Weg zum Kara-Buura-Paß

erreicht. Im Talas-Tal wurde in der Antike Silber abgebaut, und beim Bau des Stausees wurde die antike Metallurgenstadt Šelže überflutet, deren Ruinenreste bei niedrigem Wasserstand sichtbar werden. Auch heute wird in der Region nach Edelmetall gegraben: Ausländische Investoren beteiligen sich an der Goldförderung in der Mine Džeruj.

In den kleinen Buchten der unbesiedelten Nordseite des Kirovskoje-Stausees verbergen sich gute **Campingmöglichkeiten** für autarke Reisende. Man erreicht sie, wenn man einige Kilometer östlich von Kyzyl-Adyr an einem Mausoleum – ein markanter, aluminiumfarben glänzender Kuppelbau – von der Straße nach Talas auf den Feldweg abbiegt, der zwischen Gebüsch und Schilf den Fluß überquert und auf die bizarren Lehmformationen des **Kirgiskij-Alatau** zuführt. Diese Hügel sehen aus, als hätte man sie mitsamt der umgebenden Steppe aus Arizona hierher versetzt. Sie wirken bei weitem nicht so mächtig wie die auf der Südseite des Tals emporragenden Viertausender, doch beginnt mit ihnen das Rückgrat des westlichen Tien-Schan, das sich weit nach Osten bis zu den Riesen an der chinesischen Grenze zieht.

In Kyzyl-Adyr zweigt an einem kleinen Markt die Auffahrt zum **Kara-Buura-Paß** (3303 Meter) ab, die über den Talaskij-Alatau ins Čatkal-Tal führt. Das Gebiet westlich des Passes ist seit 2005 ein Naturschutzgebiet, zusammen mit den angrenzenden Nationalparks Aksu-Džabagly (in Kasachstan) und Ugam-Čatkal (in Usbekistan) ein internationales Refugium für seltene und bedrohte Tiere wie das Argali-Schaf.

■ Šeker

Ganz im Westen des Talas-Tals liegt Šeker, der Geburtsort des ohne Zweifel berühmtesten Kirgisen: Tschingis Aitmatow, Autor zahlreicher Romane, die seine Heimat weltweit bekannt gemacht haben. Ein kleines Literaturmuseum (drei Räume im ansonsten verwaisten Kulturzentrum des Dorfes) zeigt Fotos und Schriftstücke zu Leben und Werk des Schriftstellers. Südlich des Dorfes beherrscht der Berg Manas (Манас, 4484 Meter) das Panorama, weithin sichtbar ein prachtvoller Auftakt zum Talaskij-Alatau und der höchste Gipfel im Bezirk.

Manas Ordu

Am Fluß Kenkol beim Dorf Taš-Aryk, 15 Kilometer östlich von Talas, befindet sich die Hauptsehenswürdigkeit der Region: eine Manas Ordu genannte Anlage, die dem Nationalepos der Kirgisen, dem sagenhaften Manas gewidmet ist. Hier wurde Ende des 19. Jahrhunderts ein **Mausoleum** wiederentdeckt, gemäß der Sage die letzte Ruhestätte des Rekken. Das auf Kirgisisch ›Manastin Kumbuzu‹ (Манастин Кумбузу) genannte Bauwerk ist auf dem 20-Som-Schein abgebildet. Sowjetische Archäologen datierten seine Entstehung auf das Jahr 1334 – gemäß architektonischer Merkmale wie der gerippten kegelförmigen Kuppel und der reich verzierten Fassade mit einem Inschriftenfries, der besagt: ›Dies ist das Mausoleum von Kenizek-Hatun, der Tochter des Emirs Akuba‹. Eine Legende hat hierfür die Erklärung, die Witwe des Manas habe ihren auf der Wallstatt gefallenen Mann hier beigesetzt und die Inschrift anbringen lassen, um Feinde zu täuschen und den Leichnam vor Entweihung zu bewahren.

Hinter dem Gebäude erhebt sich der **Manas-Berg**, ein Hügel mit der Ruine eines Wachtturms, von dem aus der Held sein Land überblickt haben soll. Eine schöne Aussicht über das Talas-Tal und auf die Berge lohnt auch heute noch den kleinen Aufstieg. Als die UNESCO das Jahr 1995 zum ›Jahr des Manas‹ erklärte, legte die kirgisische Regierung unterhalb des Hügels einen weitläufigen Komplex an, den man auf dem Weg zum Mausoleum durchquert. Die durch ein martialisches Tor aus Lanzen führende Zufahrt endet an einem marmorverkleideten Museum, das dem Heldenepos gewidmet ist. Beeindruckend ist der rechts davor liegende runde Platz, in dessen Zentrum auf einer Säule ein großer in Bronze gegossener Manas steht. Ringsum halten in weitem Kreis seine vierzig Gefolgsmänner Wache.

Aral und Köpürö-Bazar

Auf dem Weg durch das Talas-Tal nach Osten zweigt in Čat-Bazar eine Straße ab, die den Nordosten des Talas-Bezirks durchquert und bei Taldy-Bulak wieder auf die Hauptstrecke mündet. In den an dieser Strecke liegenden Dörfern Aral (Арал) und Köpürö-Bazar (Көпүрө Базар) haben jeweils CBT-Koordinatoren ihren Sitz, die Übernachtungen und Ausflüge bis hin zu zünftigen, mehrtägigen Treks organisieren können.

Das Mausoleum des sagenhaften Manas

Ötmök-Paß

Von der Hauptstrecke aus läßt sich einige Kilometer vor Taldy-Bulak (Талды-Булак) auf einem ausgefahrenen Feldweg der Fluß erreichen, in einem malerischen Seitental mit flachen, ausgedehnten Wiesen, auf denen es sich gut wild campen läßt.

Hinter der Ortschaft überquert die Straße schließlich den 3330 Meter hohen Paß Ötmök (Перевал Өтмөк), der trotz seiner beeindruckenden Höhe schnell bewältigt ist. Die Straße stößt auf der anderen Seite im Tal auf die Hauptverkehrsader Kirgistans, die M41 zwischen Bischkek und dem Ferganabecken.

Talas-Informationen

CBT in Talas, Koordinator: Turdubek Aiyilčiev, Kayimov köč. 76, Tel. 00996/(0)3422/52919, Email: cbt_talas@list.ru.

CBT in Köpürö-Bazar, Koordinator: Ormošbek Kuramaev, Džumagulov köč. 85, Tel. 00996/(0)3422/46272.

CBT in Aral, Koordinator: Kuttubai Kargabaev, Akbai köč. 35, Tel. 00996/(0)3459/26137.

Tschingis Aitmatow

Der Schriftsteller Tschingis Aitmatow wurde 1928 geboren, im äußersten Westen der Talas-Provinz nahe dem Dreiländereck mit Usbekistan und Kasachstan. Sein Vater war Kirgise, die Mutter Tatarin. Wie auf dem Land üblich, zog er als Kind mit der Dorfgemeinschaft zum Weiden der Tiere auf die Almen. Dabei sammelte er die ersten Eindrücke, wie sich die Lebensweise der Kirgisen unter der neu errichteten Sowjetherrschaft veränderte. Aitmatow war kaum zehn Jahre alt, als sein Vater - ein hoher Parteifunktionär - während der Säuberungen der Stalinzeit hingerichtet wurde. Bereits als Jugendlicher mußte er in verschiedenen Anstellungen sein Brot verdienen. Als Berufsweg wählte er zunächst die Veterinärmedizin, nahm aber bereits während des Studiums die literarische Arbeit auf. 1956 erhielt er einen Studienplatz am Moskauer Maxim-Gorkij-Literaturinstitut und wurde Mitglied des sowjetischen Schriftstellerverbandes. Er trat der Kommunistischen Partei bei und arbeitete für die Zeitung ›Prawda‹.

Aitmatow, der 1958 mit seiner Abschlußarbeit - der Erzählung ›Dshamilja‹ - über die Sowjetunion hinaus berühmt wurde, stieg im sowjetischen Literaturbetrieb in hohe Ämter auf: er wurde Vorsitzender der Kirgisischen Kinematografen-Union und Chefredakteur der Zeitung ›Inostrannaya Literatura‹. Trotz der Verpflichtungen, die ihm diese Erfolge als repräsentative Figur der sowjetischen Gesellschaft auferlegten, bewahrte er sich den freiheitlichen Geist seiner nomadischen Vorväter. Seine Werke beschreiben die sowjetische Realität ohne Beschönigung und Lobhudelei. Zwar stellte er Maßnahmen der Sowjetmacht, wo er dies berechtigt fand, positiv dar - zum Beispiel im Buch ›Der erste Lehrer‹ Alphabetisierung und Beseitigung feudaler Strukturen. Doch verstand er es auch, die Grenzen des offiziell erwünschten ›Sozrealismus‹ auszureizen.

Eine offene Kritik wäre dabei natürlich nicht möglich gewesen. Er verstand es, alte Mythen als Metaphern für aktuelle Probleme einzuflechten und Tabus chiffriert anzusprechen - die Entfremdung der Menschen von traditionellen Werten durch Technokratie und Ideologie oder Kriminalität und Drogensucht. Seine Helden waren gelegentlich unorthodox - ein Deserteur oder Alte, deren Gebräuche und Ansichten in den neuen Zeiten belächelt werden. Aitmatow profitierte als Angehöriger eines der kleineren Sowjetvölker von der Minderheitenpolitik des Landes und davon, daß seine Werke in Moskau verlegt wurden und nicht an der Peripherie des Sowjetreiches, wo die Parteikader engstirniger waren. Später rückte er die Auswirkungen der selbst ins scheinbar entlegene Kirgistan vordringenden Globalisierung in den Vordergrund.

Aitmatows Erzählungen sind oft verschlüsselt autobiographisch und die Protagonisten, meist Kinder und junge Menschen, durchweg einfache Leute vom Land. Doch die Schilderung ihrer Geschicke holt große und schwierige Themen auf die Bühne der kirgisischen Landschaft.

Für sein Werk erhielt der Schriftsteller mehrfach höchste Auszeichnungen und Preise. Nach der Bekleidung politischer Ämter im Obersten Sowjet der UdSSR und im Zentralkomitee der KP Kirgistans wurde er in der Zeit der Perestrojka Berater Michail Gorbatschows. Die letzten fünfzehn Jahre vor seinem Tod war er Botschafter Kirgistans in Brüssel.

Seine letzte Ruhe hat Aitmatow nach seinem Tod im Juni 2008 neben den Gebeinen seines Vaters gefunden, über dessen Schicksal er erst 1991 Gewißheit erlangt hatte.

Die Suusamir-Syrte

Am Paß Ötmök liegt der westlichste Punkt der Suusamir-Syrte (Суусамирская Сырта), eines 150 Kilometer langen Hochtals, das in seinem Zentrum in Nord-Süd-Richtung 24 Kilometer breit ist. Dieses große Steppenplateau, 2200 Meter über dem Meer gelegen und umrahmt von an den Horizont gerückten Bergen, ist mit seiner an die Mongolei erinnernden Weite einer der beeindruckendsten Plätze Kirgistans. Etwa 6000 Menschen leben hier unter rauhen und ärmlichen Bedingungen. Zu Sowjetzeiten weideten hier jeden Sommer vier Millionen Schafe; heute ist diese Zahl auf ein Fünftel zusammengeschrumpft und ein Teil des Landes wurde zu Äckern umgewandelt.

Auf dem Weg nach Osten weicht der Talaskij-Alatau immer weiter zurück und geht schließlich in den Kirgiskij-Alatau über, der auf 454 Kilometern Länge das Landesinnere gegen die Steppen abgrenzt. Nach 70 Kilometern, am Fuß des einzigen Passes über diesen Bergzug, den 3586 hohen **Tjus-Ašuu-Paß** (Тюсь-Ашуу) Richtung Bischkek, gabelt sich die Straße. Im Süden heben sich die weißen Fassaden des kleinen Ortes Suusamir reizvoll gegen die graue Gipfelreihe des Suusamir-Too ab. Leider erweist sich dieser Eindruck als trügerisch, sobald man näherkommt und die Bauruinen passiert, die fast die Hälfte des Dorfes ausmachen.

Suusamir

Wer Suusamir zu seiner Basis für die Erkundung der umliegenden Berge machen will, findet zwei Optionen für ein Dach über dem Kopf: Reisende empfehlen als Unterkunftsmöglichkeit in Suusamir das Haus der Familie Amankulov (markiert durch ein Schild). Die Amankulovs können auch Ausflüge auf die Bergweiden in der Umgebung organisieren. Weiterhin gibt es etwa acht Kilometer östlich von Suusamir die Datscha der Dorfverwaltung, zu erreichen über eine Piste, die von der Straße nach Kyzyl-Oj abzweigt und dem Fluß Karakol folgt. Da mangels Telefon Reservierungen schwierig sind, muß man sich vor Ort mit dem Aufseher über Unterbringung und Verpflegung einigen.

15 Kilometer südlich von Suusamir liegt Kožomkul. Das Dorf ist nach einem

Hirtenmädchen

Einsame Jurten im Suusamir-Tal

Mann von riesenhaften Körpermaßen benannt: 2,30 Meter groß und 164 Kilogramm schwer soll Kožomkul gewesen sein. Er lebte hier von 1889 bis 1955. Im Dorfzentrum veranschaulicht ein kleines Museum seine Größe und Körperkraft mit Fotos, Kleidungsstücken und schweren Gegenständen, die er hochheben konnte. Auch mit den Steinen vor dem Museum soll er seine Stärke demonstriert haben. Das Mausoleum des kirgisischen Hünen befindet sich in der Nähe, neben dem Weltkriegsdenkmal.

Kyzyl-Oj und Čajek

Hinter Suusamir zwängen die Berge den Fluß Këkëmeren in eine Schlucht mit bizarren Felsformationen. Bei Kyzyl-Oj (Кызыл-Ой) beginnt eine wenig befahrene Abzweigung nach Südwesten durch den Suusamir-Too zum Toktogul-Stausee. Wegen ihres extrem schlechten Zustands ist die Fahrt über die Hauptstrekke M 41 vorzuziehen – was auf der Straßenkarte wie eine Abkürzung aussieht (200 gegenüber 240 Kilometern), rechtfertigt den größeren Aufwand an Treibstoff und die Belastung von Mensch und Material nicht. Kyzyl-Oj selbst ist ein guter Ausgangspunkt für Bergtouren. Die Schweizer Organisation ›Helvetas‹ unterstützt das ›Shepherd's Life‹-Programm, das Reisende bei kirgisischen Familien unterbringt. Hier hat auch ein CBT-Koordinator seinen Sitz, und zwar im Laden ›Askar‹. Kontakt über die Bischkeker Zentrale oder Mobil +996/ (0)503/24 21 99, sllpcchui@ktnet.kg, Artybek Kulubaev.

Der nächste größere Ort ist Čajek, gut 80 Kilometer von Suusamir entfernt. An der Hauptstraße liegen ein Markt und eine Tankstelle. Bekommt man dort keinen Treibstoff, ist vielleicht die Nachfrage am Betriebshof nebenan erfolgreich.

Čajek-Informationen

Internetzugang im örtlichen Telecom-Gebäude.

Gästehaus von Gulžan Mykyeva, Moldaliev köč. 4, Tel. 00996/ (0)35 36/228 79. Freundlich, gutes Essen, saubere Zimmer.

Zentral- und mittleres Südkirgistan

Song-Kul-See

Hinter dem Ortsausgang von Čajek mündet von Süden eine Straße ein, die über den Ort Kara-Keče (Кара-Кече) zum herrlich gelegenen See Song-Kul (Озеро Сонг-Кул) führt. Schon im Tal stimmt die Landschaft auf grandiose Eindrücke ein: Unweit von Čajek überragen rostfarbene Felsen, die an Wolkenkratzer und Kathedralen erinnern, die Schlucht.

Die üppigen Weidegründe auf dem Plateau des Song-Kul werden in den Sommermonaten von den Kirgisen genutzt, deren Jurten aus dem weiten Grün sprießen wie Champignons. Auf den Feuchtwiesen wächst nicht nur Gras für die Schafe, Kühe und Pferde der Hirten. Rosa Blüten und das in Europa seltene, unter Naturschutz stehende Edelweiß sprenkeln jeden Fußbreit der Hochebene. Hier brüten die seltene Streifengans und Schwarzstörche.

Die Oberfläche des Song-Kul nimmt 275 Quadratkilometer ein und liegt auf

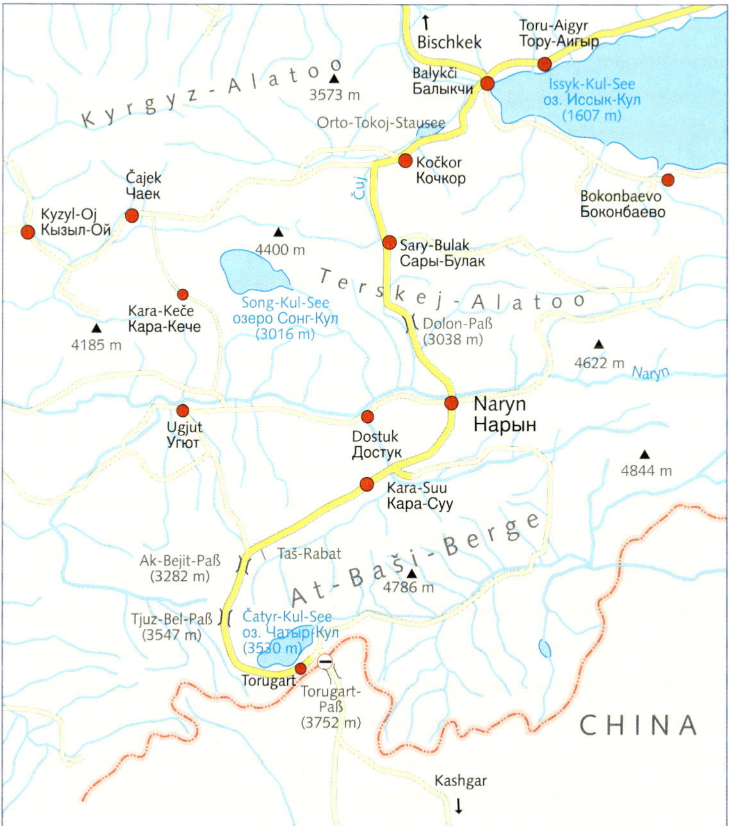

Zentralkirgistan

3016 Metern Höhe. Der See faßt 2,82 Kubikkilometer Wasser. Es gibt nur einen Abfluß im Südosten zum Naryn, den Koidšarti. Die Hochebene mit dem See mißt 60 mal 30 Kilometer und wird auf allen Seiten von bis zu 3800 Meter hohen Bergen begrenzt. Die klare Luft bietet weite Ausblicke über die Ebene, den See und die Berge.

Dem Seeufer sollte man sich nicht unbedacht nähern - an vielen Stellen lauern Schlammlöcher und Sümpfe, die angeblich schon Menschen verschlungen haben und vor allem Fahrzeugen gefährlich werden können. Am besten läßt man sich von den Kirgisen zeigen, wo man an den See herankommt.

Die Nächte am Song-Kul sind klar und kalt. Selbst im Hochsommer kann es in Bodennähe leicht frieren. Von Mitte September bis Ende Juni schwimmt Eis auf dem See. Da das 15 Meter tiefe Wasser aber nicht durchfriert, überleben die Fische, die auch von den Hirten gefangen werden. Zu diesem abgeschiedenen Hochgebirgssee führen noch drei Wege - einer von der Straße zwischen Čajek (Чаек) und Kočkor (Кочкор), ein weiterer südlich von Kočkor entlang des Flüßchens Tjuluk (Тюлук) und einer vom Naryn im Süden über den Bergzug Moldo-Too (Хребет Молдо-Тоо).

Müllsammlung am Song-Kul

Selbst zum Fischen steigen die Kirgisen ungern aus dem Sattel

Am Song-Kul veranstaltet das CBT-Büro Kočkor am zweiten Juliwochenende ein **Fest mit Reiterspielen,** Filzherstellung und vor allem der Säuberung des Seeufers von eventuellen menschlichen Hinterlassenschaften. Wer Mitte August zum Song-Kul reist, kann den jährlichen Almabtrieb der Hirten vom Südufer zum Dorf Kurtka miterleben. CBT bietet ein Begleitprogramm - ebenfalls mit Reiterspielen sowie mit Demonstrationen der kirgisischen Küche und Volksmusik. Mehrere Reiseveranstalter aus Bischkek und Kočkor unterhalten im Sommer Jurtencamps am See.

Kočkor

Die Straße von Čajek nach Kočkor (120 Kilometer) führt über einen niedrigen Paß durch ein blühendes Tal zwischen den weit auseinanderliegenden Höhenzügen des Terskej-Alatau im Süden und des Kirgiskij-Alatau im Norden. Vor Kočkor überquert sie den Fluß Čuj (Чуи), der von Süden durch eine Schlucht den Terskej-Alatau durchstößt. Kurz danach mündet aus derselben Richtung die Straße, die über Naryn (110 Kilometer) zur chinesischen Grenze führt. Ihr höchster Punkt liegt am Paß Dolon (Перевал Долон, 3038 Meter), etwa 50 Kilometer südlich der Einmündung.

Kočkor – 50 Kilometer westlich des Issyk-kul – ist ein hervorragender Ausgangspunkt für Einblicke ins Leben der Kirgisen und die Natur, in der es sich traditionell abspielt. Das gut organisierte örtliche CBT-Büro vermittelt wohnliche Unterkünfte im Bed & Breakfast-Stil. Auch hat es die Umgebung für Reisende erschlossen und organisiert zum Beispiel Besuche auf den Sommerweiden mit dem Fahrzeug oder zu Pferde und Vorführungen der kirgisischen Kultur wie Reiterspiele, Kunsthandwerk und Musikfeste. Am ersten Julisamstag findet im nahegelegenen Dorf Kara-Too ein Filzfest statt, das vorführt, wofür die Gegend bekannt ist: die Herstellung von Wollfilz und die Anfertigung traditioneller Teppiche und anderen Kunsthandwerks.

Ähnliche Dienstleistungen bietet die hiesige Shepherd's Life-Koordinatorin.

Direkt neben dem CBT-Büro liegt die auf Anregung der Schweizer Helvetas gegründete örtliche **Handarbeits-Initiative** ›Altyn Kol‹ (Goldene Hand), in der sich Frauen aus Kočkor zusammengefunden haben, um Teppiche und andere Gegenstände aus Filz zu fertigen und zu verkaufen. Die Qualität des Materials ist überdurchschnittlich gut, da die Schafe, deren Wolle verarbeitet wird, hier beste Bedingungen vorfinden. Die Verarbeitung ist makellos, und die Preise sind etwas günstiger als zum Beispiel in den Bischkeker Souvenirläden.

Kočkor-Informationen

Vorwahl: 00996/(0)3535.

Einen Vorgeschmack auf Unterkünfte und Touren gibt die ausführlich bebilderte Homepage: www.cbtkochkor.com.

Vertretung von Shepherd´s Life: Kuttuseyit uulu Šamen köč. 111 (1 Kilometer südlich des Bazars), Tel. 21423.

Vom Bazar an der Hauptstraße fahren Sammeltaxis und Busse nach Bischkek, Balykčy (Issyk-Kul), Čajek und Naryn.

Übernachtungen und Arrangements für Touren über ›CBT‹ (Community based tourism), Pioner köč. 22a, Tel. 22355, Mobil +996/(0)502/427562, www.cbtkochkor.com, cbt_kochkor@rambler.ru, Koordinatorin: Aidai Osmonalieva.

Restaurant ›Vizit‹, an der Durchgangsstraße (Orozbekov köč.)

Naryn

Naryn (Нарын) ist das Verwaltungszentrum der südlichen Mitte Kirgistans und hat etwa 45000 Einwohner. Viele von ihnen sind Soldaten, denn dies ist die letzte Stadt vor dem Grenzübergang nach China am Torugart-Paß. Hier sollen die schönsten Šyrdaks, die archaisch gemusterten bunten Filzteppiche, genäht werden. Sonst ist über Naryn wenig zu berichten. Außer der neuen Moschee, deren Blechkuppel einer Sternwarte ähnelt, stehen nur triste Zweckbauten in dem schönen Tal, dessen reichliche Campingmöglichkeiten zu nutzen leider wegen des Militärpostens verboten ist. Am östlichen Stadtausgang hinter der Brücke über den Naryn liegt das **Regionalmuseum**, in dem unter anderem eine Jurte und historische landwirtschaftliche Geräte ausgestellt sind. Eintritt: 50 Som.

Östlich von Naryn dringt eine Straße entlang dem Fluß in Richtung des Zentralen Tien-Schan vor, windet sich in einer deformierten Schleife um einen kleinen Bergzug und stößt nach 260 Kilometern, nördlich des Dolon-Passes, wieder auf die Straße Naryn–Bischkek. Ein landschaftlich gewiß lohnender, aber fordernder und zeitraubender Abstecher.

Auf dem Weg durchquert man den **Nationalpark Salkyn-Tör** und das **Naryn-Naturschutzgebiet**. In der Salkyn-Tör-Schlucht liegt ein kleines Jurtenlager für Reisende. Die Koordinatoren von CBT und Shepherd's Life können weitere Übernachtungsmöglichkeiten bei den Hirten vermitteln, man kann in der Abgelegenheit des Gebirges aber auch wild campen.

Reisende berichten, daß man von Eki-Naryn über Kiči-Naryn auf einer Gebirgspiste zum Südufer des Issyk-Kul gelangt, wobei man den 3800 Meter hohen **Paß Tosor** überwinden muß.

In westlicher Richtung gelangt man von Naryn durch eine Landschaft voller wechselnder Eindrücke über zwei markante Pässe ins Ferganatal (siehe den Abschnitt zu Džalal-Abad).

Naryn-Informationen

Vorwahl: 00996/(0)3522.

Neben dem Telecom-Büro befindet sich ein **Internetcafé,** südlich der Lenin Köčösü an der Kyrgyz Köčösü.

Busse nach Bischkek (6 Std.), At-Bašy und Kazarman.

Celestial Mountains Guest House‹, Razzakov köč. 42, Tel./Fax 50412, celest@infotel.kg, www.celestial.com.kg; EZ 30, DZ 36, Dreibett-Zimmer 42 US-Dollar (Halbpension), Von einem Engländer gemanagt, Gemeinschaftsdusche, Internetzugang. Übernachtung in der Jurte 13 US-Dollar.

CBT Naryn, Lenin köč. 8-33, Tel. 50865, 50895, naryn_tourism@rambler.ru. Koordinator: Kubat Abdyldaev. Organisiert Übernachtungsmöglichkeiten in der Stadt und der weiteren Umgebung sowie Touren zur Karawanserei Taš-Rabat und Jurtenunterbringung am Song-Kul.

Shepherd´s Life (Hauptbüro), Balasagun köč. 14, Tel. 41457, shepherdslife@rambler.ru, Koordinatorin: Marima Amankulova.

Restaurant Anarkul und gegenüber ›Čolpan‹ (Sagynbay Orozdak uluu köč.).

Moschee in Naryn

Zum Torugart-Paß

Südlich fährt man von Naryn zum bis 2002 einzigen für internationale Reisende offenen Grenzübergang nach China – dem 3752 Meter hohen Torugart-Paß (Перевал Торугарт). Die Straße gabelt sich 40 Kilometer vor **At-Bašy** (Ат-Башы) und dem gleichnamigen Gebirgszug, dessen höchster Gipfel 4786 Meter aufragt. Die Fortsetzung der A 365 von Bischkek nach Naryn führt westlich, der andere Weg östlich um den 140 Kilometer langen Bergrücken herum. Auf der A 365 erreicht man den Paß nach 190 Kilometern. Die weniger befahrene Ostroute ist etwa 70 Kilometer länger.

Auf dem Weg liegt eine Sehenswürdigkeit bei dem Dorf Kara-Suu: die Ruine der wahrscheinlich karakhanidischen **Festung Košoy-Kurgan** aus dem 10. Jahrhundert.

Taš-Rabat, etwa 120 Kilometer südlich von Naryn, ist das letzte Hochtal, bevor die schneebedeckten Hänge des Tien-Schan hinabsinken in den Dunst der Wüste Taklamakan. Das Klima ist hier wesentlich milder als im umgebenden Hochgebirge. Hier war der Ort, an dem die Kaufleute und Eroberer ihre Tiere weiden und tränken und sich selbst noch einmal ausruhen konnten, ehe sie einen salzigen, halbgefrorenen See umrundeten und hinunterstiegen in die Glut der ›Wüste ohne Wiederkehr‹ – Kashgar entgegen, der großen Oase am Fuß des Pamir, Ziel und Treffpunkt vieler Karawanen aus Ost und West.

Karawanserei Taš-Rabat

In die grünen Kuppen, die ringsum die zu Zacken emporsteigenden Talwände bedecken, ist eine kleine Karawanserei aus diesen Tagen eingebettet. Der Quader gleicht mit dem wuchtigen Eingangsvorbau und den turmförmigen Vorsprüngen an den Ecken dem Kern der Moscheen und Koranschulen, die in Samarkand zu sehen sind. Das Gebäude wurde im 15. Jahrhundert aus Naturstein gefügt und liegt so an einem Hang, daß es scheint, es sei immer tiefer ins weiche Erdreich gesunken und werde bald ganz unter Gras verschwinden, wenn dieses nicht regelmäßig von Pferde- und Schafherden gestutzt würde. Die angenagten Mauern und die eingefallene Kuppel wurden 1984 restauriert, wobei man leider nicht wie die alten Baumeister den selbsttragenden Kräften des Gewölbes vertraute, sondern mit viel Mörtel nachhalf. Im Inneren sind gegen Eintritt ein Hauptraum und davon abgehende Kammern zu besichtigen, ein Tunnel führt ins Innere des Berges.

Das Hochtal ist entlegen und wird fast nur von Hirten besucht. Ständig wohnt hier nur der Aufseher über die Karawanserei und den Parkplatz. Die Zweigstellen von CBT und Shepherd's Life in Naryn unterhalten hier während der Saison von Mai bis September **Jurten**, in denen Reisende übernachten können. Ende August arrangiert das CBT-Büro Naryn an der Karawanserei ein Volksfest, bei dem unter anderem Bräuche gezeigt werden, die mit Hochzeit und Familiengründung zu tun haben.

Čatyr-Kul-See

Vor der kirgisisch-chinesischen Grenze sind noch zwei Pässe, Ak-Beyit und Tjuz-Bel, zu überqueren. In einer Felswüste liegt auf 3530 Metern über dem Meeresspiegel einsam der drittgrößte See Kirgistans: der Čatyr-Kul mit einer Fläche von 175 Quadratkilometern und bis zu 17 Metern Tiefe. Das sumpfige Gewässer ist eine Naturschutzzone. Schwarze Kraniche rasten hier auf ihren jahreszeitlichen Wanderungen; ihre zweite Station in Kirgistan ist das Karka-ra-Tal am Issyk-Kul.

Wer über den **Torugart-Paß** nach China weiterfahren will, kann dies nicht spontan tun. Vorbuchung bei einem chinesischen Reiseunternehmen ist erforderlich, die Arrangements sind kostspielig und die Bestimmungen restriktiv. Das CBT-Büro in Naryn kann bei den Formalitäten helfen und bietet Transport zur Grenze an.

In Zentralkirgistan

Sprachführer Russisch

Die aus der russischen Sprache übernommenen Namen und Begriffe sind in den vom ›Duden‹ empfohlenen Transliterationsregeln für das kyrillische Alphabet gehalten. Ungewohnt mag die Umschrift der in der russischen Sprache häufigen Zischlaute wirken (Ж – Ž, Ч – Č, Х – CH, Ц – C, Ш – Š, Щ – ŠČ). Sie ist aber eindeutiger als die eindeutschende Übertragung und, wenn man sich einmal daran gewöhnt hat, auch gut zu lesen. Lediglich bei Eigennamen, die im Deutschen sehr geläufig sind (z. B. Tschingis Aitmatow), haben wir auf die wissenschaftliche Umschrift verzichtet.

Das kyrillische Alphabet

Kyrillisch	Aussprache	Transkription	Transliteration	engl. Transkription
А а	›a‹ wie in ›Vater‹	a	a	a
Б б	›b‹ wie in ›Ball‹	b	b	b
В в	›w‹ wie in ›Wasser‹	w	v	v
Г г	›g‹ wie in ›gut‹, in den Endungen -его und -ого wie ›w‹	g	g	g
Д д	›d‹ wie in ›dort‹	d	d	d
Е е	am Wortanfang, nach Vokalen und in der Endsilbe ›ite‹ wie ›je‹, sonst wie ›e‹	e	e	e
Ё ё	am Wortanfang und nach Vokalen ›jo‹, sonst betontes ›o‹	jo	ë	yo
Ж ж	›sch‹ wie in ›Journal‹	sch	ž	zh
З з	›s‹ wie in ›Rose‹	s	z	z
И и	›i‹ wie in ›Ritus‹	i	i	i
Й й	kurzes ›j‹	j	j	y
К к	›k‹ wie in ›Kamm‹	k	k	k
Л л	›l‹ wie in ›Schall‹	l	l	l
М м	›m‹ wie in ›Milch‹	m	m	m
Н н	›n‹ wie in ›Natur‹	n	n	n
О о	›o‹ in betonten, ›a‹ in unbetonten Silben	o	o	o
П п	›p‹ wie in ›Post‹	p	p	p
Р р	rollendes ›r‹	r	r	r

С с	stimmloses ›s‹ (daß)	s	s	s
Т т	›t‹ wie in ›Tisch‹	t	t	t
У у	›u‹ wie in ›gut‹	u	u	u
Ф ф	›f‹ wie in ›falsch‹	f	f	f
Х х	›ch‹ wie in ›acht‹	ch	ch	kh
Ц ц	›z‹ wie in ›Zar‹	z	c	ts
Ч ч	›tsch‹ wie in ›Tschechien‹	tsch	č	ch
Ш ш	›sch‹ wie in ›Schule‹	sch	š	sh
Щ щ	länger gezogenes ›sch‹	schtsch	šč	shch
ы	ein im hinteren Mundbereich ausgesprochenes ›jüi‹	y	y	y
ь	Weichheitszeichen, davorstehende Konsonanten werden weich ausgesprochen	entfällt	'	entfällt
Э э	›ä‹ wie in ›Ente‹	e	ė	e
Ю ю	›ju‹ wie in ›Jugend‹	ju	ju	yu
Я я	›ja‹ wie in ›Januar‹	ja	ja	ya

Wichtigste Ausspracheregeln:
unbetontes o wird wie a ausgesprochen
š entspricht stimmlosen ›sch‹
ž entspricht stimmhaften ›sch‹
č entspricht ›tsch‹

deutsch	Transliteration, der Akzent zeigt die betonte Silbe an	russisch
Allgemeine Wendungen		
Guten Tag!	**Dóbryj den'!**	Добрый день!
Hallo!	**Privét!**	Привет!
Guten Morgen!	**Dóbroe útro!**	Доброе утро!
Guten Abend!	**Dóbryj véčer!**	Добрый вечер!
Gute Nacht!	**Spokójnoj nóči!**	Спокойной ночи!
Auf Wiedersehen!	**Do svidánija!**	До свидания!
Tschüß!	**Poká!**	Пока!
Wie geht's?	**Kak delá?**	Как дела?

Sprachführer

deutsch	Transliteration, der Akzent zeigt die betonte Silbe an	russisch
gut	**chorošó**	хорошо
schlecht	**plócho**	плохо
Es geht.	**Ták sebjé.**	Так себе.
Danke!	**Spasíbo!**	Спасибо!
Bitte!	**Požálujsta!**	Пожалуйста!
ja	**da**	да
nein	**net**	нет
Hilfe!!	**Pomogíte!**	Помогите
Entschuldigung!	**Izviníte!**	Извините!
Macht nichts!	**Ničevó!**	Ничего!
Sprechen Sie deutsch/ englisch?	**Vy govoríte po-nemécki/ po-anglíjski?**	Вы говорите по-немецки/по-английски?
Ich verstehe nicht.	**Ja ne ponimáju.**	Я не понимаю.
Ich spreche kein Russisch.	**Ja ne govorjú po-rússki.**	Я не говорю по-русски.
Sprechen Sie langsam!	**Govoríte médlenno!**	Говорите медленно!
Ich weiß es (nicht).	**Ja (ne) znáju.**	Я (не) знаю.
Schreiben Sie es bitte auf!	**Zapišíte, požálujsta!**	Запишите, пожалуйста!
Ist es frei?	**Svobódno?**	Свободно?
Darf ich?	**Móžno?**	Можно?
Sie dürfen nicht/Man darf nicht/Es geht nicht!	**Nel'zjá!**	Нельзя!

Orientierung

Wo?	**gde?**	Где?
Sagen Sie bitte, wo ist ...?	**Skažíte, požálujsta, gde ...?**	Скажите, пожалуйста, где...?
Entschuldigen Sie, wie komme ich zu ...?	**Izviníte, kak mne popást' k ...?**	Извините, как мне попасть к ...?
rechts, nach rechts	**právo, naprávo**	право, направо
links, nach links	**lévo, nalévo**	лево, налево
geradeaus	**prjámo**	прямо

deutsch	Transliteration, der Akzent zeigt die betonte Silbe an	russisch
um die Ecke	**za uglóm**	за углом
hinter der Brücke	**za mostóm**	за мостом
hier	**zdes'**	здесь
dort	**tam**	там
nah	**blízko**	близко
weit	**dalekó**	далеко
Norden	**séver**	север
Süden	**jug**	юг
Westen	**západ**	запад
Osten	**vostók**	восток
Hinweisschilder		
Eingang	**vchod**	вход
Ausgang	**vychod**	выход
geschlossen	**zakrýto**	закрыто
geöffnet	**otkrýto**	открыто
Kasse	**kássa**	касса
Umbau, Renovierung	**remónt**	ремонт
außer Betrieb	**ne rabótaet**	не работает
Hygiene-Tag (Syn. für heute geschlossen)	**sanitárnyj den'**	санитарный день
Information	**správka**	справка
Toilette (Damen/Herren)	**tualét (žénskij/mužskój)**	туалет (женский/мужской)
Orte		
Brücke	**most**	мост
Straße	**úlica**	улица
Gasse	**pereúlok**	переулок
Prospekt (große Straße)	**prospékt**	проспект
Platz	**plóščad'**	площадь
Uferstraße	**nábereżnaja**	набережная
Boulevard	**bul'vár**	бульвар

Sprachführer

deutsch	Transliteration, der Akzent zeigt die betonte Silbe an	russisch
Haus	**dom**	дом
Theater	**teátr**	театр
Kloster	**monastýr'**	монастырь
Kirche	**cérkov'**	церковь
Museum	**muzéj**	музей
Öffentliche Verkehrsmittel		
Bahnhof	**vokzál**	вокзал
Busbahnhof	**avtovokzál**	автовокзал
Haltestelle	**ostanóvka**	остановка
Bahnsteig	**perrón, put'**	перрон, путь
Abfahrt	**otpravlénie**	отправление
Ankunft	**pribýtie**	прибытие
Bus	**avtóbus**	автобус
Fährt dieser Zug/Bus nach ...?	**Étot póezd/avtóbus idët v ...?**	Этот поезд/автобус идёт в ...?
Wann fährt der Bus nach ...?	**Kogdá otpravljáetsja avtóbus v ...?**	Когда отправляется автобус в ...?
Von welchem Bahnsteig?	**S kakój platfórmy?**	С какой платформы?
Gleis	**put'**	путь
mit dem Bus	**na avtóbuse**	на автобусе
mit dem Taxi	**na taksí**	на такси
mit dem Zug	**na póezde**	на поезде
Einen Fahrschein nach Naryn, bitte!	**Odín bilét v Naryn, požálujsta!**	Один билет в Нарын, пожалуйста!
hin und zurück	**tudá i obrátno**	туда и обратно
Gepäck	**bagáž**	багаж
Gepäckaufbewahrung	**kámera chranenija**	камера хранения
Gute Reise!	**Sčastlívogo putí**	Счастливого пути!
Schaffner/in	**provodník/-níca**	проводник/-ница
Wagennummer	**nómer vagóna**	номер вагона
Schlafwagen	**spál'nyj vagón**	спальный вагон

deutsch	Transliteration, der Akzent zeigt die betonte Silbe an	russisch
Platz	mésto	место
Wann sind wir in...?	Čérez skól'ko my búdem v ...?	Через сколько мы будем в ...?
Wann muß ich aussteigen?	Kogdá mne výjti?	Когда мне выйти?
Öffentliche Einrichtungen		
Post	póčta	почта
Geschäft, Laden	magazín	магазин
Bank, Sparkasse	bank, sberkássa	банк, сберкасса
Konsulat	kónsul'stvo	консульство
Botschaft	posól'stvo	посольтво
Gesundheit		
Krankenhaus	bol'níca	больница
Apotheke	aptéka	аптека
Arzt	vrač	врач
Zahnarzt	zubnój vrač	зубной врач
Ich habe Zahn-/Kopf-/Bauchschmerzen!	U menjá bolít zub/golová/živót!	У меня болит зуб/голова/живот!
Im Hotel		
Hotel	gostínica	гостиница
Pension	pansión	пансион
Zimmer	nómer	номер
für eine Nacht	na noč'	на ночь
heißes Wasser	gorjáčaja vodá	горячая вода
Dusche	duš	душ
Heizung	otoplénie	отопление
Preis	cená	цена
dies hier	vot éto	вот это
funktioniert nicht	ne rabótaet	не работает
Licht	svet	свет
Einkaufen		
Haben Sie?	U vas est'?	У Вас есть?

deutsch	Transliteration, der Akzent zeigt die betonte Silbe an	russisch
Was kostet das?	**Skól'ko éto stóit?**	Сколько это стоит?
Geben Sie mir bitte ...!	**Dájte mne, požálujsta ...!**	Дайте мне, пожалуйста ...!
Zeigen Sie mir bitte ...!	**Pokažíte mne požálujsta ...!**	Покажите мне пожалуйста ...!
Tüte	**pakét**	пакет
Eine Packung ..., bitte	**Odnú páčku ..., požálujsta**	Одну пачку ..., пожалуйста
Eine Flasche ..., bitte	**Odnú butýlku ..., požálujsta**	Одну бутылку ..., пожалуйста
Zeitung	**gazéta**	газета
Zigaretten	**sigaréty**	сигареты
Schokolade	**šokolád**	шоколад
Kaugummi	**ževátel'naja rezinka**	жевательная резинка

Im Restaurant

Die Speisekarte bitte!	**Menjú, požálujsta!**	Меню, пожалуйста!
Ich möchte zahlen.	**Ja choču zaplatít'.**	Я хочу заплатить.
Bringen Sie bitte ...!	**Prinesíte, požálujsta ...!**	Принесите, пожалуйста ...!
Teller	**tarélka**	тарелка
Tasse	**čáška**	чашка
Glas	**stakán**	стакан
Messer	**nož**	нож
Gabel	**vílka**	вилка
Löffel	**lóžka**	ложка
Zucker	**sáchar**	сахар
Salz	**sol'**	соль
Frühstück	**závtrak**	завтрак
Mittagessen	**obéd**	обед
Abendessen	**úžin**	ужин
Vorspeisen	**zakúski**	закуски
Erster Gang (Suppe)	**pérvoe (sup)**	первое (суп)

deutsch	Transliteration, der Akzent zeigt die betonte Silbe an	russisch
Zweiter Gang	vtoróe	второе
Nachspeise	desért	десерт
Frühstück		
Tee mit Zitrone	čaj s limónom	чай с лимоном
Kaffee mit Milch und Zucker	kófe s molokóm i sácharom	кофе с молоком и сахаром
Brot	chleb	хлеб
Butter	máslo	масло
Honig	mëd	мёд
Marmelade	varén'e	варенье
Milch	molokó	молоко
Eier	jájca	яйца
Käse	syr	сыр
Wurst	kolbasá	колбаса
Vorspeisen		
Pfannkuchen	bliný	блины
Fleischsalat mit Mayonnaise	salat oliv'é	салат оливье
Gurkensalat	salát iz ogurcóv	салат из огурцов
Tomatensalat	salát iz pomidóry	салат из помидоры
Pilze	gribý	грибы
Kaviar	ikrá	икра
Pirogge	piróg	пирог
Gemüsesalat	vinegrét	винегрет
Suppen		
Rote-Beete-Suppe	boršč	борщ
Kohlsuppe	šči	щи
Bouillon	bul'ón	бульон
Soljanka	soljánka	солянка
Fischsuppe	uchá	уха

deutsch	Transliteration, der Akzent zeigt die betonte Silbe an	russisch
Zubereitungsarten		
gekocht	varënyj	варёный
gebraten	žárenyj	жареный
geräuchert	kopčënyj	копчёный
mariniert	marinóvannyj	маринованный
in Öl gebraten, frittiert	fri	фри
Mittag- und Abendessen		
Kartoffeln	kartóška	картошка
Reis	ris	рис
saure Sahne	smetána	сметана
russische Maultaschen	pel'méni	пельмени
Fisch	rýba	рыба
Fleisch	mjáso	мясо
Hammelfleisch	baranina	баранина
Boulette	kotléta	котлета
Ragout	ragú	рагу
Würstchen	sosíski	сосиски
Huhn	kúrica	курица
Plow (Reisgericht mit Fleisch)	plov	плов
Lagman (Nudeleintopf)	lagmán	лагман
Gemüse und Salat		
Erbsen	goróch	горох
Gurke	ogurée	огурец
Kartoffeln	kartófel	картофель
Kohl	kapústa	капуста
Möhren	morkóv'	морковь
Rote Beete	svëklá	свёкла
Salat	salát	салат
Tomaten	pomidór	помидор
Zwiebel	luk	лук

deutsch	Transliteration, der Akzent zeigt die betonte Silbe an	russisch
Obst		
Apfel	jábloko	яблоко
Birne	grúša	груша
Erdbeere	klubníka	клубника
Honigmelone	dýnja	дыня
Süßkirsche	čeréšnja	черешня
Orange	apel'sín	апельсин
Pflaume	slíva	слива
Wassermelone	arbúz	арбуз
Weintrauben	vinográd	виноград
Zitrone	limón	лимон
Dessert		
Speiseeis	moróženoe	мороженое
Bonbons	konféty	конфеты
süßes Teiggebäck	pirožók	пирожок
Kuchen	piróžnoe	пирожное
Torte	tort	торт
Obst	frúkty	фрукты
Getränke		
Mineralwasser	minerál'naja vodá	минеральная вода
Saft	sok	сок
Rotwein	krásnoe vinó	красное вино
Weißwein	béloe vinó	белое вино
Bier	pívo	пиво
Wodka	vódka	водка
Cognac	kon'ják	коньяк
Telefonieren		
Ich höre.	Slúšaju	Слушаю.
Wer spricht?	Kto govorít?	Кто говорит?
Wen möchten Sie sprechen?	Kto vam núžen?	Кто вам нужен?

deutsch	Transliteration, der Akzent zeigt die betonte Silbe an	russisch
Ich möchte bitte ... sprechen.	**Pozovíte požálujsta .. k telefónu.**	Позовите пожалуйста ... к телефону.
Ich möchte nach Deutschland telefonieren.	**Ja choču pozvonít' v Germániju.**	Я хочу позвонит в Германию.
Vorwahl	**kod**	код
Zahlen		
eins, zwei, drei	**odín, dva, tri**	один, два, три
vier, fünf, sechs	**četýre, pjat', šest'**	четыре, пять, шесть
sieben, acht, neun	**sem', vósem', dévjat'**	семь, восемь, девять
zehn, elf	**désjat', odínadcat'**	десять, одинадцать
zwölf	**dvenádcat'**	двенадцать
dreizehn	**trinádcat'**	тринадцать
vierzehn	**četýrnadcat'**	четырнадцать
fünfzehn	**pjatnádcat'**	пятнадцать
sechzehn	**šestnádcat'**	шестнадцать
siebzehn	**semnádcat'**	семнадцать
achtzehn	**vosemnádcat'**	восемнадцать
neunzehn	**devjatnádcat'**	девятнадцать
zwanzig	**dvádcat'**	двадцать
hundert	**sto**	сто
tausend	**týsjača**	тысяча
Zeitangaben		
Wie spät ist es?	**Kotóryj čas?**	Который час?
heute	**segódnja**	сегодня
gestern	**včerá**	вчера
morgen	**závtra**	завтра
Stunde	**čas**	час
am Morgen	**útrom**	утром
tagsüber, am Tag	**dnëm**	днём
am Abend	**véčerom**	вечером
Woche	**nedélja**	неделя

deutsch	Transliteration, der Akzent zeigt die betonte Silbe an	russisch
Monat	**mésjac**	месяц
Jahr	**god**	год
Montag	**ponedél'nik**	понедельник
Dienstag	**vtórnik**	вторник
Mittwoch	**sredá**	среда
Donnerstag	**četvérg**	четверг
Freitag	**pjátnica**	пятница
Sonnabend	**subbóta**	суббота
Sonntag	**voskresén'e**	воскресенье
Januar, Februar	**janvár', fevrál'**	январь, февраль
März, April, Mai	**mart, aprél', maj**	март, апрель, май
Juni, Juli, August	**ijún', ijúl', ávgust**	июнь, июль, август
September, Oktober	**sentjábr', oktjábr'**	сентябрь, октябрь
November, Dezember	**nojábr', dekábr**	ноябрь, декабрь

Sprachführer Kirgisisch

Die Lingua franca unter den vielen Völkern Kirgistans ist zwar Russisch. Je entlegener die Gegend und je jünger der Gesprächspartner, desto nützlicher (und netter) sind aber ein paar Worte Kirgisisch.

deutsch	kirgisisch	Transliteration
Begrüßung		
Guten Morgen/Guten Tag/ Guten Abend	**Саламатсызбы**	[Salamatsyzby]
Antwort:	**Саламатчилик**	[Salamatčilik]
Willkommen!	**Кош келиңиздер**	[Koš kelingizder]
Wie geht's?	**Кандай турасыз**	[Kandaj turasyz]
Danke, ...	**Ыракмат**	[Yrakmat, ...]
... gut.	**жакшы**	[... žakšy]
... nicht schlecht.	**жаман эмес**	[... žaman emes]
... es geht so	**эптеп-септеп**	[... eptep-septep]

deutsch	kirgisisch	Transliteration
Wie heißen Sie?	**Атыңыз ким?**	[Atyngyz kim?]
Mein Name ist ...	**Меним атым**	[Menin atym ...]
Aus welchem Land kommen Sie?	**Сиз кайсы өлкөдөн келдиңиз?**	[Siz kajsy ölködön keldingiz?]
Ich/Wir kommen aus ...	**Мен/Биз ... келдим/келдик**	[Men/Biz ... keldim/keldik.]
Freut mich.	**Абдан кубанычтуумум.**	[Abdan kubanyčtuumum.]
Nehmen Sie Platz!	**Отуруңуз**	[Oturunguz]
Danke. (oder alltäglicher:)	**Ыракмат** **Рахмат**	[Yrakmat], [Rahmat]
Auf Wiedersehen.	**Кош болуңуз**	[Koš bolunguz]
Alles Gute! (eigentlich: Gute Reise!)	**Ак жол**	[Ak žol]
Es tut mir leid.	**Өкүнүчтөмүн**	[Ökünüčtömün]
Entschuldigung!	**Кечирим**	[Kečirim]
gut	**жакшы**	[žakšy]
schlecht	**жаман**	[žaman]
ehrenvolle Anrede für einen alten Mann (wörtlich ›Weißbärtiger‹)	**Аксакал**	[Aksakal]
respektvolle Anrede für einen Mann (wörtlich ›älterer Bruder‹)	**Байке**	[Bajke]
respektvolle Anrede für eine Frau	**Эже**	[eže]

Orientierung

Wie komme ich ...?	**... кантип барса болот?**	[... kantip barsa bolot?]
zum Theater	**Театрга**	[Teatrga ...]
zum Platz	**Аянтка**	[Ayantka ...]
ins Zentrum	**Центрге**	[Centrge...]
zum Museum	**Музейге**	[Musejge ...]
zum Busbahnhof	**Автовоксалга**	[Avtovokzalga ...]

deutsch	kirgisisch	Transliteration
Wo ist das/der nächste ...?	**Энг жакын ... кайсы жерде?**	[Eng žakyn ... kajsy žerde?]
Hotel	**мейманкана**	[mejmankana]
Restaurant	**ресторан**	[restoran]
Postamt	**почта**	[počta]
Telefon	**телефон**	[telefon]
Zeitungskiosk	**газета киоскасы**	[gazeta kioskasy]
Café	**кафе**	[kafe]
Imbiß	**тез тамак ичүүчү жай**	[tez tamak ičüüčü žaj]
Taxi	**такси**	[taksi]
Geschäft	**дукөн**	[dükon]
Dorf	**айыл**	[aiyl]
Straße	**көчөсө**	[köčösö]
Festung, Grabhügel	**мүрзөө**	[mürzöö]
Ich habe mich verlaufen.	**Мен адашып калдым**	[Men adašyp kaldym.]

Im Restaurant

Was für Getränke haben Sie?	**кандай ичимдиктер бар?**	[kandaj ičimdikter bar?]
Die Speisekarte bitte.	**Менюну берип коюңусчу.**	[Menyunu berip koyungusču.]
Die Rechnung bitte.	**Санап бериңисчи.**	[Sanap beringisči.]
Nationalgericht Bešbarmak	**бешбармак**	[bešbarmak]
Fleisch	**эт**	[et]
Fisch	**балык**	[balyk]
Brot	**каймак**	[kajmak]
Butter	**май**	[maj]
Salz	**туз**	[tuz]
Wasser	**суу**	[suu]
Zucker	**кант**	[kant]
saure Sahne	**каймак**	[kajmak]

deutsch	kirgisisch	Transliteration
leicht alkoholisches Getränk aus vergorener Stutenmilch	**кымыс**	[kymys]
Apfel	**алма**	[alma]
Im Hotel		
Ich brauche ein Zimmer für eine Person.	**Мага бир кишилик номер керек.**	[Maga bir kišilik nomer kerek.]
... zwei Personen.	**Мага эки кишилик номер керек.**	[Maga eki kišilik nomer kerek.]
Was kostet es pro Nacht?	**Номер бир суткага канча турат?**	[Nomer bir sutkaga kanča turat?]
Zahlen		
Stunde	**саат**	[saat]
eins	**бир**	[bir]
zwei	**эки**	[eki]
drei	**үч**	[üč]
vier	**төрт**	[tört]
fünf	**беш**	[beš]
sechs	**алты**	[alty]
sieben	**жети**	[žeti]
acht	**сегиз**	[segiz]
neun	**тогуз**	[toguz]
zehn	**он**	[on]
elf	**он бир**	[on bir]
zwölf	**он эки**	[on eki]
zwanzig	**жыйырма**	[žyjyrma]
dreißig	**отуз**	[otuz]
vierzig	**кырк**	[kyrk]
fünfzig	**элүү**	[elüü]
sechzig	**алтымыш**	[altymyš]
siebzig	**жетимиш**	[žetimiš]
achtzig	**сексен**	[seksen]

deutsch	kirgisisch	Transliteration
neunzig	**токсон**	[tokson]
hundert	**жүз**	[žüz]
zweihundert	**эки жүз**	[eki žüz]
tausend	**минг**	[ming]

Farben

schwarz	**кара**	[kara]
weiß	**ак**	[ak]
rot	**кызыл**	[kyzyl]
blau	**көк**	[kök]
grün	**жашыл**	[žašyl]
gelb	**сары**	[sary]

Häufig in geographischen Namen vorkommende Wörter

Berg, Gebirge	**тоо, тоолор**	[too, toolor]
Tal	**өрөөн**	[öröön]
See	**көл**	[köl]
Wasser	**суу**	[suu]
Fluß	**сай/суу**	[saj/suu]
Paß	**ашуу**	[ašuu]
warm, heiß	**жылуу, ысык**	[žyluu, ysyk]
groß	**чонг**	[čong]

Besondere Wörter

Stange mit Roßschweif neben Gräbern	**бунчук**	[bunčuk]
genähter Filzteppich	**шырдак**	[šyrdak]
gewalkter Filzteppich	**ала кийиз**	[ala kijiz]
Reiter	**джигит**	[džigit]
Adler	**бүркүт**	[bürküt]

Liste russisch/kirgisischer Schreibweisen

Bis zur Unabhängigkeit dominierte in den zentralasiatischen Sowjetrepubliken die russische Version von Ortsnamen und geographischen Bezeichnungen. Inzwischen verwenden die Staaten vermehrt – wenn auch nicht durchgehend und uneinheitlich – die landessprachliche Fassung. Die nachfolgende Liste wichtiger Eigennamen soll bei der Orientierung helfen.

russisch	kirgisisch (ggf. usbekisch)
pereval (Paß) Ak Beyit (перевал Ак Беыит)	Ak Bejit Ašuu (Ак Бейит ашуу)
Alamedin-Fluß (Аламедин)	Alamüdün (Аламүдүn)
Amu-Darja (Аму Дарья)	Amudaryo (usb.)
Andižan (Андижан)	Andižon (usb.)
Arslanbob (Арсланбоб)	Arsganbap (Арсганбап)
Balykči (Балыкчи)	Balykčy (Балыкчы)
Bischkek (deutsch) (Бишкек)	Biškek (Biwkek)
Choresm (Хоресм)	Xorazm (usb.)
Čatyr-Kul-See (Чатыр Кул)	Čatyr-Köl (Чатыр Көl)
Čatkal (Чаткал)	Čotkol (usb.)
Čust (Чуст)	Chust (usb.)
Džalalabad (Джалалабад)	Žalal-Abad (Жалал Абад)
Džany-Bazar (Джаны Базар)	Žany-Bazar (Жаны Базар)
Pik Pobedy (Пик Победы)	Žengis Čokusu (Женгис Чокусу)
Džeti-Oguz (Джети Огуз)	Žeti-Öguz (Жети Өguз)
Issyk-Ata (Иссык Ата)	Ysyk-Ata (Ысык Ата)
Issyk-Kul-See (Иссык Кул)	Ysyk-Köl (Ысык Көl)
Issyk-Kurgan (Иссык Курган)	Ysyk-Kurgan (Ысык Курган)
Kamčik-Paß (перевал Камчик)	Kamchik (usb.)
Kara-Tau (Кара Тау)	Kara-Too (Кара too)
Karakul-See (Каракул)	Karaköl (Каракөл)
Karavan (Караван)	Kerben (Кербен)
Kasan-Saj (Касан Сай)	Kosonsoy (usb.)

russisch	kirgisisch (ggf. usbekisch)
Kashgar (China)	Kaxgar
Ketmen-Kul-See (Кетмен Кул)	Ketmen-Köl (Кетмен Көl)
Ketmen-Tjube-Tal (долина Кетмен Тюбе)	Ketmen-Töbö (Кетмен Төбө)
Kёk-Art-Paß (перевал Кёк Арт)	Kök Art Ašuu (Көк Арт ашуу)
Kirgiskij-Alatau (Киргиский Алатау)	Kyrgyz-Alatoo (Кыргыз Алатоо)
Kokand (Коканд)	Qo'qon (usb.)
Kungej-Alatau (Кунгей Алатау)	Küngöj-Alatoo (Күнгөй Алатоо)
Kyzyl-Oj (Кызыл Ой)	Kyzyl-Aj (Кызыл Ай)
Kyzyl-Unkjur (Кызыл Ункюр)	Kyzyl-Ünkür (Кызыл Үnkүr)
Orto-Tokoi-Reservoir (Орто Токои)	Örto-Tokoi (Өrto Tokoi)
Otmёk-Paß (перевал Отмёк)	Ötmök Ašuu (Өтмөк ашуу)
Pik Čatkalskij (Пик Чаткалский)	Pik Čatkal (Пик Чаткал)
Sary-Džas (Сары Джаз)	Sary-Žas (Сары Жас)
Song-Kul (Сонг Кул)	Song-Köl (Сонг Көl)
Syr-Darja (Fluß) (Сыр Даря)	Sirdaryo (usb.)
Šahrimardan (Шахримардан)	Shohimardon (usb.)
Talaskij-Alatau (Талаский Алатау)	Talas-Alatoo (Талас Алатоо)
Taschkent (deutsch)	Toshkent (usb.)
Taš-Kumir (Таш Кумир)	Taš-Kömür (Таш Көмүr)
Tien-Schan (deutsch)	Tjan-Šan (Тян Шан)
Tjup (Тюп)	Tüp (Түр)
Tjuz-Bel-Paß (перевал Тюз Бел)	Tüz Bel Ašuu (Түз Бел ашуу)
Tokmak (Токмак)	Tokmok (Токмок)
Torugart-Paß (первал Торугарт)	Torug Art Ašuu (Торуг Арт ашуу)
Uč-Sejt (Уч Сейт)	Üč-Sejt (Үч Сейт)
Uzgen (Узген)	Özgön (Өзгөn)
Zaalaiskij-Alatau (Заалаиский Алатау)	Arka-Alaj-Alatoo (Арка Алай Алатоо)

Reisetips von A bis Z

Allgemeines

»Bevor wir zu den Hauptrouten durch Turkestan übergehen, scheint es nicht unwichtig, einige Worte über die Reisebedingungen in Mittelasien zu sagen, die sich in diesem eigenartigen und in vielen Beziehungen noch primitiven Land von den Umständen unterscheiden, unter denen man im europäischen Rußland und Westeuropa reist. Vor vergleichsweise kurzer Zeit war Mittelasien für uns ein fast unbekanntes Land, von dem viele Teile weniger bekannt waren als die afrikanische Wildnis; Reisen durch Turkestan erforderten viel Zeit, Mittel und waren bei weitem nicht ungefährlich. Jetzt gehört all dies der Vergangenheit an. Reisen durch Mittelasien, die noch vor nicht allzulanger Zeit als Heldentat galten, haben sich nun in angenehme, lehrreiche und vollkommen ungefährliche Fahrten verwandelt, die für jeden Naturliebhaber und am Land interessierten Touristen eine unerschöpfliche Quelle des Vergnügens darstellen.«
(aus Masalskij, W. I., Rußland – Vollständige geographische Beschreibung unseres Vaterlandes. Band 19: Turkestan. Sankt Petersburg 1913; Übersetzung des Verf.)

Eine Reise nach Kirgistan – vor allem auf eigene Faust – erfordert auch heutzutage gute Vorbereitung, angemessene Ausrüstung, Flexibilität und Komfortverzicht. Dies trifft in gewissem Ausmaß auch zu, wenn man mit einem Reiseveranstalter nach Kirgistan kommt. Wer diesen belauert, um aus Verzögerungen und Umdisponierungen Material für eine Klage auf teilweise Erstattung des Reisepreises zu sammeln, sollte sich besser ein anderes Ziel suchen. Wer sich von Unwägbarkeiten nicht beirren läßt, wird aber dafür auch reich belohnt.

Individualreisen: Auch wenn sich Kirgistan inzwischen zu einem Geheimtip bei Wanderern und Bergsteigern entwickelt hat, sind Individualreisende nach wie vor eher selten und fallen auf. Zu sowjetischen Zeiten gab es nur Pauschaltouristen – Ausländer am Gängelband von Intourist, Einheimische mit einer ›putëvka‹, einem Gutschein für Vollpension in einem Pensionat, vor allem am Issyk-Kul. Wenn man auf eigene Faust reist, wird man es mit Grundkenntnissen des Russischen erheblich leichter haben, denn außerhalb der großen Hotels und der etablierten Reiseveranstalter spricht kaum ein Kirgise Englisch oder Deutsch.

Bereits das Einholen der erforderlichen Visa im Heimatland kann zu einer echten Geduldsprobe werden, wer sich das nicht selbst zutraut, kann sich an einen professionellen Visa-Service wenden.

Während eines Kirgistan-Aufenthaltes sollte man sich von westeuropäischen Vorstellungen von Pünktlichkeit und Zuverlässigkeit zügig verabschieden, mit großzügigem Zeitrahmen planen und mit Komplikationen aller Art (z. B. fehlende Transportmöglichkeiten und unpassierbare Straßen) von vornherein rechnen. Aber keine Angst: vor Ort zeigen sich die meisten Kirgisen sehr hilfsbereit und finden eigentlich immer eine Lösung.

Bei Gebirgstreks in den Grenzgebieten muß man eine gebührenpflichtige Aufenthaltserlaubnis vom Militär haben. An diese kommt man offensichtlich nur über örtliche Tourismusfirmen, sie kostet etwa 10 Dollar. Ebenso wird bei der Besteigung der höchsten Berge ein Obulus von 100 US-Dollar fällig.

Anreise mit dem Flugzeug

Viele der in diesem Reiseführer beschriebenen Gebiete sind Touristen erst seit der Unabhängigkeit Kirgistans zugänglich. Trotz seiner großen Entfernung zu Europa ist der Tien-Schan leicht zu erreichen, da die Hauptstädte der umliegenden Republiken in das Programm einiger europäischer Fluggesellschaften aufgenommen wurden.

Flugverbindungen mit Turkish Airlines gibt es täglich über Istanbul (bei rechtzeitiger Buchung ab ca. 800 Euro/Stand Sommer 2008). Aeroflot fliegt über Moskau, Pulkovo über St. Petersburg.

Meist fliegt man günstiger, wenn man über einen Spezialreiseveranstalter bucht. ›Wildberry Tours‹ bietet beispielsweise günstige Flugreisen nach Kirgistan mit Aeroflot an: Postfach 130154, 53061 Bonn, Tel. 0228/2421710, Fax 2421712, tours@wildberry.de, www.wildberrytours.com.

Die ehemalige kasachische Hauptstadt Almaty wird von Lufthansa, KLM, Turkish Airlines, Austrian Airlines und BA angeflogen. Von Almaty fahren ständig Minibusse nach Bischkek, die Fahrt dauert ca. 6 Stunden. Wenn man den Weg über Almaty wählt, benötigt man zusätzlich zum kirgisischen Visum ein kasachisches Doppelvisum (derzeit ca. 52 Euro).

Mittlerweile haben sämtliche kirgisischen Luftlinien Landeverbot in der EU wegen Sicherheitsmängeln, sogar die staatliche ›Kyrgyz Air‹.

Anreise mit dem Auto

Wer sich von Europa auf dem Landweg nach Kirgistan begeben will, hat zwei Möglichkeiten. Die eine stimmt auf den orientalischen Charakter Mittelasiens ein, die andere auf die Überbleibsel des Sozialismus.

Mit der zuerst erwähnten Route ist die über den **Balkan und die Türkei** gemeint: Von Istanbul geht es ostwärts in den Iran, über Teheran nach Turkmenistan, auf die 2700 Kilometer lange Autobahn zwischen Kaspischem Meer und Almaty, an der die beiden berühmten Städte der Seidenstraße Buchara und Samarkand liegen. Von Taschkent kann man a) weiter auf dieser Strecke bleiben und über Kasachstan oder b) nach Südosten durch das Ferganatal nach Kirgistan fahren.

Die zweite Route führt über **Rußland und Kasachstan** zum Nordzipfel des Aralsees, entlang seinem nördlichen Zufluß, dem Syr-Darja, über Turkestan nach Šimkent und trifft dort, nördlich von Taschkent, auf die erwähnte Autobahn. Wenn man durch das weglose Wüstenplateau Ust-Jurt zwischen Kaspischem Meer und Aralsee fährt, kann dies mit dem lohnenden Umweg über Buchara und Samarkand verbunden werden. Dann kann man sogar die dritte Perle unter Usbekistans alten Städten besichtigen: Chiwa in der Wüste Kyzylkum. Die strukturlosen Weiten Eurasiens lassen die gewaltigen Entfernungen der Anreise gefühlsmäßig zusammenschrumpfen gegenüber der Langsamkeit, die einem die verschlungenen Pfade Kirgistans auferlegen. Ein Blick auf die Karte verdeutlicht, wie riesig die Strecke ist, die man hierher zurücklegen muß: Auf dem Landweg beträgt die Entfernung etwa 9000 Kilometer.

Anreise mit dem Zug

Der Zug eignet sich nur zur Anreise: In Kirgistan gibt es nur 370 Schienenkilometer in den flachen Gebieten am Rand des Tien-Schan. Es besteht eine direkte Eisenbahnverbindung zwischen **Bischkek und Moskau**.

Ausrüstung und Bekleidung

In Bischkek trägt jeder und jede, was ihm oder ihr gefällt. Kurze Hosen gehören dort mittlerweile zum Stadtbild, im konservativen Süden des Landes gelten sie allerdings nach wie vor als lächerlich und entschieden ›daneben‹. Man sollte als Tourist funktionale und dezente Kleidung wählen. Am Tag reichen auch im Hochgebirge Shorts und T-Shirts aus, da die Sonne kräftig einheizt. Gegen Sonnenbrand und Hitzschlag empfiehlt sich eine Kopfbedeckung. In ungeschützten Lagen benötigt man eine Windjacke und abends auf jeden Fall einen warmen Pullover. Handschuhe, Mütze und warme Strümpfe gehören ebenfalls ins Gepäck, die Nächte können sehr kühl werden.

Bei **Wanderungen und Reittouren** im Gebirge sind warme Funktionskleidung sowie Regenjacke und -hose unerläßlich. Man sollte wasserabweisende, robuste Trekking- oder Leichtbergschuhe tragen. Für Flußüberquerungen zu Fuß sind Wanderstöcke und Trekkingsandalen nützlich. Der Schlafsack sollte vom Hersteller für eine Untergrenze von mindestens –10 Grad angegeben sein. Auch im Sommer reicht ein sogenannter Sommerschlafsack im Tien-Schan nicht aus. Badekleidung sollte ebenfalls im Gepäck sein, Nacktbaden ist absolut unüblich und unerwünscht.

Autoreparaturen

Die bescheidene Qualität sowjetischer Automodelle und der Ersatzteilmangel haben das Bastel- und Improvisationsgeschick kirgisischer Mechaniker geschult. Professionelle, typengerechte Diagnose, Wartung und Reparatur für ausländische Modelle darf man allerdings nirgends erwarten. Die Werkstätten in abgelegenen Gegenden ähneln häufig verrußten Höhlen, in denen eine bunte Sammlung von Alteisen auf ein zweites Leben im Leib einer Maschine wartet. Werkzeug wird oft selbst gefertigt und im Hauruck-Verfahren auch an empfindlichen Bauteilen ausprobiert. Ersatzteile gibt es nur für russische Fabrikate; sie entstammen meist kannibalisierten Vehikeln. Eventuell passen Luftfilter, Schläuche oder Keilriemen auch für ein ausländisches Fabrikat; auf diesen Zufall

Oft muß man aus ungewöhnlichen Quellen tanken

sollte man aber nicht vertrauen und alle Verschleißteile mitführen. Nicht originalverpackte Betriebsflüssigkeiten sind oft gestreckt oder ›recycelt‹, also sollte man hiervon auch einen Vorrat dabeihaben. Im bunten Sortiment kleiner Privatgeschäfte werden manchmal importierte, den Standards genügende Betriebsflüssigkeiten angeboten. In Bischkek findet man die landesweit beste Auswahl für Autobedarf auf dem Dordoj-Bazar am nördlichen Stadtrand.

Wer ein Problem hat, das sich weder mit Bordmitteln noch örtlich verfügbarer Hilfe beheben läßt, sollte versuchen, eine der Vertretungen westlicher oder fernöstlicher Automarken in den zentralasiatischen Hauptstädten zu erreichen. Dort gibt es geschultes Personal, Werkzeug und vielleicht Ersatzteile.

Vorbeugend sollte man bei den belastenden Betriebsbedingungen die Betriebssicherheit seines Fahrzeugs öfter überprüfen und den Treibstofffilter gelegentlich säubern.

Schlaglöcher, scharfkantige Steine und gelegentlich herumliegender Schrott sind neben den rauhen Straßen Ursache für erhöhten Reifenverschleiß und Schäden. Wer sich wundert, daß an manchen Laternenpfählen Autoreifen mit der Aufschrift ›Vulkanisacija‹ (вулканизация) hängen, wird sich bei einem Platten freuen, wenn er bald solch eine merkwürdige Dekoration erblickt – dies ist das Zunftzeichen der Reifenflicker. (Siehe ›Fahrzeug‹, ›Straßen‹, ›Tankstellen‹, ›Verkehrsregeln‹).

Banken und Wechselstuben

Euro-Geldscheine sowie Dollarnoten kann man in Bischkek und anderen größeren Orten in Banken und Wechselstuben gegen Som tauschen. Geldwechseln ist nur in Hotels, Geschäften und lizensierten Wechselstuben gesetzlich erlaubt. Es ist sinnvoll, sich daran zu halten – Schwarztauscher sind sehr fingerfertig und geschickt darin, mit dem einheimischen Geld nicht so Vertraute über's Ohr zu hauen. Die meisten Wechselstuben mit dem besten Kurs in Bischkek liegen an der Mossovjet genannten Kreuzung der Straßen Moskovskaja und Baityk Baatyra (ehemalige Sovjetskaja). Aber auch hier sollte man die Kurse vergleichen! Bei US-Dollars werden große Scheine, die nach 1991 ausgegeben wurden, bevorzugt. Travellerschecks werden selten und gegen hohe Provision eingewechselt. Die immer zahlreicher werdenden Geldautomaten in Bischkek (zum Beispiel in den Beta Stores), und mittlerweile auch bei einigen Banken im Zentrum von Oš, geben auf Kreditkarten von Visa, Master und American Express Geld heraus, allerdings wird hier ebenfalls Provision aufgeschlagen. Inzwischen kann man an einigen sogar mit der EC-Karte Geld abheben, auch US-Dollar. Kurs im August 2008: 1 Euro – 52 Som, 1 US-Dollar 34 Som.

Botschaften und konsularische Vertretungen

Botschaft der Kirgisischen Republik in Deutschland
Otto-Suhr-Allee 146
10585 Berlin
Tel. 030/34 78 13-37, Fax -62
www.botschaft-kirgisien.de
Mo–Fr 9–13 und 14–17 Uhr. Konsularabteilung: 9–13 Uhr

Außenstelle der Botschaft Kirgistans
Friesdorfer Str. 194a
53175 Bonn
Tel./Fax 02 28/36 52 30

Konsulat der Kirgisischen Republik
Brönnerstr. 20
60313 Frankfurt/M.

Tel. 069/95 40 39 26, Fax 95 40 39 26
Mo–Fr 9–13 und 14. 30–17. 30, außer Mi
Amtsbezirk: Hessen, Baden-Württemberg, Rheinland-Pfalz und Saarland

Botschaft der Kirgisischen Republik in Österreich
Invalidenstraße 3/8
1030 Wien
Tel. 00 43/(0)1/535 03 79
Fax 535 03 79 13
kyrbot@nnweb.at

Botschaft der Kirgisischen Republik in der Schweiz
Rue Maunoir 26
1207 Genf
Tel. 00 41/(0)22/707 92 20
Fax 707 92 21
kyrgyzmission@bluewin.ch
Konsularabteilung
Hinterbergstrasse 17
6305 Zug 5
Annahme: Postfach 5229
Tel. 00 41/(0)41/741 74 89
Fax 741 45 88
consulate-kyrgystan@axla.ch
Konsularabteilung
Sempacherstrasse 15
8032 Zürich
Tel. 00 41/(0)1/387 19 00
Fax 381 45 23

Botschaft der Bundesrepublik Deutschland in Kirgistan
Razzakov köč. 28, Bischkek
Tel. 009 96/(0)312/90 50 00, 66 19 75, Fax 66 66 30
Rechts- und Konsularabteilung: Tel. 90 50 12
www.bischkek.diplo.de.

Vertretung der Schweiz in Kirgistan
Bureau for Cooperation of the Embassy of Switzerland
Panfilov köč. 144, Bischkek
Tel. 009 96/(0)312/66 64-80, -81, -82, -83, -84, Fax 664 89
bishkek@sdc. net
www.swisscoop.kg.
Übergeordnet ist die Schweizer Botschaft in Taschkent.

Österreich hat in Kirgistan bislang keine Vertretung.

Einkaufen

Wie in Moskau am Roten Platz, so steht in der Hauptstadt jeder ehemaligen Sowjetrepublik ein Hauptkaufhaus. In diesen nach wie vor staatlichen Geschäften findet man Waren für den alltäglichen Bedarf. Die wenigen Gebrauchsgegenstände mit der Ausstrahlung von Qualität und Luxus wirken im Sortiment meist etwas deplaziert. Im Obergeschoß des ehemaligen Bischkeker Zentralkaufhauses – heute heißt es ›Ayčurek‹ – gibt es eine Souvenirabteilung, die allerdings nicht billig ist. Souvenirs findet man auch in Kunstgalerien und darauf spezialisierten Läden in den Städten.

Inzwischen wird die Einkaufswelt durch Supermärkte westlicher Prägung bereichert, die importierte Genuß- und Lebensmittel, Hygieneartikel und eine beschränkte Auswahl von Haushaltsartikeln anbieten. In in Bischkek gibt es einige große Shoppingzentren.

Mit dem Versiegen ihrer Quellen nach dem Zerfall der Sowjetunion schlossen viele Fachgeschäfte für immer – zum Beispiel für Unterhaltungselektronik oder Autoteile. Diesen Markt bearbeiten jetzt Privatimporteure.

In größeren Städten waren nach der Unabhängigkeit zunächst sehr zaghaft, dann explosionsartig mehr und mehr sogenannte ›Kommerčeskij Magazini‹ entstanden, private Läden im Tante-Emma-Stil. Keimzelle war meist ein Tischchen am Straßenrand, auf dem ein paar Flaschen, Bierbüchsen und Zigarettenstangen Platz hatten. Frischgebackene ›Biznesmeni‹ sieht man im ganzen Land, das Sortiment beschränkt sich aber leider oft auf das Obengenannte. Das Warenangebot der kleinen Läden vereint auf engem Raum eine weitgefächerte Palette: Turnschuhe, Speiseöl, Schokoriegel, Parfum-Imitationen, Autoradios, Dessous und vieles mehr liegen kunterbunt nebeneinander. Das Warenangebot richtet sich danach, was gerade seinen Weg durch die Weiten Asiens nach Kirgistan gefunden hat. Kaufberatung oder Garantie sind Fremdwörter, und der Service steht dem der staatlichen Warenhäuser an Ungeschliffenheit in nichts nach.

Die Kritik, daß die nicht selten qualifiziert ausgebildeten Leute ›nur kaufen und verkaufen und nichts Richtiges arbeiten‹, wäre einseitig: Wie sollen sie sich über Wasser halten, wenn die Fabriken mangels Rohstoffen stillstehen und die staatliche Bezahlung, von den Renten ganz zu schweigen, nicht mit den emporschießenden Preisen mithält?.

Auf dem Land sollte man nach Stühlen Ausschau halten, die am Straßenrand stehen und einen Eimer mit Obst oder ein Fladenbrot tragen. So machen Privatleute für die Waren Werbung, die sie an Passanten verkaufen. Die Hirten, die den Sommer auf ihren Hochweiden verbringen, können dort mit Geld wenig anfangen, da sie wochenlang kein Geschäft besuchen. Sie tauschen gerne Nahrungsmittel gegen Haltbares wie Zucker, Mehl und Tee oder Kleidungsstücke.

Wer den vorzüglichen Gebirgshonig bei den Erzeugern vor Ort kaufen will, sollte ein eigenes Schraubglas dabeihaben, zur Not tut es auch eine leere Plastikflasche.

Im Dorfladen

Einkaufen auf dem Basar

Nahrungsmittel erhält man in der besten Auswahl und Frische auf dem Bazar – die größeren sind Sehenswürdigkeiten für sich und beschwören die althergebrachten Vorstellungen von den Reichtümern Asiens. Dort trifft sich ein buntes Völkergemisch: Die Kirgisen bieten meistens Fleisch und Beeren an, die Russen lebendes Federvieh, Milchprodukte und Eier und die Usbeken Gewürze und frischgebackenes Fladenbrot, Nüsse und Trockenobst, Früchte und Gemüse. Viele Händler nehmen für einen guten Basartag lange Anfahrten auf sich. Als zu Sowjetzeiten Flüge durch das Riesenreich so billig und häufig waren wie in Europa Zugfahrten in die nächste Stadt, lohnte sich für zentralasiatische Bauern sogar ein Tagesausflug nach Moskau, wo das unter südlicher Sonne gereifte Obst mehr Gewinn abwarf.

Zur empfohlenen Reisezeit ist das Angebot gut, denn die Oasen Mittelasiens sind fruchtbar. Obst und Gemüse gibt

Auf dem Basar von Uzgen

es reichlich und in guter Qualität: prachtvolle Pfirsiche, saftige Kirschen, Granatäpfel und inzwischen auch (natürlich importierte) Bananen und Kiwis. Berühmt sind die riesigen Wasser- und Honigmelonen, die im Spätsommer lastwagenweise aus Usbekistan heranrollen. Im Winter bekommt man nur Lagerfähiges: Kohl, Kartoffeln, Möhren, Zwiebeln und Äpfel.

Längst sind die Basare keine traditionellen Bauernmärkte mehr, sondern bieten auch Importware an.

Die Flohmärkte sind beliebt wegen ihres Reichtums an Autoersatzteilen (nur für russische Modelle), aber auch an Werkzeug und anderem Nützlichen; Antiquitäten in unserem Sinne findet man so gut wie nie, aber das eine oder andere Souvenir mit sozialistischem oder folkloristischem Einschlag. Diese Märkte dienen ebenfalls als Info-Börse für den Reisenden, der – falls mit dem eigenen Fahrzeug unterwegs – einen Mechaniker oder eine Mitfahrgelegenheit sucht.

Elektrizität

In Kirgistan kommt der Strom mit 220 Volt und 50 Hertz aus der Steckdose. Da das Netz veraltet und unzuverlässig ist, schwankt die Spannung öfter und es kommt manchmal zu Stromausfällen. Die Öffnungen in den Steckdosen haben denselben Abstand, aber einen kleineren Durchmesser, so daß Stecker mit dicken Stiften nur mit Adaptern passen. Diese bekommt man für wenig Geld auf dem Basar.

Fahrzeug

Will man von Kirgistan etwas sehen, kommt als Reisefahrzeug nur ein Geländewagen in Frage. Die Straßen lassen sich unter normalen Bedingungen zwar auch mit einem gewöhnlichen Pkw bewältigen, wie es die oft schwerbepackten Kleinwagen russischer Bauart der Einheimischen beweisen. Ein Fahrzeug mit Allradantrieb und großer Bodenfreiheit ermöglicht aber auch da das Weiterkommen, wo ein anderes Auto umkehren müßte oder sich nicht mehr aus eigener Kraft befreien könnte. Wenn man in Kirgistan campen muß, dann wild, und solche Übernachtungsplätze abseits der Straße sind nur mit dem Geländewagen erreichbar. Die steilen Pässe, an denen man unzählige Male schalten muß, setzen die Kupplung eines überladenen Pkw ohne untersetzte Kraftübertragung hohem Verschleiß aus.

Die Eigenschaften eines Geländewagens sind für eine Kirgistanreise besonders vorteilhaft: Robustheit, untersetzte Kraftübertragung, hohe Zuladekapazität, reichlich angebotene Zusatzausstattung.

Aus der umfangreichen Auswahl von praktischen und weniger praktischen Extras sind nachfolgend einige grundsätzliche genannt, die bei den zu erwartenden Fahr- und Betriebsbedingungen und in gewissen Situationen nützlich, zum Teil sogar unentbehrlich sind:

- Reifen mit M+S-Profil
- Zusatztank (immer mit Vorrat fahren - es gibt wenig Tankmöglichkeiten in abgelegenen Gegenden).
- zweiter Treibstoffilter (Treibstoff oft verunreinigt)
- Ansaugschnorchel für Luftfilter, Zyklonvorfilter (starke Staubbelastung)
- Unterboden-Schutzbleche (tiefe Auswaschungen und Felsbrocken auf schlechten Straßen)
- Spritzschürzen hinter allen Reifen (um Fahrzeugverschmutzung und Steinschlag in Grenzen zu halten)
- Klimaanlage (verringert die Staubbelastung im Fahrgastraum und erhöht die Ausdauer des Fahrers, leider auch den Spritverbrauch)
- Ein Rammschutz schützt Scheinwerfer und Kühler, wenn ein Tier vor den Wagen läuft. Bei der Übersichtlichkeit der Straßen Kirgistans dürfte dieser Fall aber vermeidbar sein. Sinnvoller sind Schutzgitter vor den Scheinwerfern gegen Steinschlag.

Erdrutsche können Straßen unpassierbar machen

Verzichten sollte man auf ausladende Kotflügelverbreiterungen, Trittbretter und unter der Stoßstange hängend angebrachte Scheinwerfer. Bei Geländefahrten behindern solche Anhängsel und werden leicht beschädigt.

Dabeihaben sollte man außerdem:
- Verschleißteile (Luft-/Treibstoff-/Ölfilter, Glühbirnen, Luftschläuche, Keilriemen...)
- normales Bord- und Spezialwerkzeug
- Reifen-Flickzeug, Schellen, Schrauben mit Scheiben und Muttern, Textilklebeband für improvisierte Reparaturen
- Handlampe für Reparaturen
- Werkstatthandbücher
- Berge-Gerät (langer Gurt, Schäkel, Hebezug, Anfahr- oder Sandbleche. Praktisch ist ein Ballonwagenheber, der überall am Fahrzeug ansetzbar ist, mit Auspuffgasen blitzschnell aufgeblasen wird und auf weichem Untergrund nicht einsinkt.)
- Kanister (auch wenn das Fahrzeug einen Zusatztank haben sollte: zum Einfüllen und Nachmessen beim Faß-Tanken!)
- Trichter mit großer Einfüllöffnung
- Mobile Pumpe für Treibstoff
- Perlonstrumpf (zum Herausfiltern eventueller grober Verunreinigungen beim Tanken aus unorthodoxen Quellen)
- Treibstoffadditiv (zur Erhöhung der Klopffestigkeit bei Benzin bzw. Zündfreudigkeit bei Diesel)

Erfahrene Fernreisende werden diese Liste sicher zu kurz finden. Die einschlägigen Ausstatter helfen kauffreudigen Reisenden aber gerne weiter.

Feiertage

1. Januar - Neujahr
7. Januar - Orthodoxes Weihnachtsfest
8. März - Internationaler Frauentag
21. März - Noorus, das islamische moslemische Neujahrsfest
1. Mai - Tag der Arbeit
5. Mai - Tag der Verfassung
9. Mai - Tag des Sieges (der Sowjetarmee im II. Weltkrieg)
31. August - Tag der Unabhängigkeit
7. November - Tag der Großen Sozialistischen Oktoberrevolution.

Die moslemischen Feiertage Orozo Ait (Ende des Fastenmonats Ramadan) und Kurman Ait (das Opferfest) finden jedes Jahr an anderen Tagen statt.

Gesundheit, ärztliche Hilfe

Die **Krankenhäuser** liegen meist weit unter westlichem Standard, was Ausrüstung, medizinische Kenntnisse des Personals, Hygiene und Medikamentenausstattung betrifft.

In Bischkek gibt es das ›German-Kyrgyz Medical Centre‹, Ahunbaev köč. 92 (im Republikanischen Onkologischen Zentrum an der Kreuzung Ahunbaev/Jukeev-Pudovkin köč., gegenüber dem Staatlichen Sportinstitut), Tel. und Fax 00996/(0)312/512197, albakell@elcat.kg. Deutsch spricht man hier zwar nicht, aber der leitende Arzt Dr. Buyuklyanov kann Englisch.

Notrufnummer der Ersten Hilfe (Städtische Ambulanz): 103

Apotheken (Apteka/Аптека) gibt es in jedem größeren Ort, vieles gibt es rezeptfrei (z. B. Antibiotika), aber regelmäßig benötigte Medikamente sollte man in jedem Fall selbst dabeihaben.

Gesundheit, Gefahren

Kirgistan empfängt im Jahresdurchschnitt bis doppelt soviel Sonnenschein wie das nördliche Mitteleuropa. Gerade in hohen Lagen sowie in der Nähe von Wasser und Schnee muß man sich gegen die **intensive UV-Strahlung** mit Kopfbedeckung und Sonnencreme schützen und sollte eine Sonnenbrille tragen.

Höhenkrankheit: Im Auto schafft selbst ein ›Flachlandtiroler‹ im Nu 1000 Höhenmeter und mehr, auch wenn der Dieselmotor qualmend den Sauerstoff-

Fußgängerbrücke über einen Gebirgsfluß

mangel anzeigt. Die Pässe Kirgistans steigen in schwindelnde Höhen. Wer von Oš in den nur eine Tagesreise entfernten Pamir fährt, findet sich plötzlich drei Kilometer höher in dünner Luft wieder. Noch extremere Höhenunterschiede bewältigen die Hubschrauber, die Bergsteiger in die Basislager an den Siebentausendern fliegen.

Wer nur über einen Paß klettert und auf der anderen Seite in ein Tal absteigt, dem schadet der kurzzeitige Sauerstoffmangel nicht. Selbst leichte Symptome von Höhenkrankheit sind noch kein Grund zur Beunruhigung, der Körper akklimatisiert sich. Ernste Beschwerden treten meist erst über 4000 Meter auf und vor allem dann, wenn man zu schnell an Höhe gewinnt und eventuelle Symptome ignoriert. Von den in diesem Buch beschriebenen Straßen liegt nur die kirgisisch-tadschikische Grenze in dieser Höhe – wo sich gewiß niemand länger aufhalten wird.

Tollwut kann durch Hirtenhunde und wildlebende Säugetiere übertragen werden, deshalb Vorsicht mit diesen Tieren, vor allem, wenn sie sich auffällig benehmen.

Insektenstiche: Vieh zieht Bremsen an und Wasser Stechmücken, die vor allem in niedrigen Lagen und in den Städten eine Plage sind, also sollte man Repellents zum Auftragen dabeihaben. Schlangen und Spinnentiere (Falanga genannt) sichtet man gelegentlich in den Steppen bis zu einer Höhe von 2000 Meter. Vorsicht vor allem in steinigem Gelände, unter Felsen kann sich ein bissiges Reptil verstecken.

In der empfohlenen Reisezeit besteht die Gefahr, durch **Zeckenbisse** mit Zekkenenzephalitis (FSME, siehe Impfungen) infiziert zu werden. Die Symptome dieser Virenerkrankung ähneln denen der Grippe. Eine erhöhte Zahl von Fällen wurde im Čuj-Gebiet und um Bischkek festgestellt. In Südkirgistan ist besondere Vorsicht ab Ende März/Anfang April geboten, im Norden ab Mitte April/Anfang Mai. Man sollte sich nicht ins bloße Gras setzen, auch nicht auf liegende Baumstämme, sondern eine Unterlage benutzen.

In Acht nehmen sollte man sich vor den Blättern des **Riesenbärenklau** (Herkulesstaude, lat. Heracleum mantegazzianum). Die Nesselhaare dieser großen, auffälligen Pflanze scheiden bei Berührung eine Flüssigkeit aus, die auf der Haut bei Sonneneinstrahlung große Wasserblasen zieht, die lange nicht heilen und stark nässende, schmerzende Stellen hinterlassen.

Gesundheit, Hygiene

Die **hygienischen Bedingungen** sind annehmbar. Eine unermüdliche Schar von Mütterchen mit großen Besen hält in den Städten die Straßen frei von Abfall und Kehricht. Die Restaurants sind zwar nicht immer pieksauber, aber im allgemeinen akzeptabel. Auf dem Land sind die Maßstäbe aber etwas niedriger.

Die **Toiletten** werden meistens sehr stiefmütterlich behandelt. Auf dem Land ist das stille Örtchen häufig eine Bretterbude über einer Grube in einigem Abstand zum Wohnhaus im Garten. In guten Restaurants in Bischkek findet man durchaus westlichen Standard, was Technik und Zustand angeht, in der Provinz jedoch wird man oft mit primitiven, schmutzigen Abtritten konfrontiert. **Klopapier** sollte man stets selbst dabeihaben.

In Flaschen verkauftes **Trinkwasser** kann man bedenkenlos genießen. Leitungswasser sollte gefiltert und abgekocht werden. Aus Quellen im Gebirge kann generell ohne Bedenken getrunken werden. Gebirgsbäche sind dagegen häufig nicht als Trinkwasserreservoir geeignet, vor allem in unteren Lagen; die intensive Sonneneinstrahlung kann schädliche Verbindungen freisetzen, und von Tieren oder Jurtensiedlungen im Hochgebirge kann Schmutz ins Wasser gelangt sein.

Gesundheit, Impfschutz

Das Reizklima und die saubere Höhenluft Kirgistans sind der Gesundheit zuträglich. In der trockenen Luft vermehren sich Keime nicht wie sonst in subtropischen Breiten. Auf einige Besonderheiten sollte man trotzdem achten:
Es empfiehlt sich, vor Reiseantritt zusammen mit einem Arzt den **Impfschutz** zu überprüfen. Besonders wichtig ist der Schutz gegen Polio, Tetanus, Diphtherie und Hepatitis A. Bei besonderer Exposition empfehlen sich folgende weitere Impfungen: TBC (Aufenthalt unter einfachen hygienischen Bedingungen) und Tollwut (Langzeitaufenthalt – Tierkontakte). Im Grenzgebiet zu Kasachstan und im südlichen Ferganatal besteht ein geringes Malariarisiko (Malaria tertiana). Symptome wie Fieber, Kopf- und Gliederschmerzen können auf eine Erkrankung hindeuten.
Trekkingtouristen sollten neben einer Tollwutimpfung außerdem eine Impfung gegen die von Zecken übertragene Hirnhautentzündung FSME erwägen.

Gesundheit, Reiseapotheke

Hygieneartikel findet man in Supermärkten und, billiger, auf den Basaren oder in Apotheken, von denen es in Bischkek viele gibt. Medikamente sind oft Russisch beschriftet; wenn es sich um Lizenzprodukte handelt, wird der Apotheker immerhin den Namen der Arznei verstehen.
Die **Reiseapotheke** sollte Verbandsmaterial, Mückenschutzmittel, Schmerzmittel, Mittel gegen Durchfall, Antibiotika, Desinfektionslösung und Einwegspritzen mit Kanülen enthalten, ebenso alle ständig benötigten Medikamente.

Gesundheit, Versicherungen

Eine **Reisekrankenversicherung**, die auch die Kosten eines Rücktransportes abdeckt, sollte man unbedingt abschließen. Wer auf Nummer sicher gehen will, kann mit einem Flugrettungsunternehmen eine Rücktransportversicherung abschließen (schwierig nur, im Notfall von einem abgelegenen Bergtal Hilfe herbeizurufen).
Unabhängige **Bergrettungsdienste** gibt es nicht – nur in Verbindung mit Expeditionen. Die Kosten für Unterhaltung und Hubschrauberbenzin sind zu hoch. Der Reiseveranstalter ›IMC Tien-Shan‹ in Bischkek, der Gipfeltouren auf die Siebentausender organisiert, hat einen privaten Rettungsdienst gegründet (s. S. 230). Reisende, die sich besonderen Risiken wie Bergsteigen aussetzen, müssen sich bewußt sein, daß auch in der Hauptstadt Notfälle meist nur unzureichend behandelt werden können. Sie sollten unbedingt ihrer Botschaft Reiseroute und persönliche Daten sowie Angaben zur Reisekrankenversicherung für den Fall einer Rückführung mitteilen.

Grenzübergänge

Der Grenzübertritt zwischen den zentralasiatischen Staaten ist auf dem Landweg problemlos. Allerdings muß man das für das jeweilige Zielland gültige Visa im Paß haben. Es empfiehlt sich, die **Visa bereits vor der Abreise** einzuholen, auch wenn die Länder in den Hauptstädten der Nachbarstaaten jeweils Konsulate haben.

Am Grenzübergang Korday nördlich von Bischkek

Wenn man Kirgistan zu einem Abstecher verläßt und wieder einreisen will, benötigt man ein **Visum für mehrfache Einreise.** Dies kann vor allem im Ferganabecken wichtig werden, wo die Landesgrenzen ineinandergeschachtelt sind wie ein Puzzle und Landstraßen Abkürzungen über das Territorium der Nachbaarstaaten nehmen.

Auch ist zu beachten, daß nicht alle Straßenverbindungen zwischen den Ländern als Grenzübergänge für Reisende aus Drittstaaten nutzbar sind. Man sollte darauf achten, bei jeder Ein- und Ausreise die entsprechenden **Stempel** in den Paß zu bekommen, sonst gibt es am nächsten Grenzübergang bzw. spätesten am Flughafen beim Rückflug Probleme. Bei **grenzüberschreitenden Wanderungen** im Gebirge, wo man unterwegs mangels Grenzposten keinen Einreisevermerk im Paß bekommt, sollte man sich der Hilfe eines örtlichen Reiseveranstalters bedienen, um den wichtigen Stempel zu bekommen – das vermeidet Probleme bei der Ausreise.

Für Drittstaatler zugelassene Grenzübergänge:

- von/nach Kasachstan:

Haldybar (westlich von Kara-Balta)
Korday (nördlich von Bischkek)
Karkara (nordöstlich des Issyk-Kul-Sees)
Kyzyl-Jyldyz (nordwestlich von Kyzyl-Adyr im Talas-Tal)

- von/nach Tadschikistan:

Kyzyl-Art-Paß (südlich von Sary-Taš)
Isfara (im äußersten Südwesten Kirgistans)

- von/nach Usbekistan:

Dostyk/usbekisch Dustlyk (westlich von Oš)

- von/nach China

Torugart (südlich von Naryn)
Erkečtam (östlich von Sary-Taš)

Die beiden kirgisisch-chinesischen Grenzübergänge sind an Samstagen, Sonntagen und den folgenden Feiertagen geschlossen:

Kirgisische Feiertage	Chinesische Feiertage
01. –03. 01.	05. –19. 02.
08./16./21. 03.	01. 05.
01./05./09./28. 05.	01. 06.
31. 08.	01. 07.
	01./02. 08.
	12. 09.
	01./02. 10.

Dieselben Öffnungszeiten gelten für den Grenzübergang am Torugart-Paß.
(Siehe auch ›Visum und Einreise‹)

Klima und Reisezeit

Zum Klima siehe S. 19.
Die beste **Reisezeit** ist von Juni bis September.

Kriminalität und Sicherheit

Tagsüber ist Bischkek eine sichere Stadt. Allenfalls vor Taschendieben ist Vorsicht geboten. Im Schutz der Dunkelheit aber kommen gelegentlich Raubüberfälle –

Hirtenfamilie auf dem Weg zur Sommerweide

teilweise sogar begangen von Personen in Milizuniformen - vor. Leider scheinen Ausländer besonders gefährdet zu sein. Gelegentlich haben früher Polizeikontrollen vor allem an Busbahnhöfen unter verschiedenen Vorwänden von westlichen Reisenden Schmiergelder von bis zu mehreren hundert Dollar kassiert. Inzwischen kommt das aber kaum noch vor.

Bei Auseinandersetzungen mit der Polizei oder mit Grenzbeamten sollte man ruhig und freundlich bleiben, hartnäckiges Nichtverstehen funktioniert meistens.

Im Gebirge zwischen Issyk-Kul und Almaty, wo häufig westliche Touristen trekken, sind Überfälle vorgekommen. Reisen in die Nähe der tadschikischen Grenze und in die Batken-Region (Südkirgistan) sollten nur nach Erkundigung bei den Behörden, zum Beispiel beim Auswärtigen Amt (www.auswaertiges-amt.de) oder der Botschaft in Bischkek über die dortige Sicherheitslage unternommen werden. In der Batken-Region wurden vom usbekischen Militär auch Antipersonenminen verlegt.

Man sollte von allen wichtigen Dokumenten (Paß, Visum, Flugtickets) Kopien anfertigen, die man am besten einem Mitreisenden anvertraut. Eine Möglichkeit ist es auch, diese Dokumente einzuscannen und als pdf-Dokument an seine eigene E-Mail-Adresse zu schicken. Man kann die Unterlagen dann von jedem Internetzugang weltweit abrufen. Auch mit Nummern von Kreditkarten etc. kann man so verfahren, falls man diese nach einem Diebstahl für die Kartensperre benötigt.

Motorradfahren

Eine Enduro hat gegenüber einem Auto Vor- und Nachteile: Der Fahrer wird nicht so durchgeschüttelt und ist auf den Spitzkehren der Pässe wendiger. Allerdings hat ein Motorrad keinen Wetterschutz und weniger Zuladekapazität. Möglicherweise entscheidet man sich deshalb als Zweiradfahrer, die Reise mit einem Begleitfahrzeug als Lastesel anzutreten. Da Motorräder nur mit Benzin fahren, sind die Probleme mit schlechtem Treibstoff für dieses Fortbewegungsmittel prekärer. Ein Mitreisender des

Autors hatte deshalb seine Maschine auf Doppelzündung umgerüstet (siehe ›Fahrzeug‹, ›Straßen‹, ›Tankstellen‹, ›Verkehrsregeln‹).

Öffentliche Verkehrsmittel

In Bischkek:

Den öffentlichen Personennahverkehr in Bischkek bestreiten Trolleybusse (mit Oberleitung) und Kleinbusse. Die niedrigen Fahrpreise sind unabhängig von der Entfernung und werden in bar beim Fahrer gezahlt.

Minibusse: Einheitspreis für die Fahrt mit dem Minibus in Bischkek: 5 Som. Die Bezeichnung für die als Sammeltaxi funktionierenden Minibusse kommt aus dem Russischen und heißt ›Maršrutka‹. Es sind zwar feste Haltestellen vorgesehen, die Busse können aber überall vom Straßenrand herangewunken werden, und der Fahrer läßt Passagiere auch auf Zuruf (ostanavítes!) an jeder gewünschten Stelle aussteigen.

Taxis sind zahlreich und ebenfalls nicht teuer – der Zustand der meist altersschwachen Autos würde höhere Preise auch nicht rechtfertigen. Fahrt im Zentrum von Bischkek mit Ruftaxi: 80 Som, abgefangene Taxen je nach Verhandlungsgeschick 50 bis 80 Som. Taxi zum Flughafen: 350 Som.

Auf dem Busbahnhof von Tokmak

Über Land:

Die billigste Möglichkeit, über Land zu reisen, ist der Bus. Inzwischen gibt es – zumindest im Norden des Landes – auch moderne Reisebusse für Überlandfahrten, eine Reisende beschrieb sie als billig, angenehm und überraschend leer. Die meisten Gefährte stammen überwiegend noch aus der Sowjetzeit und sind russischer oder ungarischer Bauart. Dementsprechend mangelt es an Komfort und Sicherheit. Nicht selten verlängern Pannen die ohnehin gemächliche Fahrt. Dafür bekommt man hautnahe Einblicke in die landesübliche Art zu reisen.

Teurer, aber dafür schneller sind die ebenfalls auf festen Routen fahrenden **Minibusse**. Für einen kleinen Zuschlag setzt der Fahrer Passagiere auch etwas abseits der Strecke ab. Für eine Gruppe könnte es sich sogar rechnen, einen solchen Bus komplett anzumieten. Preisbeispiele für Minibusse: Bischkek–Tokmak: 30 Som, Bischkek–Čolpon-Ata: 200 Som. Noch etwas mehr muß man für Überlandtaxis ausgeben, dafür kann man den Verlauf der Reise selbst bestimmen.

Autovermietungen stellen ihre Fahrzeuge nur mit Fahrer zur Verfügung. Das kann entspannend sein, weil man sich nicht auf die schwierigen Straßen konzentrieren muß und die Landschaft bestaunen kann; je nach Fahrstil des Chauffeurs kann das aber auch nervenaufreibend sein.

Was Kirgistan an **Eisenbahnstrecken** zu bieten hat, ist schnell erzählt: im ganzen Land gibt es nur 370 Schienenkilometer, die im flachen Umland des Tien-Schan verlaufen. Von Bischkek aus kommt man mit diesem Verkehrsmittel aber konkurrenzlos billig und gar nicht so unbequem an den Issyk-Kul (Siehe ›Straßen‹).

Post

Zentrales Post- und Telegrafenamt: Čuj Prospektisi 114, Bischkek. Geöffnet werktags von 7 bis 19 Uhr, Sonntags von 9 bis 17 Uhr.
DHL, UPS und FedEx haben in Bischkek Büros im Stadtzentrum:

DHL
Kiev köč. 107
Tel. 00996/(0)312/61 11 11, 90 11 11, 2107 27

UPS
Radišev köč. 40
Tel. 54 44 73/-14

FedEx
Moskva köč. 227
Tel. 65 00 12, 24 42 90

Preisniveau

Lebensmittel und Waren des täglichen Bedarfs sind gemessen an westeuropäischen Verhältnissen sehr billig. Das gleiche gilt für Restaurantbesuche (Mittagessen ca. 2–5 Euro), mit Ausnahme der besseren Restaurants in Bischkek. Auf dem Land kann man bei Familien und in kleineren Gästehäusern preiswert (5–15 Euro) übernachten. Die größeren Hotels in Bischkek (S. 118) sowie touristische Dienstleistungen haben durchaus ihren Preis (Bergführer ca. 50 Euro/Tag, Packpferd ca. 20 Euro/Tag).

Presse

In Bischkek erscheinen zahlreiche kirgisischsprachige Zeitungen. Auf Russisch findet man örtliche sowie aus Rußland importierte Veröffentlichungen. Als fremdsprachige Blätter sind die englische Tageszeitung ›Times of Central Asia‹ und das Wochenblatt ›The Bishkek Observer‹ erhältlich. Die ›Times‹ ist auch im Internet präsent: www.times.kg (außer den Schlagzeilen allerdings kostenpflichtig).

Reiseveranstalter

▸ **Veranstalter in Deutschland, Österreich und der Schweiz**

À la carte Reisen
Ruppertshainer Straße 2a
1440 Oberursel
Tel. 061 71/6 31 21-5, Fax -7
www.alacarte-reisen.com.
Reise entlang der Seidenstraße (kombiniert mit Usbekistan und China).

DAV Summit Club GmbH
Am Perlacher Forst 186
81454 München
Tel. 089/642 40-0, Fax -100
www.dav-summit-club.de.
Anspruchsvolle Gipfel- und Trekkingtouren.

Creatravel
Bluntschlisteig 1
Postfach 624
Ch-8027 Zürich
Tel. 01/281 22 44
www.creatravel.ch.
Ambitionierte Themenreisen, z. B. auf den Spuren von Tschingis Aitmatow oder auf den Spuren der Nomaden.

BaikalExpress Sibirienreisen
Unterholz 3
79235 Vogtsburg
Tel. 076 62/949 29-4, Fax -5
www.baikal-express.de.
Trekkingreisen, naturkundliche Reisen, Gruppen- und Individualreisen.

Hirtenjunge zu Pferd

Bund Naturschutz Service GmbH
Bahnhof Lauf (links Pegnitz)
Eckertstr. 2,
91207 Lauf an der Pegnitz
Tel. 091 23/999 57 – 0
www.service. bund-naturschutz.de
Der Bund für Umwelt und Naturschutz Deutschland (BUND) bietet eine besondere Kirgistanreise: Per Bahn geht es über Moskau und Kasachstan nach Kirgistan. Eine Rundfahrt mit Reiseleitern der Umweltorganisation zu den Seen Issyk-Kul und Song-Kul mit Jurtenübernachtungen schließt sich an. Der BUND unterstützt Umweltschutzprojekte im Biosphärenreservat Issyk-Kul.

Globotrek Trekking- und Erlebnisreisen
Neuengasse 30
Postfach 7722
CH-3001 Bern
Tel. 031/313 00 10
Fax 031/313 00 11
www.globotrek.ch
Touren mit Einblick in die Aufbauprojekte von Helvetas.

Hauser Exkursionen international GmbH
Spiegelstraße 9
81241 München
Tel. 089/23 50 06-0, Fax -99
www.hauser-exkursionen.de.
In Österreich: Hauser Exkursionen GmbH
wien@hauser-exkursionen.at.
Trekking-Reisen und Bergsteigen.
Vertretung in der Schweiz: b&b travel
Bellerivestraße 217
CH-8008 Zürich
Tel. 01/38 04 34-3, Fax -4
info@bandbtravel.ch.

Hannibal-Tours
Zürcherstraße 117
CH-900 St. Gallen
Tel./Fax: 071/279 13 30
Mobil 079/611 94 45
hannibal_tours@bluewin.ch
www.hannibal-tours.ch.
Im Beiwagen des legendären russischen Motorrades URAL von Almaty zu den Bergseen Issyk-Kul und Song-Kul.

Lotus Entdeckungsreisen
Am Lienkolk 44a
48231 Warendorf
Tel. 025 84/934 12-3, Fax -4
www.lotus-reisen.de.
Trekkingreisen.

Silkroaders
Manfred Weis
Rüppurer Straße 8f
76137 Karlsruhe
Tel./Fax 07 21/273 21
silkroaders@gmx. net
www.silkroaders.de.
Unter anderem Trekking- und Mountainbiketouren im Tien-Schan mit Weiterreise nach China und Pakistan. Die Firma tritt als Vermittler für Organisatoren in den jeweiligen Ländern sowie die englische Firma ›KE Adventure Travel‹ auf.

TSA-Travel Service Asia Reisen e. K.
Nelkenweg 5
91093 Heßdorf-Niederlindach
Tel. 09135/736078-0

Schwalbenschwanz-Schmetterling

Fax -11, www.tsa-reisen.de.
Trekking und Touren über den Torugart-Paß

Lernidee-Reisen
Eisenacher Straße 11
10965 Berlin
Tel. 030/786 00 00
www.lernidee.de.
Erlebnis- und Studienreisen in Mittelasien.

Pferd & Reiter (Marke der creAktiv Tours GmbH)
Rader Weg 30a
22889 Tangstedt
Tel. 040/607 66-90, Fax -31
www.pferdreiter.de.
Touren für trainierte Reiter.

One World – Reisen mit Sinnen
Roseggerstraße 59
44137 Dortmund
Tel. 02 31/16 44 80, Fax -70
www.reisenmitsinnen.de
kontakt@reisenmitsinnen.de.
Aufenthalt in Jurtencamps rund um den Issyk-Kul.

Overcross
Ammergasse 94
D-72070 Tübingen
Tel. 070 71/77 00 60
mail@overcross.de
In der Schweiz:
Zelgstr. 4
CH-8610 Uster
Tel. 043/539 30 53
georg@overcross.ch
In Österreich:
Fünkhgasse 43c/1/5
3021 Pressbaum
06 50/732 70 83
karl@overcross.at
Motorradreisen durch Kirgistan mit Überführung des eigenen Zweirads.

ZIELTOUR
Zielonka Touristik International
Dohlenweg 6
48249 Dülmen
Tel. 025 90/913 90-10, Fax -16
www.zieltour.de
Trekkingtouren im Gebirge bei Karakol

Ventus Reisen
Krefelder Straße 8
10555 Berlin
Tel. 030/39 10 03 32
Fax 399 55 87
www.ventus.com.
Studien- und Trekkingreisen für Gruppen, Individualreisen.

Wigwam Reisen
Lerchenweg 2
87448 Waltenhofen
Tel. 083 79/92 06-0, Fax -16
www.wigwam-tours.de.
Natur- und Kulturreisen, Jurtenübernachtungen.

▸ **Veranstalter in Kirgistan**

CBT Community Based Tourism
Gorkij köč. 58
Bischkek
Tel. 009 96/(0)312/5593 31, 54 00 69
www.cbtkyrgyzstan.kg
Die CBT-Koordinatoren organisieren neben den genannten Leistungen auch Vorführungen der kirgisischen Kultur (Reiterspiele, Kunsthandwerk, Musikfeste).
Ansässig in folgenden Regionen:
Issyk-Kul (Tamčy, Bokonbaevo, Karakol)
Zentralkirgistan (Naryn, Kazarman, Kočkor, Kyzyl-Oj)
Nordwesten (Talas, Aral, Köpürö-Bazar)
Süd-Kirgistan (Kerben, Arslanbob, Oš, Džalal-Abad, Kara-Suu, Sary-Mogol)
Auf der Website (Unter ›About us‹/Gi-udebook) gibt es Informationen zu allen regionalen Partnern und Angeboten zum Herunterladen.

Dostuck Trekking Ltd
Kyrgyz-British Joint Venture
18th Linea St. 42-1
720 005 Bischkek

Tel. 00996/(0)312/545455, 427471, 540237
Fax 0312/545455, 559090
www.dostuck.com.kg
dostuk@elcat.kg
Bergsteigen, Trekking, Mountainbike-Touren, Heli-Ski, Reiten, Rafting.

Ecotours Ltd.
Frunze köč. 475-21
720040 Bischkek
Tel./Fax 00996/(0)312/660842
Mobil: +996/555/913245 (Deutsch), +996/772/802805 (Englisch)
www.ecotour.kg
Aktivitäten: Filzworkshop, kirgisische Kochkurse, Vogelbeobachtung. Die Firma unterhält Jurtencamps an mehreren Stellen entlang der Issyk-Kul-Südküste und am Song-Kul.
Kontakt in Deutschland: Julia Laemmerhold, Kolberger Str. 41, 28201 Bremen, Tel. 0421/3094543, ecotour.kirgistan@web.de.

›IMC‹ International Mountaineering Camp Pamir
133 Kiev köč., Apt. 30
720001 Bischkek

Zu Pferde kann man auch unwegsame Gegenden erkunden

Tel. 00996/(0)312/660464,
Fax 660465
www.imcpamir.com
Das Richtige für Gipfelstürmer, veranstaltet seit 25 Jahren Besteigungen und hat die Accesslager zum Pamir privatisiert.

Kyrgyz Travel
Baku köč. 237
720015 Bischkek
Tel./Fax 00996/(0)312/670764,
Tel. 679975
d-sasha@elcat.kg
http://kyrgyz-travel.com
www.kyrgyzland.com
Bergsteigen, Trekking, Rad- und Autotouren, botanische und ornithologische Touren, Reiten, Fischen und Jagdtouren sind im Angebot. Der Veranstalter betreibt das ›Tamga Guest House‹ am Issyk-Kul.

Neofit
Džamansarieva köč. 166
722360 Karakol
Tel. 20650, 25730, Fax 21902
neofit. i-kul@rambler.ru
www.neofit.kg
Reit- und Trekkingtouren, Rafting.

Novi Nomad
Frau Gulsara Karabasheva
Togolok Moldoo köč. 28
720001 Bischkek
Tel. 0312/622381, Fax 622380
www.novinomad.com
novinomad@elcat.kg
Das Unternehmen versteht sich nicht nur als Reiseveranstalter, sondern als Tourismusentwicklungsfirma und unterhält Vertretungen in Balykči, Karakol und Naryn. Die Firma beschäftigt deutschsprachige Führer, organisiert Reisen mit Geländewagen oder Pferden zu Hirten und Falknern und erfüllt Sonderwünsche für Reisende, die besonderes Interesse an kirgisischer Kultur haben

(Manas-Sänger, Teilnahme an Hochzeiten, Erlernen kirgisischer Handarbeiten). Im Programm ist auch eine achttägige Reise, die sich besonders an Frauen richtet. Novi Nomad organisiert auch Unterkünfte, z. B. in Bischkek.

Shepherd's Life
www.tourism.elcat.kg.
Unterbringung in den Jurten der Sommerlager bei kirgisischen Familien. Neben der Unterkunft (ca. 250 Som pro Person) werden Reitausflüge auf Pferd oder Kamel (ca. 70 Som pro Stunde), Guides (z. B. englischsprachig 300 Som/ Tag) und Hilfe bei der An- und Abreise angeboten.

Shepherd's Way Trekking
Gulmira, Ishen und Rash Obolbekov
P. O. Box 202
720 000 Bischkek
Tel. 009 96/(0)312/29 74 06, 66 73 71
Mobil 009 96/(0)502/51 83 15
shepherd@elcat.kg, www.kyrgyztrek.com
Pferdetreks von 3 bis 30 Tagen Länge ab Barskoon am Südufer des Issyk-Kul.

Turkestan Travel Company
Toktogul köč. 273
722 360 Karakol
Tel./Fax 009 96/(0)39 22/595 86
www.karakol.kg
turkestan@karakol.kg
Dieser Veranstalter steht für langjährige Erfahrung und Kompetenz. Umfangreiches Angebot für Reisen und Bergsport.

Yak-Tours
Gagarin köč. 10
722 360 Karakol
Tel. 009 96/(0)39 22/569 01
yaktours@infotel.kg
Dieser Veranstalter kennt sich bestens in der Issyk-Kul-Gegend aus. Reisende loben die preiswerten Unterkünfte und die einfache, aber schmackhafte Verpflegung, empfehlen aber auch, die Arrangements mit dem Chef unmißverständlich abzusprechen.

Auf dem Weg durch das Alaj-Tal

C. A. T. Corporation
Čuj Prospektisi 124
Bischkek
Fax 009 96/(0)312/90 04 20
www.cat.kg
cat@cat.kg
Büro Almaty/Kasachstan
www.centralasiatourism.com
info@centralasiatourism.com

Horizon Travel
Umetaliev köč. 27,
720 017 Bischkek
Tel. 009 96/(0)312/64 55 72
Tel./Fax 64 51 47
www.horizon.elcat.kg
horizon@elcat.kg
Trekking, Bergsteigen, Radtouren, Rafting, Reiten, Jeep-Touren, Vogel- und Schmetterlingsbeobachtung, botanische Exkursionen. Managerin ist eine Holländerin.

Celestial Mountains Tour Company
Kiev köč. 131-4
Bischkek
Tel. 009 96/(0)312/21 25 62
Fax 61 04 02

Raststätte am Straßenrand

www.celestial.com.kg
celest@infotel.kg.
Unterhält Hotels in Bischkek (siehe ›Silk Road Lodge‹) und Naryn.

Asia Mountains International Trekking Center (ITC)
Elena Dudashvili, Marina Mordoluk
Tugolbaj Ata köč. 1a
720 021 Bischkek
Tel. 009 96/(0)312/690 23 43-5,
Fax -6
www.asiamountains.co.uk (auch auf Deutsch)
Organisiert Berg- und Trekkingtouren.

Straßen

Eine in englischer Sprache herausgegebene kirgisische Zeitung brachte es einmal etwas überspitzt zum Ausdruck: »In Kyrgyzstan there are no roads, there are only general directions. «

Die Orientierung auf Kirgistans Landstraßen ist manchmal schwierig, vor allem in abgelegenen Landesteilen. Hinweisschilder sind selten, jedenfalls weniger häufig als die Überbleibsel sowjetischer Propaganda, und oft bis zur Unkenntlichkeit verwittert. Die Auskünfte Einheimischer, welcher Weg der gesuchte ist, sind ebenfalls manchmal unzuverlässig. Landkarten waren immer (und sind) rar (s. S. 240). Die meisten Kirgisen scheinen ihre Heimat noch nie auf einem Plan gesehen zu haben. Entsprechend schwer tun sie sich mit der Bestimmung von Richtungen, Entfernungen und Fahrtzeiten. Meistens kennen sie sich gut in ihrer näheren Umgebung aus, können aber nur mit vagen Informationen über weiter entfernte Ziele dienen.

Von den 30 300 Straßenkilometern Kirgistans – zum Vergleich: In den Alpen sind es 400 000 Kilometer – sind etwa zwei Drittel befestigt, aber überall mit markerschütternden Schlaglöchern gespickt. Selbst die wichtige Hauptverkehrsstraße M 41 von Bischkek ins Ferganabecken war in so schlechtem Zustand, daß sie mit Entwicklungshilfe saniert werden mußte. Asphaltiert sind nur Fahrbahnen in Niederungen und Tälern. Für Straßen über die Pässe, deren Überquerung Teil jeder Kirgistanreise ist, wurde der Gebirgsschutt verdichtet.

Noch zur Jahresmitte können an ungünstigen Stellen liegengebliebene Schneereste die Weiterfahrt über einen Paß

Reifenpannen sind häufig

verhindern. Leider merkt man häufig erst an der Stelle, wo es nicht mehr weitergeht, daß ein Paß unbefahrbar ist, denn Hinweisschilder fehlen und der Bevölkerung ist der Zustand der Strecke nicht nur unbekannt, sondern auch gleichgültig.

Die Bedeutung einer Paßstraße entscheidet, wie schnell sie wieder befahrbar gemacht wird, falls Geröll und Schneereste beseitigt werden müssen. Oft wartet man, bis sich das Problem durch Abtauen von selbst gelöst hat. Erfahrungsgemäß fällt die Zeit der Räumungen in den Juni. Dann spielen die eingesetzten Bulldozer Fähre und ziehen Wagen an Trossen oder dem weislich mitgeführten Bergegurt über Geröllhalden und Matsch.

Völlig abgeschnitten ist ab dem Frühjahr kein Teil des Landes mehr, der mit dem Auto zu erreichen ist. Möglicherweise muß man aber wegen gesperrter Pässe seine Route ändern.

Das Erklimmen mancher Pässe verlangt eine gewisse Nervenstärke. Über reißende Bäche führen Brücken aus rohen Baumstämmen. Neben Schnee- und Geröllfeldern fallen Böschungen tief ab. Haarnadelkurven und Kuppen machen die Strecke unübersichtlich. Der Lohn für die langen, anstrengenden Auf- und Abfahrten sind Aussichten, wie sie sonst nur Steinadler zu sehen bekommen.

Tankstellen

Tankstellen waren zu Sowjetzeiten eine solche Seltenheit, daß sie auf Karten der jeweiligen Republik allesamt verzeichnet waren.

Die Versorgung mit Treibstoff hat sich nach einem schweren Einbruch nach der Unabhängigkeit verbessert. An ehemals vernagelten Tankstellen sprudeln wieder Benzin und Diesel, und die steigende

Bus in Karakol

Zahl von Privatautos bezeugt: Es gibt Sprit. Jedenfalls in den Städten. Auf dem Land, wo die Hirten sich nur zu Pferde fortbewegen und der ganze Fuhrpark eines Bauerndorfes aus einem Laster besteht, sucht man oft lange und manchmal vergebens nach Treibstoff. Wenn man eine Tankgelegenheit findet, sollte man dann so viel aufnehmen, wie man bekommt. Es empfiehlt sich, Treibstoff bei Tankstellen namhafter Ketten wie Gazprom, DP-Service und Schnos aufzunehmen, die für bessere Qualität garantieren – zumindest in Bischkek. Eine Gazprom-Tankstelle gibt es auch noch am Issyk-Kul, weiter draußen auf dem Land muß man mit dem vorlieb nehmen, was man findet.

Die Qualität von Diesel und Benzin ist gleichermaßen schlecht. Bleifreier Treibstoff ist nicht erhältlich. Die Aufschrift auf den Zapfsäulen verspricht ›A-93‹, doch ist möglicherweise schon lange kein hochoktaniges Benzin mehr durch sie geflossen – wer weiß, auf wieviel und womit die Flüssigkeit heruntergepanscht wurde. Dieselmotoren sind unempfindlicher, aber wenn man sie – wie es dem Autor in Tadschikistan widerfuhr – mit Terpentin o. ä. füttert, nehmen sie es auch krumm. Diesel ist oft verunreinigt. Im Treibstoffilter sammeln sich Wasser und Schmutz, und aus dem Auspuff quellen blaue Wolken, auch wegen der unvollständigen Verbrennung in großen Höhen. Was nicht ausgefiltert wird, nagt an den Einspritzdüsen. Dies verursacht möglicherweise weitere Schäden, zum Beispiel wenn unverbrannter Diesel aus dem Zylinder in den Ölsumpf abgestreift wird und ein Kolbenfresser droht.

Die gröbsten Verschmutzungen lassen sich beim Tanken mit einem über den Trichter gezogenen Perlonstrumpf auffangen. Dieselfilter sollte man oft entwässern und vielleicht sogar mit Benzin auswaschen. Minderwertigen Sprit kann man durch Additive verbessern.

Taxi

In Bischkek haben sich inzwischen mehrere Taxifirmen etabliert, deren Fahrzeuge auch telefonisch bestellt werden können:

Salam Taxi (188), Express-Taxi (156), Super Taxi (152), Mobitaxi (166), Evrotaxi (150). Im Stadtzentrum kostet die Fahrt mit einem Ruftaxi zwischen 6 und 22 Uhr 75 bis 80 Som, abgefangene Taxen kosten 50 bis 80 Som – je nachdem, wie gut man im Handeln ist. Nachts erhöhen sich die Tarife um etwa ein Drittel. Die Firma Super Taxi hat ihre Leistungen und Preise auf ihrer Homepage in Englisch veröffentlicht: www.dos.kg/eng-152-tariffs-0-0.html. An vielen Straßenecken in der Innenstand befinden sich Taxistände, wo man leicht ein Taxi findet.

Neben offiziellen Taxis mit Schildern werden Wagen aller Fabrikate und Farben von Privatleuten als Taxi eingesetzt. Am besten stellt man sich an den Bordstein und macht mit der Hand eine abwärts wedelnde Bewegung, so als würde man einen Basketball springen lassen. Es wird nicht lange dauern, bis ein Auto anhält. Ist einem der Fahrer nicht geheuer oder sitzen schon andere Fahrgäste im Wagen, sollte man sicherheitshalber nicht zusteigen.

Nach Einbruch der Dunkelheit ist es sehr ratsam, nur über den Taxiruf herbeigeholte Taxis zu nutzen. Den Fahrpreis sollte man unbedingt vor dem Einsteigen aushandeln. Eine Fahrt vom/zum Flughafen Manas kostet 350 Som (ca. 7 Euro). Auch für lange Strecken lohnt sich bisweilen ein Taxi (Preisbeispiel Karakol–Kočkor 60 Euro). Trinkgeld für Taxifahrer ist nicht üblich.

Telefon

Mobil: Bitel nutzt das GSM-System, so daß man sein mitgebrachtes Telefon und die eigene Nummer über Roaming nutzen kann, deckt aber nur Bischkek und den Norden ab. Katel funktioniert auch im Süden des Landes, allerdings muß man hierfür eine eigene SIM-Karte kaufen (erhältlich zum Beispiel im Kaufhaus Ayčurek in Bischkek). Auch Bitel verkauft eigene SIM-Karten unter dem Namen Mobicard.

Kartentelefone: Zum Telefonieren mit Kartentelefonen sollte man Karten der Firma Saima kaufen, da man nur mit diesen vom Festnetz auf Mobiltelefone anrufen kann. Auch zum Anrufen vom Festnetz ins Ausland braucht man oft eine Call-by-call-Karte. Telefonkarten gibt es in vielen Läden an der Kasse, in Kiosken und in Bischkek auch in Telefon-Shops.

Von Internet-Cafés aus kann man auch über IP telefonieren.

Vorwahl nach Kirgistan: 00996
Vorwahl von Kirgistan nach Deutschland: 0049
Wichtige Telefonnummern:
Polizeinotruf: 102

Zelten kann man nahezu überall

Ärztlicher Notdienst: 103
Feuerwehr: 101
Telefonauskunft: 109

Trinkgeld

Die Preise in Kirgistan sind niedrig, die Löhne und der Lebensstandard sind es ebenfalls. Trinkgelder werden deshalb in den üblichen Berufsgruppen – Hotels, Restaurants – gern angenommen. Viele Restaurants erheben mit der Rechnung bereits ein Bediengeld von 10 Prozent. Man kann dennoch zusätzlich ein wenig Wechselgeld überlassen. Taxifahrer erwarten in Kirgistan kein Trinkgeld.

Unterkunft

Hotels: Außer den großen Hotels in der Hauptstadt entsprechen die Unterkunftsmöglichkeiten im Land nicht internationalem Standard.

Zu Sowjetzeiten wurde die Issyk-Kul-Nordküste mit Pensionaten und Hotels bebaut, um den zahlreichen Erholungssuchenden aus der ganzen UdSSR Unterkünfte zu bieten. Über 70 Einrichtungen reihen sich hier auf 180 Kilometern aneinander. Nach einer Flaute in den 90er Jahren haben sich viele wieder gefangen, und der Reisende kann aus einem Spektrum wählen, das von schlichten Strandbuden mit Gemeinschaftsduschen bis zu Sanatorien mit Vollpension und Gesundheitsbehandlung reicht. Wer möchte, mietet eins der auf den gartenähnlichen Geländen erbauten Ferienhäuschen mit Herd und Kühlschrank.

Privatunterkünfte: Dafür werden in den letzten Jahren die Möglichkeiten immer zahlreicher, auch in sehr ländlichen Gegenden, ein Dach über dem Kopf zu finden und dabei die Kirgisen und ihre Lebensweise unmittelbar und zu geringen Kosten kennenzulernen: Viele Privatleute nehmen an einem von CBT (s. S. 230) oder der Schweizer Organisation Helvetas initiierten Programm zur Förderung des Tourismus teil und bieten Bed & Breakfast an.

Jurtenübernachtung: Etliche Tourismusunternehmen betten Urlauber nicht auf Isomatten in Nylonzelten, sondern lassen sie wie Berghirten auf weichen Filzteppichen in einer geräumigen Jurte übernachten.

Die unter ›Reiseveranstalter‹ genannten kirgisischen Firmen bieten auch Übernachtungen in sogenannten ›Jurt-Inns‹ an.

Zelten: Ein schönes Erlebnis ist es auch, die fast unbegrenzten Möglichkeiten Kirgistans auszunutzen, in freier Natur zu nächtigen. Hier läßt sich aus der Not

HOSPITALITY
KYRGYZSTAN

Das CBT-Logo

eine Tugend machen. Wegen der dünnen Besiedlung besteht fast überall die Möglichkeit, ungestört in wunderbarer Umgebung zu campen – wild, versteht sich. Das bedeutet, daß man die nötige Ausrüstung dabei haben muß und sich der Natur gegenüber rücksichtsvoll verhalten sollte – kein Spülwasser oder Shampoo in Bäche laufen lassen, Essensreste vergraben und Abfälle mitnehmen. Bei der Auswahl des Zeltplatzes sollte man vorsichtig sein: ausgetrocknete Flußtäler können sich nach Regenfällen in reißende Ströme verwandeln.

Verhaltensregeln

Kirgistan ist ein moslemisches Land, in dem allerdings der überwiegende Teil der Bevölkerung eine wenig strenge Form des Glaubens praktiziert. Verschleierte Frauen und Alkoholverbot sind hier unbekannt. Bei Männern gelten kurze Hosen nur noch im Süden des Landes als Fauxpas.

Unter Männern gilt es in ganz Mittelasien als höflich, einander zur Begrüßung die Hand zu reichen. Das gilt auch und gerade, wenn man eine Gruppe unbekannter Männer anspricht – solange man nicht reihum alle Hände geschüttelt hat, braucht man gar nicht anzufangen, sein Anliegen zu unterbreiten. Schraubstockartig zugedrückt wird beim Händedruck nicht, es genügt ein kurzes Ineinanderlegen der Hände, begleitet von einem geraden Blick in die Augen. Gegenüber Älteren wird als Geste der Ehrerbietigkeit üblicherweise zudem eine Verbeugung angedeutet.

Teepause vor der Jurte

Kirgisische (usbekische, russische...) Behausungen betritt man erst, nachdem man am Eingang die Schuhe ausgezogen hat. Selbstverständlich gilt dies auch für Moscheen.

Bei Tisch sollte man darauf gefaßt sein, daß der eine oder andere Speisende zwischendurch hörbar aufstößt. Rülpsen gilt in Kirgistan nicht als unfein, sondern als Zeichen genußvollen Essens. Was wiederum ganz schlecht aufgenommen wird, ist Schneuzen – dazu entfernt man sich tunlichst von der Tafel und sucht einen Ort auf, an dem man die unfeinen Laute produzieren kann, ohne den anderen den Appetit zu verderben.

Nach dem Essen danken viele Kirgisen Allah für die empfangenen Speisen mit der Geste des ›Gesichtwaschens‹, auch Omin genannt: die Hände werden kurz vor der Brust zu einer Schale geformt und dann zur Stirn erhoben, von wo sie kinnwärts über das Gesicht streichen. Damit ist das Mahl beendet.

Bietet ein Kirgise Reisenden seine Gastfreundschaft an und diese können aber aus Zeitgründen nicht bleiben, gilt es als höflich, vor der Tür ein Stück des angebotenen Brots abzubrechen und es zu essen. Kirgisen behandeln Nahrungsmittel mit nahezu heiliger Achtung und erachten es als wichtig, diese mit ihren Gästen zu teilen.

Nimmt man eine Einladung an, bringt man als Gastgeschenk am besten haltbare Nahrungs- und Genußmittel und für Kinder Schreibzeug, Süßigkeiten oder Spielzeug mit. Auch Kleidungsstücke

Steppenhügel am Rand des Ferganabeckens

werden gern angenommen. Man sollte darauf vorbereitet sein, daß man mit ziemlicher Sicherheit von den musikliebenden Kirgisen gebeten wird, zum Nachtisch ein Volkslied aus seiner Heimat zum besten zu geben!

Daß Kirgistan zwar gern ›zentralasiatische Schweiz‹ genannt wird, aber nicht so wohlhabend ist wie der Namenspate, ist wohl jedem klar. Dies kann ein etwas heikles Gesprächsthema zwischen Einheimischen und Besuchern sein. Wie gibt man jemandem, der mit vielleicht weniger als 30 Euro im Monat seine Familie ernähren muß, eine akzeptable Antwort auf die Frage nach dem eigenen Verdienst? Man könnte erklären, was man für sein Geld in Europa bekommt und welche Ausgaben dort anfallen, von denen man im kirgisischen Alltag wahrscheinlich nichts weiß.

Verkehrsregeln

Die Verkehrsregeln und -schilder sind in Kirgistan fast die gleichen wie international üblich. Die Einheimischen fahren gerne forsch und manchmal irritierend. Daran sind auch die schlechten Straßen schuld. Es gilt: ›Wer geradeaus fährt, muß betrunken sein‹ (weil er sein Auto durch die Schlaglöcher prügelt).

An Stadtgrenzen und Hauptkreuzungen muß man Posten der Verkehrspolizei (russische Abkürzung: GAI/ГАИ – kirgisisch: MAI/МАИ) passieren. Oft kündigen Schilder diese Posten an. Geschwindigkeitsbegrenzungen, Schranken und Bremsbuckel veranlassen dazu, langsam zu passieren.

Wird man durch unmißverständliches Winken mit einem schwarz-rot gestreiften Knüppel gestoppt, liegt dem meist kein Fehlverhalten zugrunde – die Beamten interessieren sich verständlicherweise für exotisch wirkende Touristen und ihre Fahrzeuge. In einsamen Gegenden ersetzt dem Polizisten sein Signalknüppel das Dienstfahrzeug: Er hält jemanden an und läßt sich mitnehmen. Einem Ausländer wird das nicht oft passieren, aber bevor man sich ausgenutzt fühlt, sollte man bedenken: Mit einem Milizionär im Auto hat man freie Fahrt, und vielleicht revanchiert er sich sogar mit einer spontanen Einladung. Auf offener Strecke sind Verkehrskontrollen selten – die geringe Verkehrsdichte lohnt nicht.

Stets ist damit zu rechnen, daß plötzlich **Tiere** oder ganze Viehherden auftauchen, die von den Hirten die Straßen entlanggetrieben werden. Erhöhte Vorsicht ist in Ails (Dörfern) geboten, die sich oft langgezogen entlang der Landstraßen erstrecken. In geschlossenen Ortschaften darf sogar mit 60 km/h gefahren werden, was aber nicht zu empfehlen ist. Das Risiko, mit einem Tier oder gar einem Kind zusammenzustoßen, ist hier besonders groß.

Nachtfahrten sollte man vermeiden. Das Unfallrisiko ist hoch: Hindernisse und Straßenschäden sind schwer zu erkennen. Entgegenkommende Autos blenden meistens ihre – oft zudem verkehrt eingestellten – Scheinwerfer nicht ab, Fußgänger, Tiere und unbeleuchtete Fahrzeuge tauchen plötzlich aus dem Dunkel auf. Fahrbahnmarkierungen fehlen – wer Ausweichstellen auf Pässen mit der Straße verwechselt, wird von keiner Leitplanke aufgefangen. Man kann sich bei Dunkelheit schlecht orientieren, und wahrscheinlich ist niemand unterwegs, den man nach dem Weg fragen könnte. Überdies ist die Landschaft zu schön, um blind durch sie hindurchzufahren. Und wer den Tag hinter dem Steuer verbracht hat, dürfte froh sein, eine Nacht zum Ausruhen zu haben. Eine Strecke von 300 Kilometern am Tag ist auf Kirgistans rauhen Straßen schon ein gutes Pensum.

Auch wenn man versichert ist, ist die Einigung bei Unfällen heikel, da den Einheimischen Autohaftpflichtversicherungen fremd sind. Von einem Ausländer, der sich trotz eventuellen Verschuldens aus dem Staub machen könnte, erwartet man deshalb eine Regelung in bar an Ort und Stelle. Der Reisende wird es umgekehrt wahrscheinlich auch so praktizieren müssen.

Visum und Einreise

Das für die Einreise nach Kirgistan erforderliche Visum sollte vor Antritt der Reise bei der kirgisischen Botschaft im Heimatland eingeholt werden (dies empfiehlt sich auch für die Nachbarländer). Auf die früher übliche Einladungsprozedur wird inzwischen verzichtet. Bei brieflicher Beantragung läuft die Bearbeitungsfrist des Visums ab dem Eintreffen der Unterlagen an, sie beträgt 7 bis 10 Tage. Ein Touristenvisum berechtigt maximal zu einem einmonatigen Aufenthalt. Je nach Dringlichkeit und Gültigkeitsdauer kostet die Ausstellung etwa 30 bis 140 Euro. Ein Visum kann auch bei Einreise am Manas-Flughafen für 35 US-Dollar erworben werden, es wird aber nicht empfohlen, weil es nicht immer sicher ist, daß der Schalter auch geöffnet ist.

Kinder bis zum 16. Lebensjahr können mit einem Kinderausweis einreisen. Dieser muß mit einem Lichtbild versehen sein. Die Eintragung eines Kindes im Paß eines Elternteils wird zur Einreise nicht anerkannt.

Nähere Informationen erteilt die kirgisische Botschaft in Deutschland auf ihrer Internetseite: www.botschaft-kirgisien.de.

Das Visum kann in Bischkek beim zentralen OVIR (Kiev köč. 58) verlängert werden. Visumsverlängerungen sind kostenpflichtig, die Gebühren sind vorab bei der Staatsbank einzuzahlen (Gosudarstvennij Bank, Frunze köč./Prospekt Erkindik, Bischkek).

Binnen drei Tagen nach der Einreise war einst die Registrierung bei der örtlichen Meldebehörde (OVIR) vorgeschrieben. Wer die Reise über einen Veranstalter gebucht hatte oder in einem Hotel abstieg, brauchte dies nicht selbst zu erledigen. Im März 2002 hat das kirgisische

Außenministerium diese Verpflichtung für die Bürger von 28 Staaten (sämtliche europäischen Länder, USA und Commonwealth) aufgehoben. Dies ist bei weitem noch nicht überall bekannt; selbst Homepages aus Kirgistan weisen bisweilen noch auf die überholte Regelung hin.

Die bis vor einigen Jahren geltende Regelung, daß man mit dem Visum eines GUS-Staates visafrei in ein anderes GUS-Land einreisen und sich dort bis zu 72 Stunden aufhalten konnte, gilt nicht mehr. Man benötigt für jedes Land ein gültiges (bei Durchreise gegebenenfalls auch nur ein Transit-)Visum.

Zahlungsmittel

Die Währung Kirgistans ist der Som, unterteilt in 100 Tiyin. Der Wechselkurs betrug Mitte 2008 etwa 34 Som zum US-Dollar und etwa 52 Som zum Euro. Da man in Bischkek und Oš an Bankautomaten Bargeld ziehen kann, ist die Mitnahme größerer Euro- oder Dollarbestände nicht mehr unbedingt notwendig. Vor der Fahrt aufs Land sollte man sich ausreichend mit Som bevorraten.

In Bischkek kann man auch problemlos die Währungen der Nachbarländer und russische Rubel eintauschen.

Die meisten einheimischen Reiseveranstalter wickeln die Bezahlung in US-Dollar ab, aber auch Euro werden häufig genommen.

Zeitzonen

Es gibt keine Sommerzeit. Der Zeitunterschied zwischen Mitteleuropa und Kirgistan beträgt plus 5 Stunden im Winter und plus 4 Stunden im Sommer.

Zoll

Devisen dürfen in unbegrenzter Höhe eingeführt werden. Die bei der Einreise auszufüllende Zollerklärung über mitgeführte Zahlungsmittel und Wertsachen muß aufbewahrt und bei der Ausreise vorgelegt werden. Für manche Souvenirs ist möglicherweise eine Ausfuhrgenehmigung vorzulegen, so zum Beispiel für größere Teppiche oder Gegenstände, die als Antiquität (mehr als 30 Jahre alt) oder Kunstschatz gelten könnten. Früher stellte dieses Papier nur das Kulturministerium aus, heute erhält man zumindest in den größeren Geschäften die zum erworbenen Souvenir gehörende Bescheinigung gleich mit. Große Messer im Gepäck können als Andenken durchgehen oder als gefährlicher Gegenstand beschlagnahmt werden.

Abendstimmung am Issyk-Kul

Kirgistan im Internet

www.times.kg Website der englischsprachigen Zeitung ›The Times of Central Asia‹. Guter Länderguide.

www.eurasianet.org Englischsprachige Seite mit aktuellen Nachrichten aus ganz Mittelasien und vielen Links.

www.eurasischesmagazin.de Hintergrundreportagen aus zentralasiatischen Ländern, die Seite wird monatlich aktualisiert.

www.bischkek.diplo.de Website der deutschen Botschaft Bischkek.

www.auswaertiges-amt.de Reise- und Sicherheitshinweise, Kontakt zu Botschaftsstellen im Ausland.

www.aussenministerium.at

www.eda.admin.ch Reise- und Sicherheitshinweise.

www.numismondo.com/pm/kgz oder **www.banknotes.com/kg.htm** Abbildungen von Geldscheinen der Kirgisischen Republik.

www.kyrgyzstan.org/music Zahlreiche Hörproben moderner und traditioneller kirgisischer Musik.

www.schneeleopard.de, www.nabu.de NABU-Projekt zum Schutz der bedrohten Großkatze

www.taigan.de Eine Homepage über kirgisische Windhunde.

http://asiacooking.narod.ru/kulinar/kirg/kirgiz.html (in Russisch) Ein Kochbuch mit einer beeindruckenden Sammlung kirgisischer Rezepte. Auch die Küchen der anderen zentralasiatischen Länder werden vorgestellt.

www.peopleandnature.de Umfangreiche Bildergalerie von Filzteppichen

http://eng. 24.kg/ englischsprachige Nachrichtenseite

www.helvetas.kg Die Schweizer Organisation unterstützt Tourismus- und Kunsthandwerkprojekte.

Landkarten

Autokarte Mittelasien (1:1,75 Mio.), Freytag & Berndt 2005

Mittelasien (1:1. 700. 000), Reise Know-How Verlag Peter Rump 2006

Kyrgyzstan – A climber´s map & guide. Detaillierte Karten für Bergsteiger und Wanderer des Ala-Arča-Nationalparks, des westlichen Kokšaal-Too und der Region Karavšin im äußersten Südwesten Kirgistans. Alpine Mapping Guild 2005

Fliegerkarten TPC (Tactical Pilot Charts):

F-6C (Ost-Kirgistan), F-6D (West-Kirgistan), G-6B (Alaj/Pamir)

Sowjetische Generalstabskarten (in Russisch) erhältlich über: Därr Expeditionsservice GmbH , Theresienstr. 66, 80333 München, Tel. 089/2809170, Fax 282525, www.daerr.de

In Bischkek erhält man Karten im Maßstab 1:200 000 von der Firma GeoID (Kiev köč. 107, im 3. Stock, links neben DHL) für ca. 2,5 US-Dollar pro Blatt. Wer Wanderungen im Gebirge plant, sollte nach den Spezialkarten für Bergtourismus fragen. Montags bis Freitags von 8 bis 17 Uhr, Tel. 009 96/(0)312/21 22 02.

Stadtkarten sind an einigen Zeitungskiosken erhältlich.

Auf Landkarten aus sowjetischer Zeit sind Straßen wie folgt eingestuft:
1. Gesamtstaatliche Bedeutung (auf die Sowjetunion bezogen)
2. Republikanische Bedeutung
3. Sonstige

Über den Zustand sagt diese Skala wenig aus. Die Karten sind auch nicht immer genau – manche Verbindungen fehlen einfach oder sind nur durch eine Linie gekennzeichnet, die dem Verlauf grob entspricht.

Literatur

Reiseführer

Knobloch, Edgar, Turkestan. München: Prestel 1999. Ausführlicher Geschichts- und Kulturführer, der den gesamten kulturell zusammengehörigen Raum abdeckt, mit Westchina und Nordafghanistan.

Maier, F., Trekking in Russia and Central Asia. Seattle: The Mountaineers 1994. Beschreibungen und Karten von Wander- und Hochtouren, sehr umfangreiche Hinweise, Ratschläge und Adressenverzeichnisse, letztere naturgemäß völlig veraltet.

Mitchell, Laurence, Kyrgyzstan, Bradt 2008. Detailliertes Hintergrundwissen und ausführliche Reiseinformationen.

Pander, Klaus, Zentralasien. Köln: DuMont 2005. Bislang ausführlichster deutschsprachiger Reiseführer für dieses Gebiet mit Schwerpunkt Geschichte und Kulturdenkmäler; Kirgistan wird allerdings recht kurz abgehandelt. Die praktischen Tips sind nicht aktuell und beschränken sich auf Kleinigkeiten, die Pauschaltouristen die Reise angenehmer machen.

Schmidt, Wolfgang, Trans-Alatau: Von Alma-Ata zum Issyk-Kul. Outdoor Handbuch Nr. 33. Kronshagen: Conrad Stein Verlag 1996. Handlicher Wanderführer für einen der populärsten Treks im Tien-Schan, die praktischen Informationen sind allerdings hoffnungslos veraltet.

Tschersich, Kay: Kirgistan: Terskej-Alatau-Traverse von Kyzyl Suu nach Ak Suu. Trekking im Tienschan, Outdoor-Handbuch Nr. 151. Welver: Conrad Stein Verlag 2005. Wanderführer.

Stewart, R./Weldon, S., Kyrgyz Republic. Hong Kong: Odyssee Guide 2004.

Whittell, Giles, Central Asia – The Practical Handbook. London: Cadogan Books Ltd. 1996. Nicht so ausführlich wie der ›Lonely Planet‹ und älter, aber für Hintergrundwissen immer noch brauchbar und gut geschrieben.

Central Asia. Hawthorn: Lonely Planet 2007. Nützliche Adressen und Tips sowie Hintergrundwissen über die ehemaligen Sowjetrepubliken Mittelasiens.

Reiseberichte

Akchurin, Marat, Red Odyssey. London: Secker & Warburg 1992. Pessimistische Darstellung der tristen Lebensverhältnisse und des sozialen Sprengstoffs in der Ex-Sowjetunion.

Kaplan, Robert, Reisen an die Grenzen der Menschheit. München: Droemer Knaur 1996. Einige Kapitel über wirtschaftliche Probleme Mittelasiens.

Krist, Gustav, Allein durchs verbotene Land – Fahrten in Zentralasien. Wien: Verlag Anton Schroll & Co. 1941. Abenteuerliche Erlebnisse eines Österreichers in diesem gerade befriedeten Teil der jungen Sowjetunion im Jahr 1937.

Maillart, Ella, Turkestan Solo. München: Goldmann. Fesselndes, erstaunlich aktuell klingendes Reisetagebuch einer abenteuerlustigen Schweizerin aus den 1930ern.

Neidhardt, Christoph, Nach dem Kollaps – die ehemaligen Sowjetrepubliken. Zürich: Diogenes 1993. Zu jeder Republik ein Kapitel, Schwerpunkt ist das Leben der Menschen.

Terzani, T., Gute Nacht, Herr Lenin. Hamburg: Hoffmann und Campe 1993. Reise eines Journalisten durch Mittelasien und den Kaukasus unmittelbar nach dem Augustputsch 1991.

Thubron, Colin, The Lost Heart of Asia. London: Penguin Books 1994. Melancholische Reise zu Mittelasiens Menschen und Städten.

Whittell, Giles, Extremely Continental – Blowing Hot and Cold through Central Asia. London: Indigo 1995. Unterhaltsamer Reisebericht des Autors des Reiseführers ›Central Asia‹.

Natur

Knystautas, A., Naturparadies UdSSR. München: Süddeutscher Verlag 1988. Kundige, schön bebilderte Beschreibung der Naturschutzgebiete auf dem Gebiet der ehemaligen Sowjetunion.

Shoumatoff, Nicholas u. Nina (Hrsg.), Around the Roof of the World. Detroit: The University of Michigan Press 1996. Sammlung von Reiseberichten und Naturbetrachtungen in der Bergwelt Mittelasiens. Lesenswert wegen der unübertroffenen Ortskenntnisse der überwiegend einheimischen Verfasser.

Sparks, John, Das Reich des russischen Bären. Köln 1993. Bildband zur gleichnamigen Fernsehserie über das Tierleben in einigen Naturzonen der Ex-Sowjetunion.

Politik und Landeskunde

Grotzky, Johannes, Konflikt im Vielvölkerstaat. Serie Piper 1409. München: Piper 1991. Zutreffende Prognose des Endes der UdSSR.

Hoppe, Thomas, Die ethnischen Gruppen Xinjiangs: Kulturunterschiede und interethnische Beziehungen. Mitteilungen des Instituts für Asienkunde Nr. 258. Hamburg: 1995. Beschäftigt sich mit Westchina, jedoch trifft die Beschreibung der Kultur dort ansässiger Kirgisen auch auf diejenigen in der ehemaligen UdSSR zu.

Trutanow, Igor, Zwischen Coca-Cola und Koran. Berlin: Aufbau Verlag 1994. Politik und Islam in den moslemischen ehemaligen Sowjetrepubliken.

WOSTOK Special ›Kyrgystan‹, 1998

Киргизкая Советская Социалистическая Республика – Энциклопедия; (Kirgisische SSR: Enzyklopädie); 1982 Hauptredaktion der Kirgisischen Sowjetischen Enzyklopädie, Frunze. In Russisch und Kirgisisch erschienen. Für den sprachkundigen Zahlenfanatiker, der wirklich alles über Kirgistan wissen will (einschließlich der Geschichte der Kommunistischen Partei), lohnt sich vielleicht die Suche nach einem Restexemplar.

Geschichte

Hambly, Gavin (Hrsg), Zentralasien. Fischer Weltgeschichte Bd. 16. Frankfurt am Main: Fischer Taschenbuch Verlag 1966.

Haussig, Hans-Wilhelm, Die Geschichte Zentralasiens und der Seidenstraße in islamischer Zeit. Darmstadt: Wissenschaftliche Buchgesellschaft 1988.

Hopkirk, Peter, The Great Game. Oxford: Oxford University Press 1990. Das russisch-englische Tauziehen um die Vormacht in Mittelasien Ende des 19. Jahrhunderts – spannend geschrieben wie ein Thriller.

Bildbände

Antipina/Paiva/Musakeev: Kyrgyzstan. Reichhaltig und eindrucksvoll bebildertes Buch über die traditionelle Kleidung der Bevölkerung Kirgistans in verschiedenen Landesteilen, zusammengestellt aufgrund des Lebenswerks einer zu Sowjetzeiten bekannten Ethnologin. Mailand: Skira 2006 (in Englisch)

Beyer/Knee: Kirgistan. Ein Bildband über

Talas. Hirmer 2007. Kenntnisreiches Buch mit vielen lebensnahen Fotos und aktuellem ethnografischem Hintergrundwissen über Land und Leute, dargestellt am Beispiel der Talas-Region im Nordwesten des Landes.

Kürzinger, Georg: Ferne Heimat Kirgisien. Knesebeck 1999. Fotos aus dem Leben der Kirgisen mit Texten Tschingis Aitmatows.

Schütz, C., Issyk-Kul, 28 Porträts und Landschaften. Berlin: Wostok 2000.

Schütz, C., Kirgistan – Eine Republik in Zentralasien. Berlin: Wostok 2001.

Sprache

Ömüralijewa/Kundusakowa, Wir lernen Kirgisisch. Sprachlehrbuch. Übersetzung und Überarbeitung für deutsche Leser: Hans-Joachim Arnold, Bischkek 1997/Berlin 1999

Der Autor

Thomas Scholl, Jahrgang 1968, machte nach dem Schulabgang eine Ausbildung im Justizdienst. Nach einigen Jahren als Justizangestellter und einer nebenberuflichen Weiterbildung in Fremdsprachen wechselte er in das Auswärtige Amt und wurde an die Botschaft in Taschkent/Usbekistan versetzt. In dieser Zeit unternahm er erste Reisen in die umliegenden Länder und besonders nach Kirgistan. Weitere Auslandseinsätze führten ihn an die Deutschen Botschaften in Tokyo, Tbilissi/Georgien und Aschgabat/Turkmenistan. Nach einem Aufenthalt in Berlin lebt und arbeitet Scholl seit 2006 erneut in Tokyo.

Danksagung

Der Autor dankt der Familie Malden für die Organisation und Durchführung der Reisen, ohne die das Buch nicht entstanden wäre. Ingrid Malden darüber hinaus besonderer Dank für die Auswahl von Fotos. Hierfür auch ein großes Dankeschön an Claude Rapaud. Dank für Fotos an Samira Kalmakova, Robert Werner, Jo Afschrift, Jostein Berger Meisdalen, Jean-Marie Neirinck, Jana Schuhmann, Bettina Schucan, Jean-Luc Wenger und Hans Röttgers.

Für Nachfragen war Herr Sergey I. Pyshnenko von ›Turkestan Ltd.‹ in Karakol ein hilfreicher Ansprechpartner.

Für die erste Nachauflage kamen eine Vielzahl nützlicher Hinweise und Ergänzungen von Hans-Joachim Arnold, Dr. Dr. Harald Löschner, Christine Reisert, Robert Werner, Ralph Leitloff, Dr. Patrick Steinkrüger, Alexandra Pagano, Julia Gloker und Erik Engel. Samira Kalmakova von Ecotours in Bischkek war eine aufmerksame, kritische und kompetente Ratgeberin.

Für die zweite Nachauflage war Jana Schuhmann eine stets hilfsbereite und auskunftsfreudige Ansprechpartnerin.

Personen- und Sachregister

Ortsregister

Bildnachweis

Fotos von Thomas Scholl, außer:
Kathrin Abler: 68, 78
Jo Afschrift: 47
Jostein Berger Meisdalen: 102
Erik Engel: 63, 75, 169, 177
Dr. Beate Eschmont: 141
Sabine Fach: 15, 27, 31, 60, 126, 127, 133, 136, 140, 223
Günther Kapelle: 71, 76, 130, 170
Jean Marie Neirinck: S. 227
Rudi Pfaff: 22, 32, 105, 107, 230, 233
Hans Röttgers: 39, 43, 54, 87, 93, 129
Dagmar Schreiber: 12, 13, 18, 20, 21, 23, 50, 108, 110, 111, 143, 235
Bettina Schucan: 183, 188, 217
Jana Schuhmann: 81, 82, 88, 112, 114, 121, 123, 124, 155
Christine Schwarz: 44, 58, 109, 115,139, 220, 225
Bodo Thöns: 42, 51, 99, 113, 232
Jean Luc Wenger: 29, 77, 98, 100, 101, 103, 128, 138

Titelbild: Reiter in der Hungersteppe (Scholl)
Umschlagklappe vorne: Strand am Issyk-Kul-See (Thöns)
Umschlagklappe hinten: Berge in Nordkirgistan (Schreiber)

- ein Land, das neugierig macht. Kirgistan
gastfreundliche Menschen erwarten Sie!
Ventus
Ventus Reisen GmbH
Veranstalter für Gruppen- und Individualreisen
Wir organisieren gerne für Sie:
Wander-, Erlebnis- und Studienreisen, Flüge, Visa,
Unterkünfte, individuell nach Ihren Wünschen!
www.ventus.com
office@ventus.com
Fon 030-398 49 641, 030-391 00 332/-333
Fax 030-399 55 87, Krefelder Str. 8, D 10555 Berlin

Expeditionen
& Naturreisen
kleine Gruppen,
deutsche RL,
authentisch &
individuell
naturreisen
WIGWAM
expeditionen
KIRGISTAN, USBEKISTAN & KASHGAR
Natur & Kultur zwischen TienShan, Wüste und Seidenstrasse
22 Tg. Expedition, Übernachtung z. T. in Jurten, ab 3360,- €
VOM BAIKALSEE NACH KAMTSCHATKA
Zwei Naturregionen Russlands kombiniert in einer außergewöhnlichen
Pionierreise. 19 Tg. Naturreise in festen Unterkünften ab 4260,- €
KAMTSCHATKA EXPEDITION
Das Naturparadies für Entdecker und Abenteurer; Halbinsel aus Feuer
und Eis; Zu den heißen Quellen aktiver Vulkane; 21 Tg ab 3370,- €
Information, Beratung und WIGWAM-Gesamtkatalog:
D:+49 (0)8379 92060
info@wigwam-tours.de
CH:+41 (0)71 2444501
info@wigwam-tours.ch
DIE WILDNISSE DER WELT
WWW.WIGWAM-TOURS.DE

OLYMPIA
REISEN
...so weit der Osten reicht

Kirgistan hautnah erleben

mit Ihrem Spezialisten für

* geführte Rundreisen
* Länderkombinationen
* Trekking-Touren
* Übernachtungen in Hotels & Jurten-Camps
* Reisen für geschlossene Gruppen
* Individuelle Reisen

Weitere Informationen und Anregungen finden Sie in unserem Katalog oder im Intenet.

OLYMPIA-REISEN GmbH | Siegburger Straße 49 | 53229 Bonn
Tel.: 0228 40003-0 | Fax: 0228 40003-33
info@olympia-reisen.com | www.olympia-reisen.com

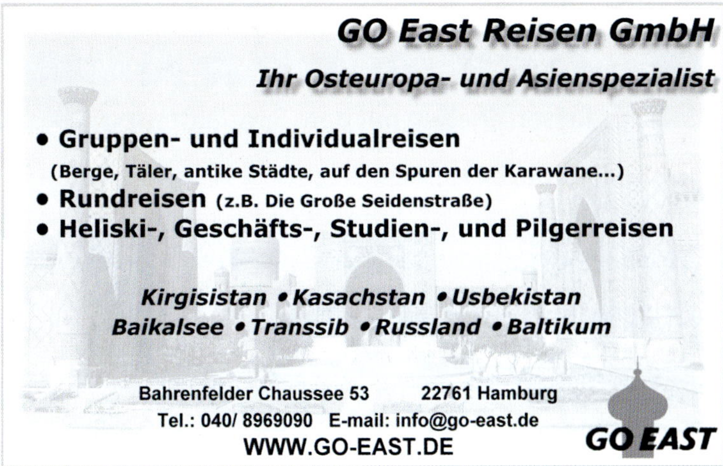
GO East Reisen GmbH
Ihr Osteuropa- und Asienspezialist
• Gruppen- und Individualreisen
(Berge, Täler, antike Städte, auf den Spuren der Karawane...)
• Rundreisen (z.B. Die Große Seidenstraße)
• Heliski-, Geschäfts-, Studien-, und Pilgerreisen
Kirgisistan • Kasachstan • Usbekistan
Baikalsee • Transsib • Russland • Baltikum
Bahrenfelder Chaussee 53 22761 Hamburg
Tel.: 040/ 8969090 E-mail: info@go-east.de
WWW.GO-EAST.DE
GO EAST

ECOTOUR weiß, wo es schön ist!
www.ecotour.kg

LEBENDIGE ERLEBNISREISEN DURCH ZENTRALASIEN:
DAS IST URLAUB!
· Auf der Seidenstraße in Usbekistan und Kirgisien
· Auf der Seidenstraße von Chiva bis China
· Auf den Spuren der Moguln in Usbekistan und Indien
Erleben Sie alte Kulturen, freundliche Menschen, unberührte Natur in persönlich und professionell geführten Kleingruppen zu fairen Preisen.
Gute bis sehr gute landestypische Unterkünfte.
TAKE OFF ERLEBNISREISEN
TAKE OFF REISEN
Tel: 040 - 422 22 88 · www.takeoffreisen.de

OST & FERN

Reisen erleben mit dem Spezialisten

Ihr Spezialveranstalter für: Russland, Osteuropa, Mittelasien, Baltikum
Neu im Programm: Skandinavien, China, Vietnam

Städte- und Rundreisen · Studienreisen · Fluss- und Hochseekreuzfahrten
Gruppenreisen · Flüge-Hotels-Visa-Sprachreisen · Spezialist für St. Petersburg

OST & FERN Reisedienst GmbH · An der Alster 40 · 20099 Hamburg
Telefon: (040) 2840 9570 · Telefax: (040) 280 20 11 · www.ostundfern.de

SEIDENSTRASSE

KIRGISTAN

Informationen & Programme: www.tsa-reisen.de
Katalog anfordern: info@tsa-reisen.de

* Bischkek, Karakol und Osh besuchen und entdecken
* Naturwunder und Kulturerbe: Issyk Kul See
* Von Kirgistan nach Usbekistan
* Von Kirgistan über den Torugart Pass nach Kashgar (China)
* Unterbringung in Hotels und bei Gastfamilien
* Trekking im Tienschan Gebirge
* Touren mit privatem Pkw oder Jeep mit Fahrer und Reiseleiter
* Fachkundige Beratung und individuelle Ausarbeitung Ihrer Wunschreise

Individuelle Vor- und Nachprogramme:

* Seidenstrasse nach Turkmenistan, Kirgistan, China, Pakistan
* Auf den Spuren von Marco Polo via Wüste Taklamakan bis Peking oder Tibet - Nepal
* Trekking in Kasachstan, Kirgistan und Usbekistan
* Spektakuläre Wüstendurchquerung in Turkmenistan

TSA
Travel Service Asia

TSA-Travel Service Asia Reisen e.K.
Inh. Hans-Michael Linnekuhl
Nelkenweg 5 * D 91093 Hessdorf-Niederlindach
Tel.: 09135 - 736078-0 * Fax: 09135 - 736078-11

individuellreisen

Individuelles Reisen ist kein Problem!
Voraussetzung: intensive Beratung und umfangreiche Vorbereitung. Wir schicken Sie perfekt »ausgerüstet« auf die Reise!
Wir bieten auch Gruppenreisen an!

Knop Reisen GmbH
Hollerlander Weg 77
28355 Bremen

Telefon +49 0421.988 50 30
Fax +49 0421.350 96 28
Internet: www.knop-reisen.de
e.mail: info@knop-reisen.de

Knopreisen

Kartenlegende

	Bahnhof		Autobahn
	Busbahnhof		Autobahn im Bau
	Denkmal		Hauptstraße
	Flughafen		sonstige Straßen
	Hotel	243	Straßennummern
	Moschee		Eisenbahn
	Museum		Grenzübergang
	Post		Staatsgrenze
	Restaurant		Hauptstadt
	Sehenswürdigkeit		Stadt/Ortschaft
	Touristeninformation		

Kartenregister